L'EUROPE DE L'EST
LA SCANDINAVIE
ET L'ARCTIQUE

Les pays et leurs peuples

L'EUROPE DE L'EST

LA SCANDINAVIE

ET

L'ARCTIQUE

FRANCE LOISIRS

123, boulevard de Grenelle, Paris

Livre conçu et réalisé par Mitchell Beazley, 14-15 Manette Street, Londres
W1V5LB (G.-B.) et Bertelsmann Lexikon Verlag GmbH, Gütersloh/Munich
(R.F.A.)

Éditeurs :	James Hughes, Monika Unger
Conception et maquette :	Ted McCausland
Secrétaires d'édition :	Ursula Blombach-Schäfer, Annabel Else, Alfred LeMaitre
Éditeur des cartes :	Julia Gorton
Assistante d'édition :	Ulrike Becker-Buchner
Recherche statistique :	Elke Christoph, Regina Sinemus
Conception graphique :	Hans Verkroost
Cartographie :	Julia Gorton, Andrew Thompson
Iconographie :	Jan Croot
Production :	Hans Kreutzfeldt, Sarah Schuman
Directeurs d'édition :	Wolf-Eckhard Gudemann

Titre original : *The Encyclopedia of People and Places, Northern and
Eastern Europe, and Arctic* © Mitchell Beazley Ltd, Bertelsmann Lexikon
Verlag GmbH, World Book Inc. 1992
Texte et illustrations © Mitchell Beazley Ltd, Bertelsmann
Lexikon Verlag GmbH, World Book Inc. 1992

© Cartes RV Reise- und Verkehrsverlag GmbH, Berlin, Gütersloh, Stuttgart,
Munich, pp. 12-13, 63, 103, 119, 131, 145, 155, 161 ;

© Mitchell Beazley Ltd, Londres, pp. 6-7, 8-9, 13, 17, 19, 43, 45, 46-47,
50-51, 53, 55, 59, 61, 67, 69, 73, 77, 79, 83, 85, 90, 95, 105, 108-109, 113,
115, 121, 127, 133, 137, 140-141, 147, 149, 152, 159 ;

© Bertelsmann Lexikon Verlag GmbH, Mitchell Beazley Ltd, World Book
Inc., 1992

Globes © Dirk Fortuin, 1980

Drapeaux © Uitgeverij Het Spectrum BV 1974 ; Mitchell Beazley Ltd, 1991

Édition du Club France Loisirs avec l'autorisation des Éditions Mitchell
Beazley © France Loisirs 1992

ISBN 2.7242.6310.3
N° Éditeur 22180

Traduction française et adaptation : Sabine Boulongne, Elina Corvin-Thilloy
Cartographie française : AFDEC
Relecture : Stéphane Quoniam, géographe

Sommaire

L'Europe de l'Est, la Scandinavie et l'Arctique

Les continents de l'Europe et de l'Asie ne sont en fait qu'une seule masse terrestre, que les géographes appellent l'Eurasie et qui est formée de deux boucliers (de vastes plateaux stables de roche très ancienne) : l'un s'étend de la Scandinavie à l'Oural et à la mer Noire, l'autre occupe la Sibérie. Les portions occidentale et méridionale du continent européen furent remodelées et étendues beaucoup plus tard par la formation de nouvelles chaînes de montagnes.

En Europe orientale, cette ancienne masse rocheuse a été recouverte, plus récemment, par ce que l'on appelle la plate-forme russe, composée de sédiments véhiculés par l'eau et déposés en plaques. En Scandinavie, en Finlande et dans le nord de l'actuel territoire de la C.E.I. (Communauté des États indépendants), en revanche, la surface terrestre est faite de magma, ou roche en fusion, provenant du noyau de la planète qui s'est refroidi et solidifié au cours de millions d'années.

La lisière orientale de la plate-forme russe est formée par les monts Oural, un système montagneux rogné par des millions d'années d'érosion et disposé en plis parallèles sous l'effet des mouvements de l'écorce terrestre. Les monts du Caucase la limitent au sud ; ils sont dominés par le mont Elbrouz (5 642 m), point culminant de l'Europe. Des montagnes plissées plus jeunes s'élèvent sur les franges de la plate-forme russe, dans l'Altaï et entre les monts de Verkhoïansk et la presqu'île du Kamtchatka. Le sud de l'ex-U.R.S.S. forme une zone frontière entre deux plaques de l'écorce terrestre, ce qui provoque de fréquents tremblements de terre dans cette région. De la même façon, l'Islande, à l'extrémité nord-ouest, chevauche une grande cassure de la surface terrestre et subit une activité sismique considérable.

L'Europe du Nord et de l'Est connaît des différences de températures extrêmes d'une saison à l'autre. La Scandinavie est sous l'influence de l'océan Atlantique, qui lui assure un climat plus tempéré, mais les contrastes thermiques s'accroissent vers l'est tandis que le niveau des précipitations va décroissant. L'Europe de l'Est, de la Pologne à la Hongrie, bénéficie d'un climat continental, caractérisé par des étés chauds, des hivers froids et une pluviosité réduite. Dans l'Arctique, les températures estivales moyennes ne dépassent pas 10 ºC. Du cercle arctique au pôle, le nombre de jours complets pendant l'été, et de nuits totales pendant l'hiver, va en augmentant.

< **En Europe du Nord** et de l'Est, on note des différences de températures extrêmes entre l'hiver et l'été. La Scandinavie bénéficie de l'influence de l'océan Atlantique, qui réchauffe quelque peu son climat, mais le contraste s'accroît à mesure que l'on va vers l'est.

> **Le nord de l'Eurasie** se compose d'une vaste étendue de plaines fertiles, parsemées de collines basses. Les monts Oural forment la frontière orientale de l'Europe. Le Caucase, au sud, inclut le point culminant du continent.

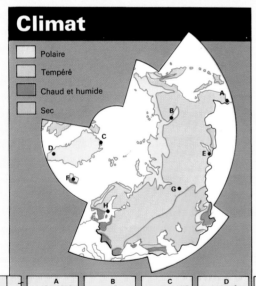

Climat

- Polaire
- Tempéré
- Chaud et humide
- Sec

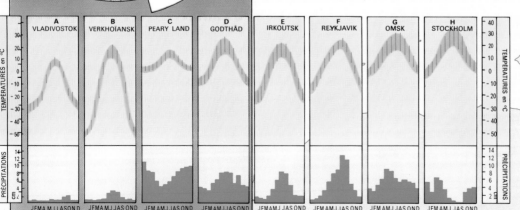

A VLADIVOSTOK B VERKHOÏANSK C PEARY LAND D GODTHÅB E IRKOUTSK F REYKJAVIK G OMSK H STOCKHOLM

L'Europe de l'Est, la Scandinavie et l'Arctique : les hommes

∨ **Les pays du nord** de l'Eurasie sont peu étendus à côté de la C.E.I., qui couvre près de la moitié de la circonférence de la Terre, d'est en ouest. 1990 vit le déclin du pouvoir soviétique dans l'Europe de l'Est anciennement communiste. La Scandinavie est très développée sur le plan technologique, la Suède figurant parmi les nations les plus prospères de la planète.

A cheval sur l'Europe et l'Asie, l'ex-U.R.S.S. (Union des républiques socialistes soviétiques), aujourd'hui la C.E.I. est, en fait, le plus grand pays du monde par sa superficie et le troisième par sa population. Plus de 190 millions d'habitants vivent dans la partie européenne (à l'ouest des monts Oural), et sa capitale, Moscou, est la plus grande ville d'Europe.

A la fin de la Première Guerre mondiale, en 1918, on assista à l'effondrement de trois grands empires militaires : ceux de la Russie, de l'Autriche-Hongrie et de l'Allemagne. Les frontières actuelles des pays d'Europe de l'Est ont été fixées à cette époque. D'autres remaniements territoriaux eurent lieu peu après, lorsque l'Union soviétique, remplaçant l'Empire russe, fut forcée d'accorder son indépendance à la Finlande et d'abandonner certaines parties de la Pologne, de la Roumanie et de la Turquie ainsi que les républiques Baltes – Estonie, Lituanie et Lettonie. Après la Deuxième Guerre mondiale, toutefois, l'U.R.S.S. réintégra les États baltes dans son territoire, s'empara d'une partie de la Pologne et de la Roumanie, et imposa aux pays d'Europe de l'Est – Bulgarie, Roumanie, Hongrie, Tchécoslovaquie, Allemagne de l'Est et Pologne – un système de contrôle économique et militaire strict. Un « rideau de fer », doublé d'imposants effectifs militaires, divisa alors l'Europe, d'une manière qui semblait permanente, entre zone communiste et zone non communiste.

Au regard de l'histoire, l'agencement de l'Europe de l'après-guerre fut de courte durée. En 1985, Mikhaïl Gorbatchev fut élu chef du Parti communiste de l'Union soviétique. Il entreprit un processus d'ouverture (*glasnost*) et de réforme économique (*perestroïka*) qui assouplit rapidement la mainmise soviétique sur la région et qui allait aboutir à l'éclatement de l'U.R.S.S. et à la création de la C.E.I. Dès 1990, l'Allemagne de l'Est et l'Allemagne de l'Ouest étaient réunies. A cette date, parmi les nations d'Europe de l'Est, seules la Roumanie et la Bulgarie étaient encore gouvernées par des régimes communistes.

Les pays peu peuplés de la Scandinavie incluent la Norvège, devenue indépendante en 1905, la Suède, qui bénéficie d'une longue tradition de neutralité, le Danemark, toujours détenteur des territoires du Groenland et des îles Féroé, au demeurant presque autonomes. L'Islande, qui acquit son indépendance vis-à-vis du Danemark, en 1944, est très fière de sa société égalitaire et de son héritage culturel.

> **Les pays** abordés dans ce volume sont moins peuplés que ceux de l'Europe occidentale. Toutefois, Moscou est la plus grande ville d'Europe et les régions industrielles ont une forte densité de population.

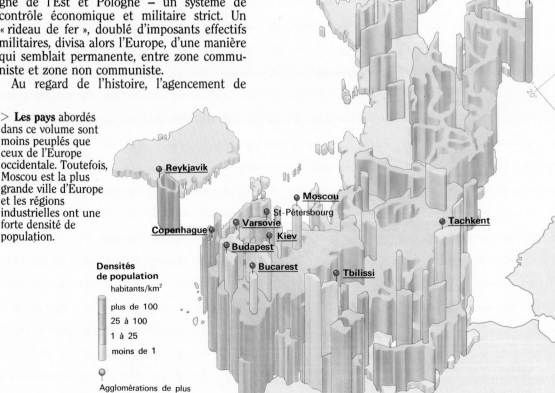

60°

Détroit de Davis

MER DU LABRADOR

Godhavn

Godthåb

Cercle Polaire Arctique

40°

Détroit du

Reykjavík

OCÉAN ATLANTIQUE

20°

40°

Vladivostok

Reykjavik

Moscou
St-Pétersbourg
Varsovie
Kiev
Copenhague
Budapest
Bucarest
Tbilissi
Tachkent

Densités de population

habitants/km²

plus de 100

25 à 100

1 à 25

moins de 1

Agglomérations de plus de 2 millions d'habitants

L'Union des républiques socialistes soviétiques (U.R.S.S.) était de loin le plus grand État du monde. A cheval sur deux continents, ce territoire, qui est aujourd'hui celui de la C.E.I., des États baltes et de la Géorgie, couvre plus d'un septième de la superficie de la planète. Il jouxte douze nations et s'étend du nord au sud, de l'océan Arctique à la mer Caspienne, et d'ouest en est, de la mer Baltique au détroit de Béring. Il englobe onze fuseaux horaires, de sorte que lorsque le soleil se lève à l'extrémité est du pays, la nuit tombe à **Moscou** *(ci-contre)*.

Ce vaste territoire regroupe toute une variété de zones climatiques et végétales distinctes. La portion européenne consiste en une large plaine fertile qui abrite l'essentiel de la population. La longue barrière de l'Oural forme la frontière naturelle entre l'Europe et l'Asie. Au nord, les immenses terres glaciales et la toundra de l'Arctique s'étendent au-delà de la taïga sibérienne, une large ceinture de forêts de conifères et de marécages. Au sud, les steppes herbeuses cèdent finalement la place à des déserts.

Jusqu'en 1917, date à laquelle le Parti communiste russe s'empara du pouvoir, l'U.R.S.S. était connue sous le nom de Russie. De nos jours, ce terme désigne la République de Russie, la république la plus influente de la récente Communauté des États indépendants. Le peuple russe est le plus important groupe ethnique de l'ex-U.R.S.S. qui en compte plus de quatre-vingt-dix.

Les racines de la culture russe remontent au Moyen Âge, quand l'État de Kiev adopta la religion orthodoxe, à la fin du Xᵉ siècle. Plus tard, sous l'autorité des princes de Moscou, ou tsars, la Russie s'étendit jusqu'à la Baltique, ainsi qu'en direction de la Sibérie et de l'Asie centrale. Les tsars créèrent un État centralisé, exerçant sur leurs sujets un pouvoir absolu. Après la révolution d'octobre 1917, les communistes s'efforcèrent de construire une nation industrielle moderne. L'U.R.S.S. était, jusqu'à sa dissolution, le deuxième pays industrialisé du monde. La population soviétique a cependant terriblement souffert de la guerre et de la rigueur de la politique communiste. Dans les années 1990, les nouvelles orientations gouvernementales – *glasnost* et *perestroïka* – qui promettaient de transformer les structures sociales du pays allaient conduire à l'éclatement de l'U.R.S.S.

Des écrivains tels que Léon Tolstoï (1828-1910) et Fedor Dostoïevski (1821-1881) représentent l'apogée de la littérature russe du XIXᵉ siècle. Parmi les grands auteurs de la période soviétique, citons Maxime Gorky (1868-1936), Boris Pasternak (1890-1960) et Alexandre Soljenitsyne (né en 1918). De nombreux autres artistes tels que le metteur en scène Serge Eisenstein (1898-1948) et les compositeurs Sergueï Prokofiev (1891-1953) et Dmitri Chostakovitch (1906-1975) ont eux aussi contribué à révolutionner l'art moderne.

Panoramas

Le paysage de cet immense territoire se compose principalement de vastes plaines bordées au sud et à l'est de montagnes élevées. Les monts Oural séparent la plaine européenne et le vaste bassin de la Sibérie occidentale. Au sud, la dépression aralo-caspienne est bordée par les massifs montagneux du Caucase, du Pamir et du Tian Shan. Le plateau de Sibérie centrale est délimité au sud par l'Altaï, les monts Saïan et, à l'est, par les hauteurs de la Sibérie orientale. Une chaîne de volcans actifs court sur toute la longueur de la presqu'île de Kamtchatka.

Le climat se caractérise surtout par un hiver long et froid. La neige couvre l'essentiel du pays pendant six mois de l'année, même si le Sud bénéficie de conditions plus clémentes. Les étés sont courts mais chauds. Plus on va vers l'est, et plus les hivers sont secs et froids. Dans le nord-est de la Sibérie, les températures moyennes de janvier avoisinent – 46 ºC. Le climat exerce une influence majeure sur l'activité humaine dans l'ensemble du pays.

La toundra

La zone de toundra se situe à la lisière de l'océan Arctique. Elle va s'élargissant vers l'est du fait de l'influence du climat continental de la Sibérie. Même à la pointe sud de cette région, les températures en juillet ne dépassent pas 10 ºC.

Dans la partie européenne, à ces mêmes latitudes, les températures moyennes en janvier se situent entre – 8 ºC et – 20 ºC. A l'est, en Sibérie, le thermomètre oscille entre – 20 ºC et – 34 ºC. Bien que cette région reçoive une quantité étonnamment réduite de pluie et de neige, une épaisse couche nuageuse maintient l'humidité ambiante à un niveau élevé.

Aucun arbre ne pousse dans cette zone où le sol est gelé en permanence (permafrost), même si de petits buissons parviennent à atteindre un mètre environ dans certains sites abrités. Lichens et mousses composent l'essentiel de la végétation et servent de pâture aux troupeaux de rennes.

Dans la toundra, on ne trouve donc que des poches d'habitation isolées : ce sont le plus souvent des communautés minières, telles que Norilsk et Vorkouta, ou des ports comme Mourmansk.

△ **L'Union des républiques socialistes soviétiques** était le plus grand pays du monde. Il couvre un septième de la superficie de notre planète et s'étend sur la moitié de l'Europe et près des deux cinquièmes de l'Asie. Le paysage varie beaucoup, de la toundra au nord aux déserts et hautes montagnes de l'Asie centrale. D'épaisses forêts de conifères, la taïga, s'étendent de l'Europe jusqu'au Pacifique. La plaine européenne, jusqu'aux monts de l'Oural, regroupe l'essentiel de la population du pays et presque toutes ses industries. Toutefois, l'immense Sibérie constitue la plus grande région.

12

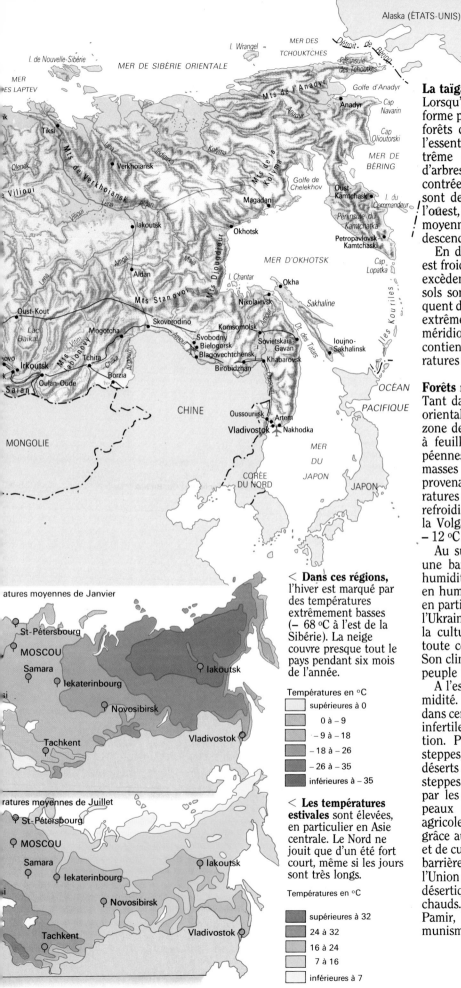

La taïga

Lorsqu'on va vers le sud, la toundra se transforme peu à peu en taïga, une vaste ceinture de forêts de résineux et de feuillus, qui couvre l'essentiel de la Sibérie. Le froid hivernal extrême et la minceur du sol font que peu d'arbres à feuilles caduques poussent dans ces contrées. En juillet, les températures moyennes sont de 10 °C au nord et de 20 °C au sud. A l'ouest, le thermomètre avoisine – 10 °C en moyenne à la mi-janvier, tandis qu'à l'est il peut descendre jusqu'à – 45 °C.

En dehors de la Sibérie centrale, où l'hiver est froid et sec, les pluies et les chutes de neige excèdent le taux d'évaporation. La plupart des sols sont infertiles, saturés d'eau, ou ils manquent d'humus ; les terres cultivables sont donc extrêmement réduites. Le long de la frange méridionale de la taïga, cependant, les sols contiennent davantage d'humus et des températures plus clémentes facilitent l'agriculture.

Forêts mixtes, steppes et déserts

Tant dans la plaine européenne qu'en Sibérie orientale, la taïga cède finalement le pas à une zone de forêts mixtes comprenant des espèces à feuilles caduques. Les forêts mixtes européennes sont influencées par les effets de masses d'air relativement doux et humide provenant de l'Atlantique. A l'ouest, les températures hivernales avoisinent – 3 °C ; elles se refroidissent vers l'Oural. Le long de la vallée de la Volga centrale, on relève une moyenne de – 12 °C en hiver.

Au sud de la large zone forestière se situe une bande de steppes boisées. Ici, une forte humidité, la chaleur estivale, et les sols riches en humus concourent à favoriser l'agriculture, en particulier dans la ceinture de terre noire de l'Ukraine. De vastes régions y sont consacrées à la culture du blé et des betteraves. Presque toute cette région de steppes a été défrichée. Son climat plus clément en a fait le berceau du peuple russe.

A l'est du Dniepr, les terres manquent d'humidité. L'érosion a provoqué de graves dégâts dans certaines zones ; ailleurs, le sol a été rendu infertile par l'accumulation de sel due à l'irrigation. Peu à peu, le paysage se change en steppes, puis en zones semi-désertiques, ou en déserts (dépression aralo-caspienne). Les vastes steppes du Kazakhstan, longtemps parcourues par les seuls bergers nomades et leurs troupeaux ont connu un large développement agricole, puis une industrialisation importante, grâce aux riches gisements de charbon, de fer et de cuivre. En raison de la présence de hautes barrières montagneuses au sud, cette partie de l'Union soviétique a un climat continental désertique, associant hivers froids et étés chauds. A l'extrême sud, dans les hauteurs du Pamir, le pic Musala (anciennement du Communisme) s'élève à 7 495 m.

< **Dans ces régions,** l'hiver est marqué par des températures extrêmement basses (– 68 °C à l'est de la Sibérie). La neige couvre presque tout le pays pendant six mois de l'année.

Températures en °C

- supérieures à 0
- 0 à – 9
- – 9 à – 18
- – 18 à – 26
- – 26 à – 35
- inférieures à – 35

< **Les températures estivales** sont élevées, en particulier en Asie centrale. Le Nord ne jouit que d'un été fort court, même si les jours sont très longs.

Températures en °C

- supérieures à 32
- 24 à 32
- 16 à 24
- 7 à 16
- inférieures à 7

La Russie

La Russie est un pays continental. Elle couvre environ 17 millions de km², soit deux fois la surface des États-Unis, et s'étend à l'ouest de la mer Baltique et de la mer Noire jusqu'au Pacifique à l'est, en passant par l'Europe de l'Est et la Sibérie.

Les plaines de l'Europe de l'Est constituent le cœur de la Russie. Le pays ne s'élève que dans les contreforts légèrement vallonnés formés lors de la glaciation du pléistocène tout comme les plateaux parsemés de petits lacs situés à plus de 200 m d'altitude. A l'ouest, le pays est délimité sur 2 000 km de long par la chaîne de l'Oural, qui définit une ligne de frontière orographique Europe/Asie interrompue par d'abruptes ruptures orientales. Les plaines de Sibérie occidentale commencent à l'est de l'Oural. Il s'agit là d'une des plus vastes zones de basse altitude du globe ; son relief est accidenté vers le centre et montagneux à l'est. Dans le sud de la Russie se déroule une large zone de steppes, de basse altitude, recouvertes d'une épaisse couche de limon.

Les hommes et l'économie

La Russie compte 148 millions d'habitants. La majorité de la population est composée à 83 % de Russes. La Russie abrite pourtant des peuples d'origines multiples. On dénombre une centaine de minorités, parmi les plus importantes citons les Tatars, les Ukrainiens, les Tchouvaches, les Daghestis et les Bachkirs. Sous le régime soviétique, ces nationalités constituèrent 10 républiques autonomes, 5 territoires autonomes et 10 associations autonomes grâce auxquels leurs identités culturelles se trouvaient relativement préservées. A l'occasion des récents bouleversements, ces nationalités ont exigé l'extension de leurs droits, allant jusqu'à l'indépendance pour la plupart. La majorité des Russes étaient de religion chrétienne orthodoxe avant la Révolution mais le pouvoir communiste a fait perdre à l'Église un grand nombre de fidèles. La religion connaît un regain d'intérêt depuis le changement de politique.

La Russie a pu développer une industrie largement diversifiée grâce à la grande variété et à l'abondance de ses ressources naturelles (essentiellement en charbon, fer, pétrole et gaz naturel). L'industrie russe traverse actuellement une grave crise correspondant au passage de l'économie planifiée à l'économie de marché. Les plus importants centres industriels sont Moscou, Saint-Pétersbourg et Kouzbass en Sibérie occidentale.

Le renouveau du nationalisme russe

La Russie était le cœur de l'Union soviétique. Russie et Union soviétique sont encore aujourd'hui synonymes pour beaucoup de gens. C'est bien entendu erroné mais cela se justifie toutefois parfaitement ; l'Union soviétique est en effet directement issue de l'Empire russe connu comme une mosaïque de peuples depuis toujours. En Union soviétique, ce sont les Russes qui encore récemment détenaient le pouvoir. Une exception de taille : le Géorgien Joseph Djougatchvili, plus connu sous son nom de partisan « Staline », mais qui devint un nationaliste russe radical.

Malgré leur situation de privilégiés à la tête de l'Union, les Russes furent également pris dans le courant nationaliste qui déferla sur l'Union soviétique dans les années 1980. La population souhaitait retrouver ses racines nationales traditionnelles et redevenir russe. Ce renouveau du nationalisme a plusieurs facettes. Une tendance extrémiste exige le retour à « l'authenticité russe » terrienne, méprise « la décadence occidentale », rejette la démocratie et l'individualisme, et verse dans l'antisémitisme fanatique. Cette idéologie a dangereusement rallié de nombreux membres, y compris parmi les intellectuels. Cependant, la majorité est en faveur d'un patriotisme démocratique, revigoré depuis août 1991 par la victoire du peuple sur les putschistes. Cette majorité veut faire de la Russie un pays moderne tourné vers l'Occident. Elle est représentée et dirigée depuis juin 1991 par Boris Eltsine, premier président de Russie élu par le peuple. Toutefois, sa méthode de gouvernement est passablement autoritaire.

REPÈRES

Au moment de l'impression le nouveau blason n'existe pas encore.

LE PAYS
Nom usuel : Russie
Capitale : Moscou
Superficie : 17 075 000 km²
Régions : Plaines dans l'Ouest ; chaîne de l'Oural entre l'Europe et l'Asie ; plaines de la Sibérie occidentale, zone montagneuse de la Sibérie centrale et chaînes de Sibérie orientale ; steppes au sud
Climat : Du nord au sud, climat arctique à subtropical en passant par tempéré
Principaux fleuves : Volga, Ienisseï, Ob, Angara et Lena

Altitude max. : Belucha (4 506 m)

LE GOUVERNEMENT
Forme de gouvernement : République présidentielle
Chef de l'État : Le président

LE PEUPLE
Population : 148 000 000 (en 1990)
Langue : Russe (langue nationale)
Religion : Majorité de chrétiens orthodoxes
Monnaie : Le rouble
P.I.B./hab. : 2 623 roubles (en 1988)

< **Un paysage fluvial** paradisiaque en Russie avec en arrière-plan la capitale régionale de Iaroslavl. Les grands fleuves furent toujours d'importantes artères de communication dans les immenses plaines russes. Iaroslavl, qui se trouve au nord de Moscou, est un grand centre industriel ainsi qu'un nœud de voies de communication. Depuis le milieu du XVIᵉ siècle, la ville s'est développée pour devenir un centre d'échanges entre Moscou et le port d'Arkhangelsk sur la mer Blanche.

Les problèmes devant lesquels le président au pouvoir est placé sont énormes. La Russie doit, à l'intérieur comme à l'extérieur, prendre en charge l'héritage de l'ex-Union soviétique alors qu'elle a elle-même beaucoup à faire. Certes, la volonté de démocratie est là mais il n'existe pas encore de véritables partis démocratiques. Le Parti communiste est interdit mais la colossale bureaucratie de l'appareil administratif demeure dans les mains de ses anciens membres. La libération de la plupart des prix au début de l'année 1992 a marqué une première étape vers une économie de marché, sans référence historique dans un pays dépourvu d'une industrie propre et autonome depuis des siècles. Les revendications nationalistes des minorités, les conflits d'intérêts ainsi que la détermination des frontières risquent à l'avenir de poser des problèmes difficiles à prévoir.

∧ **Un ancien combattant** exhibe fièrement ses médailles. Les Russes ont participé aux deux guerres mondiales.

< < **Mourmansk,** grand port de la glaciale mer de Barents, est l'un des sites les plus froids de Russie. En été, cependant, des courants chauds libèrent de ses glaces, la côte septentrionale.

∧ < **Ce village,** voisin de la ville méridionale de Rostov-sur-le-Don, reflète le mode de vie paisible tant apprécié des Russes.

< **Une école primaire à Moscou.**

Moscou

La grande ville de Moscou, au cœur de la Russie, représente l'essence de la République russe depuis des siècles. Elle compte 8 275 000 habitants, ce qui fait d'elle la plus vaste métropole européenne et la quatrième ville du monde.

Elle se situe sur la Moskova, au centre-nord de l'immense plaine européenne, à 640 km environ au sud-est de Saint-Pétersbourg. Vue d'avion, Moscou ressemble à une gigantesque roue, ses boulevards se déployant à partir du centre pareils à des rayons de bicyclette, et reliés entre eux par des rues circulaires. Avant les derniers remaniements politiques, la population de la capitale faisait les frais d'une terrible crise du logement et un permis officiel s'avérait nécessaire pour pouvoir résider à Moscou.

L'histoire de Moscou

Le prince Youri Dolgorouki fonda Moscou en 1147, choisissant ce site en raison de sa proximité avec d'importantes routes commerciales, terrestres et fluviales. Au cours du XIIIᵉ siècle, la ville tomba entre les mains des envahisseurs tartares (mongols). Au XIVᵉ siècle, toutefois, les princes de Moscou obtinrent le droit de collecter des impôts au nom des Tartares. Ils purent ainsi s'enrichir et acquérir des territoires auprès de leurs voisins. Sous le règne d'Ivan III le Grand, à la fin du XVᵉ siècle, Moscou se débarrassa finalement du joug des Tartares. Moscou fut dès lors le centre d'une principauté puissante, en plein essor. Au XVIIᵉ siècle, elle grandit rapidement et devint le fief des tsars. En dépit de l'édification de la nouvelle capitale, Saint-Pétersbourg, par Pierre le Grand, au début du XVIIIᵉ siècle, Moscou resta une ville importante.

En 1812, les troupes napoléoniennes atteignirent Moscou, mais un mystérieux incendie détruisit la ville. Après quoi, il fallut attendre 1918 pour que Moscou redevienne le centre du pouvoir de la Russie. Cette année-là, en effet, le gouvernement bolchevique réinstalla la capitale à Moscou – symbole de l'unité nationale depuis toujours – car des forces contre-révolutionnaires menaçaient Petrograd (aujourd'hui Saint-Pétersbourg).

La ville et sa population

Moscou est toujours le centre administratif du pays. La forteresse du Kremlin regroupait le gouvernement et le Parlement soviétiques ; les différents secteurs gouvernementaux, économiques ainsi que les organes de la planification étaient répartis dans la ville. Moscou regroupe aussi un grand nombre d'institutions pédagogiques et culturelles d'importance. La bibliothèque Lénine abrite une collection de livres et de manuscrits célèbre dans le monde entier. L'université de Moscou, fondée en 1755, peut accueillir 30 000 étudiants.

Moscou est aussi la principale ville indus-

∧ **Les acheteurs** se pressent dans le magasin GUM. Le célèbre grand magasin moscovite, sur la place Rouge, propose des marchandises en provenance de toute l'ex-U.R.S.S., du caviar aux fourrures.

> **De gracieux réverbères** dominent l'Arbat, une rue moscovite encombrée, fréquentée par les écrivains et les artistes. Sous le strict joug communiste, elle attirait de nombreux dissidents intellectuels.

trielle russe, ce secteur employant à lui seul 4 millions de personnes. Ses usines se spécialisent dans la production de voitures et autres équipements de transports. Elle est d'ailleurs au centre du réseau de transports du pays. Non moins de onze voies ferrées convergent vers les neuf gares de Moscou, qui est aussi le point de départ de treize grandes autoroutes. Domodedovo, le plus grand des trois aéroports moscovites, se situe au sud de la ville. Le canal de Moscou relie la capitale à la Volga. Le métro de Moscou permet aux citadins de se rendre facilement sur leur lieu de travail. Construit en 1935, long de 150 km, il dessert plus de 70 stations. Il transporte chaque jour plus de 5 millions de passagers.

Le Kremlin

Au centre de Moscou trône le Kremlin, une forteresse massive abritant musées et églises ainsi que les bureaux du gouvernement. Il est entouré d'une muraille de près de 2,5 km de long. Bien qu'il fût fondé en 1156, la plupart de ses édifices datent du XVe siècle ou d'un peu plus tard. Ce furent des architectes italiens qui renforcèrent les murs et bâtirent la plupart des églises.

Au pied de cette muraille, se trouve la place Rouge. Son nom vient d'un ancien mot russe qui signifie à la fois « beau » et « rouge ». Chaque année, jusqu'aux récents changements,

la place Rouge servait de toile de fond à de gigantesques défilés militaires et civils. L'église Saint-Basile-le-Bienheureux domine la place avec ses célèbres dômes en forme de bulbes.

En plus de son architecture remarquable, de ses larges boulevards et de ses innombrables musées, Moscou offre aux touristes des spectacles culturels sans égal. Notamment ceux du Bolchoï, sans doute les plus célèbres, les danseurs de ses ballets étant considérés par beaucoup comme les plus habiles et les plus gracieux du monde.

Moscou a toujours été la « vitrine » de la Russie. On vient y voir ce que le pays a de meilleur à offrir. L'immense grand magasin, GUM, sur le site du célèbre marché de la place Rouge, attire de nombreux visiteurs. Un vieux proverbe russe dit : « Au-dessus de la Russie, il n'y a que Moscou, au-dessus de Moscou, le Kremlin seulement, et au-dessus du Kremlin, il n'y a que Dieu. »

▽ **Moscou,** capitale de l'immense république de Russie, s'étend en couronnes successives à partir de son cœur historique situé au bord de la Moskova. Fondée en 1147, la ville fut d'abord la capitale des domaines russes jusqu'au début du XVIIIe siècle, puis à nouveau à partir de 1918. Avec une population de plus de 8 275 000 habitants, c'est la plus grande ville du pays et la quatrième métropole du monde.

△ **Les murs du Kremlin,** ancienne forteresse moscovite et siège du gouvernement, bordent la place Rouge. Des touristes soviétiques s'y rassemblent pour y voir la dépouille embaumée de Vladimir Lénine, père du communisme soviétique.

▽ **Un marchand** de tulipes muticolores, dans une rue de Moscou. Sous le régime plus libéral des années 1990, l'entreprise privée a commencé à s'épanouir.

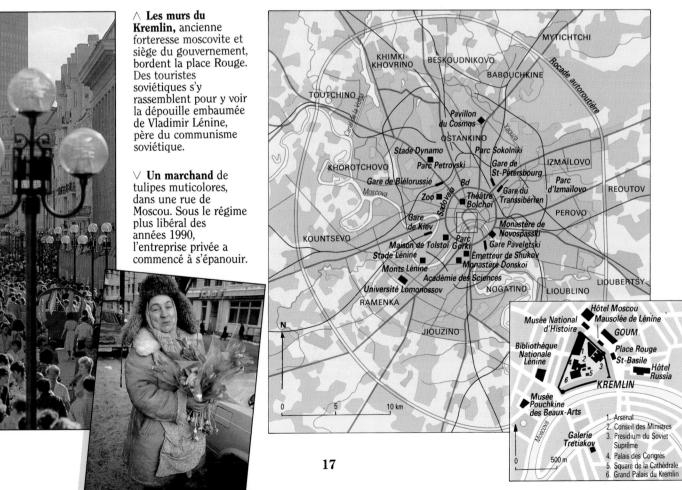

Saint-Pétersbourg

Saint-Pétersbourg, deuxième ville de l'ex-U.R.S.S., se situe au bord de la Baltique, à l'extrémité orientale du golfe de Finlande. Grand port, centre industriel et culturel d'envergure, elle regroupe une population d'environ 4 295 000 habitants. Appelée Saint-Pétersbourg, du temps des tsars, puis Petrograd, et enfin Leningrad en 1924, elle retrouva son nom historique en 1991.

Cette ville magnifique fut modelée par l'imagination d'un seul homme, le tsar Pierre le Grand (1672-1725). Premier dirigeant russe à visiter l'Europe occidentale en 1697, il revint de ses voyages, la tête truffée d'idées pour la création de cette nouvelle ville, dont il voulait faire « une fenêtre de la Russie sur l'Europe ». En 1703, il ordonna donc l'édification de cette cité, qui devait être le reflet de la pensée et de l'architecture occidentales, tout en contribuant à « occidentaliser » la vie des Russes.

La cité sur la Neva

Le site choisi par Pierre le Grand pour cette nouvelle ville – les marécages inhabités de l'estuaire de la Neva – était loin d'être idéal dans la mesure où les inondations y étaient fréquentes. Le sol se composant principalement de limons, il fallut faire venir les matériaux de construction : bois et pierre. L'excellente voie de communication fournie par la Neva et les remarquables possibilités d'élaboration d'un vaste système de canaux motivèrent la décision du tsar. Des détenus en provenance de tout l'Empire, y compris des prisonniers de guerre, furent chargés de drainer les marécages et de creuser des canaux. Pierre le Grand fit venir des architectes français et italiens, et interdit la construction de bâtiments en pierre dans tout le reste de la Russie sous le prétexte que tous les maçons de la nation devaient prêter main-forte à l'édification de la nouvelle ville. En 1712, le tsar fit de la nouvelle ville la capitale de la Russie, la baptisa Saint-Pétersbourg, et força la noblesse russe à s'y fixer.

Les résultats furent étonnants. Cent cinquante ans plus tard, une ville splendide s'élevait à l'emplacement de l'ancien marécage. D'impressionnants édifices et églises baroques ou néo-classiques bordaient ses canaux et ses larges boulevards. Le long de Nevski Prospekt, la plus importante de ses avenues, se trouvent divers sites de renom, tels que l'Amirauté et la cathédrale Kazansky. La statue équestre de Pierre le Grand, en bronze, inspira à Alexandre Pouchkine un poème célèbre. A la périphérie de la ville, les palais Pavlovsk, Petrodvorets et Pouchkine devinrent les résidences d'été de la famille impériale. Saint-Pétersbourg devint rapidement un grand centre académique et culturel. Aujourd'hui encore, ses habitants sont fiers du caractère international de leur ville et méprisent quelque peu ce qu'ils considèrent comme les valeurs plus rurales de Moscou.

∨ **Rendu de nos jours à sa splendeur** d'antan, le palais Petrodvorets, à la périphérie de la ville, fut jadis la résidence d'été des tsars. Cet édifice fut presque totalement détruit pendant la Deuxième Guerre mondiale.

> **Le dôme en bronze** de la cathédrale Saint-Isaac domine Saint-Pétersbourg, le musée de l'Ermitage, bleu et blanc, et de l'Amirauté, surmonté d'une flèche dorée. Au loin, on distingue les usines de la ville moderne.

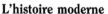

L'histoire moderne

Leningrad fut le théâtre des grands événements de l'histoire moderne de la Russie. L'ancien palais d'Hiver, jadis résidence des tsars, fut, en 1917, le siège du gouvernement provisoire d'Alexandre Kerensky jusqu'à la révolution d'Octobre. Aujourd'hui, ce même bâtiment est occupé par le musée de l'Ermitage, qui regroupe l'une des plus vastes collections d'art du monde.

Au cours des premières années d'existence de l'Union soviétique, Leningrad fut également le site du premier grand soulèvement contre l'autorité soviétique : la mutinerie des marins de la base navale de Kronstadt en 1922. Ces derniers exigèrent l'élimination des leaders communistes, le retour de la liberté d'expression et la libération des prisonniers politiques. Leur révolte fut cependant réprimée brutalement. En 1934, l'assassinat, à Leningrad, de Sergueï Kirov, grand leader communiste, déclencha la « Grande Purge », au cours de laquelle la police secrète de Staline massacra et fit emprisonner des millions de citoyens soviétiques.

Au cours de la Deuxième Guerre mondiale, quelque 600 000 citoyens moururent pendant les neuf cents jours que dura le siège de Leningrad par les forces allemandes. La ville devint alors le symbole de l'héroïsme et de l'endurance du peuple soviétique. L'acheminement de vivres et de munitions n'était possi-

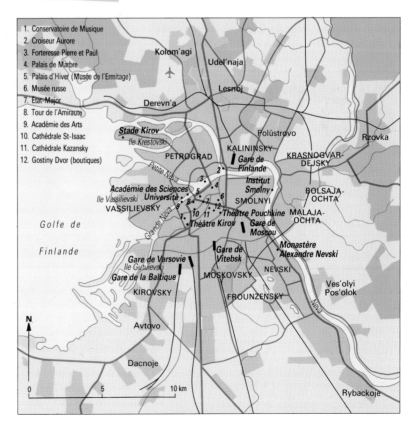

∨ Un coup de feu tiré du croiseur *Aurora* déclencha la révolution d'octobre 1917, lorsque les bolcheviks s'emparèrent du pouvoir à Leningrad. Ancré sur la Neva, le bateau est aujourd'hui un musée.

ble que par une petite voie ferrée au nord-est de la ville ou en traversant le lac Ladoga recouvert de glace, une voie périlleuse connue sous le nom de « Route de la Vie. » Le compositeur Dmitri Chostakovitch (1906-1975) composa sa septième symphonie alors que la ville était assiégée, et cette œuvre porte le titre de *Symphonie de Leningrad,* en souvenir du courage déployé par les citadins.

Après la guerre, la plupart des splendides édifices historiques de Leningrad furent restaurés ou reconstruits avec soin et, de nos jours, la ville est aussi somptueuse que du temps des tsars. Ses universités, ses collections d'art et ses institutions culturelles en font le principal centre culturel soviétique. En 1989, un feu endommagea malheureusement gravement la bibliothèque de l'Académie des sciences de l'U.R.S.S., l'une des collections scientifiques les plus célèbres du monde entier.

Outre ce rôle culturel essentiel, l'actuelle Saint-Pétersbourg est aussi un centre industriel d'envergure, en particulier dans les secteurs de la construction navale et de la fabrication de machines-outils. Parmi les autres industries prépondérantes, citons les produits chimiques, l'équipement électrique, les textiles et le bois. Sa position géographique en fait un port et un centre de transports important. Comme la plupart des villes anciennes, Saint-Pétersbourg souffre d'une pénurie de logements et la pollution atmosphérique y pose un grave problème.

< Le soleil couchant jette une lumière dorée sur l'élégant canal de Grebedovo. De gracieuses maisons bordent la plupart des canaux et les larges *prospekts* ou boulevards de la ville qui regroupe une population de 4 millions d'individus.

> Saint-Pétersbourg, établie à l'embouchure de la Neva, fut construite par Pierre le Grand au XVIIIe siècle pour être « une fenêtre de la Russie sur l'Europe ». Le tsar fit venir des ingénieurs et des architectes étrangers pour drainer le site et dessiner les édifices de la ville. Pendant la Deuxième Guerre mondiale, Leningrad endura un siège de neuf cents jours. C'est aujourd'hui l'un des principaux ports et centres industriels du pays.

1. Conservatoire de Musique
2. Croiseur Aurore
3. Forteresse Pierre et Paul
4. Palais de Marbre
5. Palais d'Hiver (Musée de l'Ermitage)
6. Musée russe
7. État-Major
8. Tour de l'Amirauté
9. Académie des Arts
10. Cathédrale St-Isaac
11. Cathédrale Kazansky
12. Gostiny Dvor (boutiques)

L'Ukraine

L'Ukraine se situe au sud-ouest de l'ex-Union soviétique. Avec ses 603 700 km², c'est le dernier des trois plus grands États membres de la C.E.I. derrière la Russie et le Kazakhstan mais elle vient au second rang en termes de population et de production industrielle et agricole.

L'Ukraine est essentiellement un pays de plaines, seules les régions boisées des Carpates et le sud de la Crimée sont montagneux. Elle est bordée au sud par la mer Noire et la mer d'Azov. Le nord-ouest de l'Ukraine est couvert de forêts. Les marécages occupent les grandes zones de plaines à l'embouchure des fleuves. Vers Kiev, le paysage commence à changer avec les premières steppes et la forêt se restreint à de grands îlots boisés. La terre est noire à cause de sa forte teneur en humus ; on y cultive céréales, betteraves à sucre, pommes de terre, lin et chanvre. La Crimée produit des fruits, du vin et du tabac. Vers le sud s'ouvre une zone de steppes dénudées où les arbres ne poussent que le long des fleuves. Les sols deviennent moins fertiles en allant vers le sud et vers l'est avec l'accentuation de la sécheresse. Les terres noires et fertiles du centre et de l'ouest du pays assuraient 22 % de la production agricole de l'Union soviétique. L'Ukraine était d'ailleurs le « grenier à blé » de l'Union soviétique.

L'Ukraine est aussi très importante du point de vue économique car son sous-sol est riche en matières premières (charbon, minerai de fer,

pétrole, gaz naturel, manganèse). Elle est fortement industrialisée et dispose d'une infrastructure industrielle lourde bien développée. Des centrales hydroélectriques et nucléaires (dont celle de Tchernobyl) viennent accroître la puissance énergétique de la République.

On compte 77 % d'Ukrainiens pour 52 millions d'habitants. La minorité la plus importante est constituée de Russes ; 21 % de la population vivent au sud-est du pays. Il existe aussi de petits groupes constitués de Bélarusses, de Polonais, de Roumains, de Bulgares et de Hongrois. Les Ukrainiens représentent le deuxième groupe ethnique dans la C.E.I. Les Ukrainiens appartenaient à l'Église orthodoxe jusqu'à l'époque de la répression soviétique ; on dénombre aussi une minorité de catholiques.

Le grenier de l'Empire russe

Le mot *Ukraine* signifie « pays frontalier ». Cette dénomination remonte à l'époque des invasions mongoles du XIIIᵉ siècle. L'Ukraine d'alors n'était en rien une zone frontalière mais plutôt le pays où fut créé le premier État russe. C'est à Kiev, la capitale actuelle de l'Ukraine, qu'est créée la « Russie kiévienne » au IXᵉ siècle. La ville est déjà un centre commercial prospère. Kiev est surnommée la « mère des cités russes ». La ville fut détruite en 1240 par les Mongols ; la capitale politique se déplaça alors vers le nord-est, vers Vladimir, Souzdal et plus au sud vers Moscou. Vue de là-bas, l'Ukraine semblait bien loin, vidée de son peuple et traversée sans cesse par les Mongols et les hordes de cavaliers tatars.

La quête de l'identité nationale

La plus grande partie du territoire de l'Ukraine demeura pendant des siècles sous les tutelles polonaise et lituanienne. Les Cosaques, opposés aux Polonais, n'étaient composés que de serfs émancipés. En 1654, le chef cosaque Chmielnicki à la tête de l'Ukraine sollicita la protection du tsar russe alors que son pouvoir se limitait à la rive gauche du Dniepr. Il fallut attendre le XVIIIᵉ siècle pour que la Russie parvienne à conquérir l'Ukraine dans son entier (jusqu'en Galicie, à la frontière autrichienne). Un alphabet ukrainien spécifique était apparu dans l'intervalle, mais le gouvernement russe considérait l'ukrainien comme un dialecte russe (dit « le petit russe ») ; il en interdit l'usage en public. Au XIXᵉ siècle, se développa une identité nationale ukrainienne et un mouvement national se constitua ; il n'avait d'autres visées à l'origine que l'accession à l'autonomie culturelle. L'idée d'indépendance politique naquit au XXᵉ siècle.

Après la révolution de 1917, le Parti national proclama l'indépendance de l'Ukraine. La Russie soviétique commençait donc à partir de Brest-Litovsk. Les bolcheviks purent s'imposer à l'occasion de la guerre civile qui s'ensuivit. Ils fondèrent en 1919 la République soviétique

REPÈRES

Au moment de l'impression le nouveau blason n'existe pas encore.

LE PAYS
Nom officiel :
Ukraine
Capitale :
Kiev
Superficie :
603 700 km²
Régions :
Grandes plaines, montagnes des Carpates et dans le sud de la Crimée. Vastes zones forestières au nord-ouest et marais, zones de steppes boisées et steppes véritables
Climat :
Modérément continental ; subtropical sur la côte sud de la Crimée
Altitude max. : Mont Goverla (2 061 m)

LE GOUVERNEMENT
Forme de gouvernement :
République présidentielle
Chef de l'État :
Le président du Parlement

LE PEUPLE
Population : 51 800 000 (en 1990)
Langues : Ukrainien (langue nationale) et russe
Religion :
Majorité de chrétiens orthodoxes
Monnaie :
Le rouble ; la grivna depuis 1991
P.N.B./hab. :
1 958 roubles (en 1988)

socialiste d'Ukraine qui rejoignit l'U.R.S.S. en 1922. Dès les premières années de pouvoir soviétique, les intérêts nationalistes ukrainiens prirent de plus en plus d'importance, notamment sur le plan culturel. Les espoirs nationalistes furent toutefois brutalement anéantis par la politique autoritaire de Staline. Une période de famine délibérément provoquée dans le cadre de la collectivisation forcée fit périr des millions d'Ukrainiens.

L'indépendance
Le mouvement national ukrainien trouva un nouvel élan dans le climat réformiste de la fin des années 1980. Au printemps 1990, l'Ukraine déclara son autonomie puis elle proclama son indépendance en août 1991. Elle participa tout d'abord au conseil pour la constitution d'un nouveau contrat d'Union mais se tourna nettement contre la création de nouvelles instances centrales et obtint son indépendance. Elle continua sa lutte dans le sein même de la C.E.I. dont elle était l'instigatrice. L'Ukraine regroupa ses forces et se battit pour disposer du contrôle de la flotte soviétique de la mer Noire, ce qui la fit entrer en conflit avec la Russie.

L'Ukraine se vit accorder l'un des trois sièges de l'O.N.U. accordés à l'U.R.S.S. par Roosevelt et Churchill en 1945, sur la demande de Staline.

< **Un hall d'embarquement** dans le port d'Odessa sur la mer Noire.

∧ < **La place de la Révolution-d'Octobre.** Les grands parcs, les larges avenues, les cafés et les commerces donnent un air très européen à la ville de Kiev. Les bulbes dorés des églises constituent la seule touche exotique.

∧ **Une usine de locomotives** à Dniepropetrovsk, un important centre métallurgique sur le Dniepr.

< **Moisson** en Ukraine, le grenier à blé de l'ex-U.R.S.S.

< **La queue** devant un magasin de fruits à Kiev.

La Bélarusse

La Bélarusse (ex-Biélorussie) est située en bordure occidentale de l'ex-Union soviétique. A l'ouest, elle est bordée par la Pologne, au nord par la Lituanie et la Lettonie, à l'est par la Russie et au sud par l'Ukraine. Elle couvre une superficie de 207 600 km². Son nom, Bélarusse, qui signifie « Russie blanche », vient de ce que le blanc était le symbole de l'Ouest chez les Slaves.

Ce pays formé à l'époque glaciaire est essentiellement composé de plaines. Le relief est accidenté dans la seule région de moraines (contreforts bélarusses). Dans ce pays très boisé, les forêts couvrent un quart du territoire. La Bélarusse est un pays relativement pluvieux. Son paysage se compose de prairies entrecoupées de marais et de dépressions émaillées de nombreux lacs. Les sols généralement argileux et sablonneux sont peu fertiles ; c'est pourquoi on y pratique essentiellement l'élevage (porcs et vaches laitières). La production de lin, pommes de terre, orge et fourrage représente l'essentiel des cultures.

La population, de plus de 10 millions d'habitants, se compose d'environ 80 % de Bélarusses, 12 % de Russes, 4 % de Polonais, 2 % d'Ukrainiens et 1 % de juifs. La majorité était des chrétiens orthodoxes avant la Révolution russe. Cependant, les liens ancestraux avec la Pologne et la Lituanie ont permis la diffusion de la religion catholique, surtout dans l'ouest du pays.

REPÈRES

LE PAYS
Nom officiel :
Bélarusse
Capitale : Minsk
Superficie :
207 600 km²
Régions :
Plaines d'origine glaciaire ; relief accidenté dans les régions des contreforts (zones de moraines)
Climat :
Tempéré, à hivers doux et étés relativement chauds
Principaux fleuves :
Dniepr, Pripet
Altitude max. :
Dzeninskaja (346 m) dans les contreforts bélarusses

LE GOUVERNEMENT
Forme de gouvernement :
République présidentielle
Chef de l'État :
Le président du Parlement

LE PEUPLE
Population : 10 300 000 (en 1990)
Langues :
Bélarusse (langue nationale) et russe
Religion :
Majorité de chrétiens orthodoxes
Monnaie :
Le rouble
P.N.B./hab. :
2 578 roubles (en 1988)

La Bélarusse est un pays relativement pauvre sans grandes ressources naturelles. Le sous-sol produit uniquement du charbon, du sel gemme, du pétrole et de la tourbe exploités sur place. Mais le niveau d'éducation relativement élevé de la population a permis un bon degré de spécialisation industrielle. Les machines-outils et la métallurgie sont les principaux secteurs de l'industrie. Minsk, la capitale, est de loin la ville la plus importante par son nombre d'habitants et par la concentration industrielle.

Centre culturel avec son université et ses académies, elle fut, jusqu'en 1939, l'un des grands centres du judaïsme en Europe de l'Est. Vitebsk, la patrie du peintre Chagall, était une cité marchande au Moyen Âge. Elle fut successivement lituanienne, polonaise et enfin russe en 1722. Bâtie sur les rives de la Dvina occidentale, c'est aujourd'hui un centre industriel important.

Les premiers pas vers l'indépendance

Au Moyen Âge, la Bélarusse appartenait au premier État slave, la Russie kiévienne. Après son déclin, la Bélarusse tomba entre les mains de différents princes. Au XIVe siècle, le pays se trouvait sous la domination des Grands Princes lituaniens ; en 1385, ils signèrent un acte d'union avec la Pologne, qui exerça alors une grande influence culturelle ; les nobles bélarusses se « polonisèrent » et se convertirent au catholicisme. Cette séparation du bloc slave favorisa la naissance d'une langue écrite nationale. Au XVIIIe siècle, après le partage de la Pologne, la Bélarusse fut rattachée à l'Empire

russe mais l'élite polonaise demeura importante. Au XIXe siècle, le pouvoir tsariste entreprit une politique de russification et déclara illégale l'impression des livres en bélarusse. Un mouvement national bélarusse commença alors à se développer ; il s'opposait aussi bien à la domination russe que polonaise et souhaitait l'autonomie culturelle du pays.

La République populaire de Biélorussie fut fondée après la révolution de 1917. En 1919, elle devint la République soviétique de Biélorussie. En 1921, vaincue par la Pologne, elle dut céder sa façade occidentale par le traité de Riga. La Biélorussie fut rattachée à l'U.R.S.S. en 1922. La politique soviétique relativement modérée vis-à-vis des nationalités leur permettait d'exprimer leurs cultures nationales ; les choses se durcirent avec Staline, qui réprima toute velléité nationaliste. Lors de la Seconde Guerre mondiale, la Biélorussie fut envahie par l'armée allemande et subit d'importantes pertes humaines et matérielles. Après la guerre, elle retrouva ses territoires cédés à la Pologne en 1921. A l'O.N.U., la Bélarusse est titulaire d'un des trois sièges que Staline avait obtenus de Roosevelt et de Churchill.

La politique réformiste des années 1980 donna un nouveau souffle au mouvement nationaliste. Un « front populaire » fut fondé en 1989 sur le modèle des républiques Baltes. L'autonomie de la Bélarusse fut obtenue en 1990 et l'indépendance proclamée en 1991. La Bélarusse semblait tout d'abord tenir beaucoup à l'idée d'une refonte de l'Union mais en décembre 1991 elle finit par adhérer à la C.E.I.

∧ **La place de la Gare** à Minsk. La capitale bélarusse est un centre économique et culturel qui compte parmi les villes anciennes de Russie.

> **Un paysan** bélarusse. Les sols assez peu fertiles se prêtent surtout à l'élevage.

< **L'étonnant paysage** de Bélarusse. La ceinture de moraines vallonnées et discontinue est ponctuée de combes couvertes de prairies et de forêts marécageuses.

> **Représentation** de danse folklorique bélarusse. Les Bélarusses sont des slaves de l'Est. Leur isolation politique leur a permis de préserver leurs traditions populaires jusqu'à l'heure actuelle.

La Moldavie

La république de Moldavie est située à l'extrême sud-ouest de l'ex-Union soviétique, à la frontière roumaine. Ce pays couvre une surface de 33 700 km². Il correspond à la plus grande partie de la Bessarabie. « Moldova » (Moldavie) est l'ancien nom roumain de la principauté de Moldau autrefois constitutive de la partie orientale de la Bessarabie.

Les steppes fertiles sont bordées par des collines très boisées du nord de la Moldavie qui s'élèvent jusqu'à 400 m ; le Sud est une région de plaines et de steppes arides. Grâce à un climat favorable, aux étés longs et chauds et aux hivers doux, la république est l'une des principales régions productrices de tabac, de vin et de fruits. Kichinev (Kischinjow en russe) est la capitale du pays.

On compte 64 % de Moldaves, 14 % d'Ukrainiens, 13 % de Russes et 4 % de Gagaouzès pour 4,4 millions d'habitants. Le moldave est un dialecte roumain, tandis que le gagaouze s'apparente au turc. La Moldavie est un pays fortement peuplé, avec une densité de 131 habitants au kilomètre carré.

L'économie moldave est essentiellement axée sur l'agriculture intensive, qui produit de grandes quantités de vin, de fruits, de tabac, de céréales et de tournesol. L'élevage bovin, porcin et ovin est par ailleurs important. L'industrie est encore peu développée et se limite pour l'instant aux secteurs alimentaire, des maté-

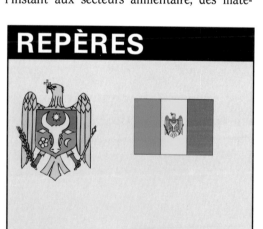

REPÈRES

LE PAYS
Nom officiel :
République de Moldavie
Capitale :
Kichinev
Superficie :
33 700 km²
Région :
Au nord, steppes fertiles et région montagneuse qui culmine à 400 m, couverte de forêts ; au sud, steppes arides
Climat :
Modérément continental à longs étés chauds
Principaux fleuves :
Dniestr, Prout
Altitude max. :
429 m dans les Kodres

LE GOUVERNEMENT
Forme de gouvernement :
République présidentielle
Chef de l'État :
Le président

LE PEUPLE
Population :
4 400 000 (en 1990)
Langues :
Roumain (langue officielle), russe
Religion :
Majorité de chrétiens orthodoxes
Monnaie : Le rouble
P.I.B./hab. :
1 789 roubles (en 1988)

> **Près d'un village,** dans le sud-ouest de la Moldavie. Deux cavaliers portent un toast à la santé des mariés. Dans ces occasions, on revêt encore facilement le costume traditionnel : une chemise qui dépasse un peu du pantalon, une veste blanche brodée et les chaussons traditionnels caractéristiques du costume roumain.

∧ **Des logements modernes** à Kichinev. Cette ville sur la rive droite du Byk se trouve dans une région viticole et productrice d'agrumes ; centre industriel et culturel, Kichinev est également un nœud important de voies de communication.

< **La récolte des pommes** dans une vaste exploitation agricole. Le pays est majoritairement agricole. La production de vin et de fruits est particulièrement importante.

riaux de construction et des biens de consommation. Le sous-sol ne contient pas de ressources naturelles exploitables.

L'histoire de la Moldavie

L'histoire de la Moldavie d'aujourd'hui est faite de rebondissements. Au XIVe siècle, le nord de la Bessarabie faisait partie de la principauté de Moldau. Dès le XVe siècle, l'intégralité du territoire de Bessarabie passa sous domination turque. En 1812, elle devient russe à l'issue d'un conflit turco-russe. En 1918, elle est rattachée au royaume de Roumanie. Mais dans les articles secrets du pacte germano-soviétique il était entendu que la Bessarabie devait représenter le dernier bastion de l'influence soviétique. En 1940, l'U.R.S.S. força donc la Roumanie à lui céder le territoire de Bessarabie. Le Sud fut annexé à l'Ukraine. La plus grande partie du territoire moldave fut rattachée à la petite région autonome moldave (A.S.S.R.), créée en 1924, et qui ne couvrait qu'une mince bande de terre sur la rive orientale du Dniestr, ce qui constitua la République socialiste soviétique de Moldavie. Pendant la Deuxième Guerre mondiale, le territoire revint sous obédience roumaine. En 1947, la Roumanie reconnut l'annexion soviétique de la Moldavie par le traité de Paris.

Le régime soviétique engagea en Moldavie, comme dans d'autres républiques non russes, une politique de russification massive. Des centaines de milliers de Moldaves furent envoyés vers l'intérieur de l'U.R.S.S., et des Russes et des Ukrainiens vinrent se fixer en Moldavie. Les Russes occupaient en majorité les postes à responsabilité dans l'administration et l'industrie. Les liens ethnolinguistiques étroits tissés avec la Roumanie furent officiellement désavoués. Le roumain, une langue romane, dut être écrit en caractères cyrilliques (tout comme le gagaouze d'origine turque). Les relations entre Moldaves et Roumains devinrent pratiquement impossibles bien que la Roumanie soit devenue entre-temps un « pays socialiste frère », ce qui lui octroyait certainement plus de liberté. Le dictateur roumain Ceausescu spécifia à plusieurs reprises qu'il n'avait pas encore dit son dernier mot sur le destin de ce territoire roumain annexé.

La voie de l'indépendance

Les aspirations nationalistes ne purent se manifester en Moldavie qu'après l'entrée en vigueur de la politique de réforme de Gorbatchev. En 1989, l'alphabet latin fut réintroduit pour la langue roumaine. Durant l'été 1990, la Moldavie se déclara autonome. Le roumain devint la langue officielle. La Moldavie ne prit pas part aux négociations organisées par Gorbatchev en été 1991 et qui portaient sur un projet de nouveau contrat de l'Union. Après l'échec du putsch conservateur à Moscou, la Moldavie proclama son indépendance en août 1991. Bien que la Moldavie se soit opposée à tout projet de remaniement de l'Union, elle rejoignit la C.E.I. en décembre 1991. Les relations économiques établies durant cinquante ans ne peuvent pas s'effacer du jour au lendemain. Par ailleurs, un certain nombre de soldats soviétiques demeurent en poste sur le sol moldave et leur retrait n'a pas encore été définitivement convenu.

Les problèmes des nationalités

Au sein de la population, les relations sont difficiles entre majorité roumaine et minorités nationales. Les Russes à l'est du Dniestr ont créé leur république indépendante du Dniestr tandis qu'au sud les Gagaouzès revendiquent la république de Gagaouzie. Le gouvernement de Kichinev ne veut pas reconnaître ces deux républiques. En fin de compte, la question essentielle reste sans réponse : la Moldavie sera-t-elle rattachée un jour ou l'autre à la Roumanie ? Il semble que de part et d'autre du fleuve Prout l'on soit encore réticent à se prononcer.

La Géorgie

La Géorgie se trouve au sud du Caucase et couvre une superficie de 69 700 km². Elle est bordée au nord par la Russie, à l'est par l'Azerbaïdjan et au sud par l'Arménie et la Turquie.

Du point de vue géographique, la Géorgie est barrée au nord par la chaîne du Grand Caucase, couverte en partie de grandes forêts, et au sud par les montagnes du Petit Caucase ; entre ces deux reliefs s'insinue la vallée du Rioni et du cours supérieur de la Koura, où règne un climat chaud et subtropical. Le delta à l'embouchure du Rioni sur la mer Noire constitue la Colchide, la terre mythique de la Toison d'or.

La population de Géorgie s'élève à 5,5 millions d'habitants et regroupe plusieurs minorités d'origines culturelles très différentes : 69 % de Géorgiens (Adjaris compris), 9 % d'Arméniens, 7 % de Russes, 5 % d'Azéris (Azerbaïdjanais), 3 % d'Ossètes, 2 % de Grecs et 2 % d'Abkhazes. Les Géorgiens, ainsi que les Adjaris et les Abkhazes, s'expriment en langues caucasiennes ; l'arménien, l'ossète, le russe et le grec sont des langues indo-européennes et les Azéris se rattachent au groupe linguistique turc. Une majorité de la population appartient à l'Église orthodoxe ; les Azéris ainsi qu'une minorité d'Ossètes sont musulmans. L'identité culturelle des Adjaris, Abkhazes et Ossètes fut prise en compte pour la constitution d'unités gouvernementales (la République autonome d'Adjarie,

la République autonome d'Abkhazie, la région autonome de l'Ossétie du Sud).

L'économie du pays repose sur la richesse du sol (essentiellement en manganèse, lignite, cuivre, pétrole, tungstène, baryte) et sur l'exploitation intensive de l'agriculture. La Géorgie produit du thé (elle fournissait 95 % de la consommation soviétique), du vin, des fruits, des céréales et du tabac. Les plus importants des secteurs de l'industrie de Géorgie sont l'alimentaire, le textile, les machines-outils et la métallurgie. Le tourisme prend également beaucoup d'importance avec non seulement les nombreux sites de cures thermales sur la mer Noire mais aussi les sports d'hiver dans les monts du Caucase.

De l'Empire perse à la province russe

Dans l'Antiquité, la Géorgie s'est trouvée tout d'abord sous les dominations perse et grecque, puis sous l'influence romaine. Les Arméniens ont largement contribué à l'introduction du christianisme. Un peu plus tard, la Géorgie se dotait d'un alphabet. Elle se plaça sous la protection de Byzance pour s'opposer aux Perses. Au VIIᵉ siècle, le pays fut envahi par les Arabes, qui n'imposèrent cependant pas l'islam ; l'unique enclave musulmane, Tbilissi (Tiflis), le demeura jusqu'au XIIᵉ siècle. A partir du IXᵉ siècle, l'unification du pays fut réalisée sous la dynastie des Bagration. Aux XIIᵉ et XIIIᵉ siècles, le pays avait atteint son maximum d'expansion (de la mer Noire à la mer Caspienne) et prospérait sous le règne de la reine Thamar (1184-1212). En 1836, la Géorgie fut conquise par Tamerlan. Le pays fut ensuite fractionné en principautés turques ou perses. La Russie mit également un pied en Géorgie dès le XVIᵉ siècle. Au XVIIIᵉ siècle, la Russie signait des traités de protectorat avec les rois de Géorgie. En 1801, le tsar annexa les territoires situés à l'est de la Géorgie et, en 1878, la Géorgie tout entière faisait finalement partie de l'Empire russe.

La longue lutte pour l'indépendance

Après la révolution de 1917, la Géorgie se déclare indépendante en mai 1918. En 1919, la majorité des voix, lors des élections libres, fut attribuée au parti Menschewiki (social-démocrate). En mai 1920, la Russie soviétique ratifia par traité l'indépendance de la Géorgie. Celle-ci fut toutefois annexée peu de temps après, mais bénéficiait du même statut que les deux autres républiques du Caucase. Les manifestants communistes de février 1921 demandèrent l'aide de la Russie et l'Armée rouge entra bientôt en Géorgie, de telle sorte que la République soviétique de Géorgie fut proclamée. Malgré la virulente opposition de ses communistes nationaux, la Géorgie, tout comme l'Arménie et l'Azerbaïdjan, fut rattachée à la Fédération soviétique transcaucasienne en 1922. Cette fédération fut à son tour dissoute en 1936

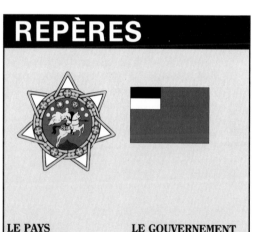

REPÈRES

LE PAYS
Nom officiel :
République de Géorgie
Capitale :
Tbilissi (Tiflis)
Superficie :
69 700 km²
Régions :
Au nord, chaîne du Grand Caucase. Au sud, montagnes du Petit Caucase. A l'ouest, zones de plaines aux embouchures des fleuves
Climat : Subtropical à l'ouest ; tempéré ailleurs
Altitude max. : Shkhara (5 028 m)
Principaux fleuves :
Rioni, Kodori

LE GOUVERNEMENT
Forme de gouvernement :
République présidentielle
Chef de l'État :
Le président

LE PEUPLE
Population : 5 500 000 (en 1990)
Langues :
Géorgien (langue nationale) et russe
Religion : Majorité de chrétiens orthodoxes
Monnaie :
Le rouble
P.I.B./hab. :
1 891 roubles (en 1988)

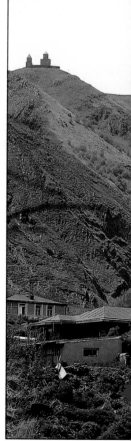

et ses trois membres regroupés en une république unifiée. Dans les années 1930, à l'époque de la « grande purge », Staline, bien que géorgien lui-même, réprima très brutalement le mouvement « nationaliste ».

La vague nationaliste des années 1980 fut particulièrement ressentie en Géorgie et alla même jusqu'à se renforcer en avril 1989 lorsque l'armée écrasa dans le sang la manifestation de Tbilissi. Les premières élections libres se tinrent fin 1990 et le mouvement indépendantiste Table Ronde/Géorgie Libre prit le pouvoir. Son dirigeant, S. Gamsakhourdia, fut élu président. En mars 1991, quasiment 90 % de la population se prononcèrent pour la restauration de la république démocratique indépendante de 1918. La Géorgie fut la seule république à ne pas rallier la C.E.I. Des mouvements de protestations s'élevèrent contre le gouvernement dictatorial de Gamsakhourdia et il fut destitué en janvier 1992 à l'issue de tragiques combats. L'avenir des minorités abkhaze et ossète constitue un réel problème car elles souhaitent se séparer de l'Etat géorgien.

< **Une vue de Tbilissi** et le mur d'enceinte de Narikala.

∧ **Les fêtes** commémoratives tournent souvent en manifestations politiques depuis l'expression des volontés nationalistes.

< **Des vignerons** géorgiens savourent le vin nouveau dans la région de Kakhétie.

< **Un village du Caucase** dominé par le sommet du Kazbek.

L'Arménie

L'Arménie est la plus méridionale des trois républiques du Caucase et la plus petite avec ses 29 800 km². Ce pays est bordé au nord par la Géorgie, à l'est par l'Azerbaïdjan, au sud par l'Iran et à l'ouest par la Turquie.

Le nord de l'Arménie est occupé par la chaîne du Petit Caucase, interrompue par de grandes failles et qui rejoint, au sud, le plateau arménien à environ 1 000 m d'altitude. Ce plateau se compose de nombreux bassins dont certains sont occupés par des lacs, comme le grand lac Sevan (1 400 km²). Le climat d'Arménie se caractérise par des hivers froids relativement neigeux et par des étés très chauds et secs. L'Arménie est une région tectonique particulièrement agitée. Le dernier tremblement de terre important en décembre 1988 fit plus de 20 000 victimes dans la région de Leninakan.

La population arménienne s'élève à 3,3 millions d'habitants dont les origines ethniques sont relativement homogènes. Elle se compose de 91 % d'Arméniens, 5 % d'Azéris (Azerbaïdjanais), 2 % de Russes et 2 % de Kurdes. Les Arméniens sont des chrétiens. La langue arménienne d'origine indo-européenne fut introduite dès le V⁵ siècle et possède sa propre écriture. Plus d'un tiers de la population vit à Erevan, la capitale.

L'Arménie dispose d'importantes ressources naturelles (cuivre, bauxite, zinc et molybdène).

REPÈRES

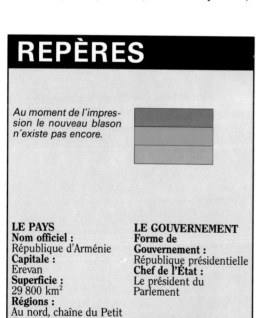

Au moment de l'impression le nouveau blason n'existe pas encore.

LE PAYS
Nom officiel :
République d'Arménie
Capitale :
Erevan
Superficie :
29 800 km²
Régions :
Au nord, chaîne du Petit Caucase ; vers le sud, haut plateau arménien (1 000 m d'altitude) interrompu par des cuvettes et des bassins
Climat : Continental ; étés très chauds et hivers froids
Altitude max. :
Mont Aragats (4 090 m)
Altitude min. : Dans le haut plateau, région d'Armen

LE GOUVERNEMENT
Forme de
Gouvernement :
République présidentielle
Chef de l'État :
Le président du Parlement

LE PEUPLE
Population : 3 300 000 habitants (en 1990)
Langues : Arménien (langue nationale) et russe
Religion : Majorité de chrétiens de rite orthodoxe arménien
Monnaie :
Le rouble
P.I.B./hab. :
1 757 roubles (en 1988)

Une faible part de l'électricité est produite par les centrales hydro-électriques situées sur le Rasdan (un cours d'eau issu du lac Sevan), mais la plus grande part doit être importée. L'industrie est encore peu développée. La construction de machines-outils, l'industrie chimique et alimentaire ainsi que la transformation de l'aluminium sont les secteurs les plus importants. L'exploitation agricole est axée sur l'élevage de mouton et sur la culture des céréales sur les hauts plateaux de steppes. Les terres irriguées produisent aussi de la betterave, du tabac, de la vigne et du coton.

Les racines historiques et culturelles

L'Arménie est citée pour la première fois au VI⁵ siècle av. J.-C. dans une inscription rupestre d'origine perse. A cette époque, le territoire arménien était certainement beaucoup plus restreint qu'aujourd'hui où il occupe une partie de la Turquie et de l'Iran. Le royaume d'Arménie, qui n'était à l'origine qu'une fraction de l'Empire perse, fut très puissant aux II⁵ et I⁵ siècle av. J.-C. jusqu'à sa soumission à l'autorité romaine. En 301, l'Arménie fut le premier pays où le christianisme fut proclamé religion nationale. L'alphabet arménien, encore utilisé aujourd'hui, remonte au V⁵ siècle. La littérature arménienne existe depuis cette époque si bien que l'arménien est la langue littéraire la plus ancienne de l'ex-Union soviétique. Durant les siècles qui suivirent, l'Arménie fut convoitée

par les Perses, les Byzantins et les Arabes qui l'envahirent en 640. Au IXᵉ siècle, elle obtint une fois encore un statut autonome spécifique et le pays prospèra sous le règne des Bagratides. L'Arménie subit diverses invasions turques et mongoles jusqu'à ce qu'elle soit entièrement soumise aux Ottomans à partir du XIVᵉ siècle. Seuls quelques khanats furent rattachés à l'Iran.

Au XIXᵉ siècle, la Russie s'imposa dans la région. Les régions arméniennes furent respectivement soustraites à la Turquie et à la Perse en 1828 et 1878. L'Arménie, encore sous domination turque, fut l'objet de sinistres répressions dans les années 1895-1896 et 1915-1916 qui firent plus de 1,5 million de victimes.

La longue voie de l'indépendance

Après la révolution de 1917, l'Arménie russe proclama son indépendance en mai 1918 et le parti nationaliste Daschnaki prit le pouvoir. En 1920, un mouvement communiste s'organisa à la frontière de l'Azerbaïdjan soviétique actuel ; son meneur s'inspirait des camarades du pays voisin et sollicitait l'entrée de l'Armée rouge. La République soviétique d'Arménie fut proclamée après l'invasion russe. Un soulèvement national fut sévèrement réprimé en 1921. En 1922, la République soviétique d'Arménie ainsi que l'Azerbaïdjan et la Géorgie furent regroupées en une république soviétique fédérale transcaucasienne. Cette confédération fut de nouveau dissoute en 1936 et l'Arménie devint une république de l'Union. Dans les années 1920, l'Arménie bénéficia d'une large autonomie culturelle au même titre que la plupart des autres républiques non russes. Depuis les années 1930, la politique d'uniformisation stalinienne réprima toutes les aspirations nationalistes.

Le climat réformateur fit changer la situation dans les années 1980. Les vieilles divisions régionales furent ravivées par la vague des nationalismes et aboutirent à un conflit durable avec l'Azerbaïdjan dont on ne prévoit pas l'issue à l'heure actuelle. En 1991, ces deux républiques ont toutefois convenues d'engager des négociations.

L'Arménie est l'une des anciennes républiques soviétiques qui met le plus d'énergie pour accéder à l'indépendance. Celle-ci fut proclamée avant les autres dès août 1990. L'Arménie ne prit pas part au projet en vue d'un nouveau contrat de l'Union. Par référendum, en septembre 1991, 95 % des votants se prononcèrent pour l'indépendance. L'Arménie rallia la C.E.I. en décembre 1991.

∧ < **Le Parlement** et les fontaines de la place Lénine à Erevan, une vieille ville historique.

< **A Spitak,** trois ans après le terrible tremblement de terre du 7 décembre 1988, les habitants rescapés continuent de vivre dans des baraquements en bois.

∧ **Une chapelle** sur le lac Sevan, entouré par les volcans éteints du Petit Caucase. Profond de 99 m, il se trouve à 1 915 m au-dessus du niveau de la mer.

< **Un marchand** sur un marché à bestiaux dans la région d'Erevan. On pratique surtout l'élevage dans ces régions de montagne.

L'Azerbaïdjan

L'Azerbaïdjan est, avec ses 86 600 km², la plus vaste des trois Républiques caucasiennes ; elle occupe le sud-est du Caucase. L'Azerbaïdjan englobe la République autonome de Nakhitchevan en marge du haut plateau arménien ainsi que la région autonome du Nagorny-Karabakh.

Le paysage du nord et du sud du pays est formé par les contreforts du Grand et du Petit Caucase qui viennent progressivement mourir au bord de la mer Caspienne. Au centre du pays, une grande plaine est arrosée par la Koura, qui a permis la création du grand lac de retenue de 620 km² de Minghetchaour. Le cours inférieur de la Koura traverse tour à tour une vaste zone de steppes semi-désertiques puis la région relativement marécageuse du bassin de l'Araxe avant de se jeter dans la mer Caspienne. Le sud-est de l'Azerbaïdjan est occupé par les plaines humides et très cultivées de la région de Lenkoran ainsi que par le nord des contreforts des monts Talych. La ville de Bakou, sur la presqu'île d'Apchéron, se trouve au nord de l'embouchure de la Koura.

Les 7 millions d'habitants sont composés d'environ 79 % d'Azéris (Azerbaïdjanais), 8 % d'Arméniens et 8 % de Russes. La majorité des Azéris est musulmane de confession chiite. Ils parlent une langue d'origine turque écrite en caractères cyrilliques depuis 1939.

L'économie de l'Azerbaïdjan repose essentiellement sur les richesses du sous-sol. Les ressources en pétrole ainsi qu'en gaz naturel sont très importantes mais risquent d'être assez rapidement épuisées. On exploite aussi les minerais de fer, de zinc et de cuivre. La métallurgie, la pétrochimie et les machines-outils comptent parmi les plus grands secteurs industriels. Le climat est dans l'ensemble trop sec pour le travail de la terre mais la mise en place d'un large réseau d'irrigation a permis de cultiver du coton, des céréales et des fruits. Le thé et les agrumes sont produits dans les plaines humides de Lenkoran.

Bakou, la capitale, est au centre du bassin pétrolier. Un oléoduc transporte le pétrole destiné à l'exportation jusqu'au port de Batoumi, en Géorgie, sur la côte est de la mer Noire. Cette ville industrielle abrite encore des palais et des mosquées des XIVe et XVe siècles.

L'Orient soviétique

Dans l'Antiquité, l'Azerbaïdjan faisait partie du royaume des Mèdes et des Perses. Le pays tomba sous la domination arabe au VIIIe siècle de notre ère et fut islamisé. Lors des siècles qui suivirent, le pays fut fractionné en de nombreux petits États contrôlés par les Mongols, les Perses et les Ottomans. La Russie s'est imposée en Azerbaïdjan à partir du XVIIIe siècle

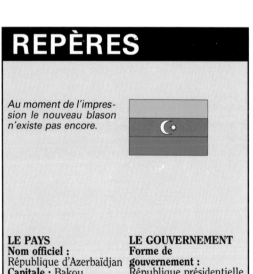

REPÈRES

Au moment de l'impression le nouveau blason n'existe pas encore.

LE PAYS
Nom officiel :
République d'Azerbaïdjan
Capitale : Bakou
Superficie : 86 600 km²
Régions : Au nord et au sud, contreforts des chaînes du Grand et du Petit Caucase, vaste plaine de la Koura qui forme au sud-est le bassin de l'Araxe
Climat : Tempéré au nord, subtropical ailleurs
Principaux fleuves : Araxe, Koura
Altitude max. : Basardjusju (4 466 m)
Altitude min. : 28 m dans la mer Caspienne

LE GOUVERNEMENT
Forme de gouvernement :
République présidentielle
Chef de l'État :
Le président

LE PEUPLE
Population : 7 100 000 (en 1990)
Langues :
Azéri, russe
Religion :
Musulmane (75 % de chiites, 25 % de sunnites)
Monnaie :
Le rouble
P.I.B./hab. :
1 565 roubles (en 1988)

en se débarrassant progressivement de ces hobereaux. A l'issue de la guerre russo-perse, la Russie annexa le nord du pays en 1829 alors que le Sud demeura sous domination perse. La Russie tenta de reprendre cette région méridionale à plusieurs reprises (la dernière fois lors de la Seconde Guerre mondiale). Au XIXᵉ siècle, l'Azerbaïdjan russe fut pour un temps le plus grand producteur mondial de pétrole.

En 1918, après la Révolution, la direction du Mussawat – le Parti nationaliste islamique – se prononça pour la création d'une république autonome. En 1920, les communistes tentèrent un putsch dans leur fief de Bakou et firent appel à la Russie soviétique. L'Armée rouge passa la frontière et la République socialiste soviétique d'Azerbaïdjan fut bientôt proclamée. En 1922, elle fut réunie à l'Arménie et à la Géorgie pour constituer la République socialiste soviétique transcaucasienne. Cette confédération fut dissoute en 1936 et chacun des trois États membres obtint le statut de république de l'Union.

La guerre civile

Les courants nationalistes qui émergèrent dans les années 1980, dans le sillage de la politique réformatrice de Gorbatchev, ravivèrent de vieilles rivalités ethniques, culturelles et confessionnelles entre Azéris et Arméniens. Le conflit s'enflamma dans la région autonome du Nagorny-Karabakh. Cette région, arménienne à 80 %, avait combattu l'intervention russe de 1920 et cela peut-être dans le but de « diviser pour mieux régner ». En 1988, et après de nombreuses manifestations, la région du Nagorny-Karabakh se sépara de la République soviétique d'Azerbaïdjan et se rattacha à la République soviétique d'Arménie. Mais le Soviet suprême d'Azerbaïdjan aussi bien que celui de l'Union soviétique refusèrent de ratifier ces décisions, ce qui provoqua de sanglantes émeutes. Les Azéris des villes de Bakou et de Soumgaït organisèrent même des pogroms contre les Arméniens de la région. Des troupes soviétiques pénétrèrent dans le Nagorny-Karabakh et le territoire fut directement administré par Moscou. Cette décision n'apporta pas la paix et entre... plutôt dans ces deux républiques un climat de guerre. Plusieurs centaines de milliers de personnes fuirent leurs pays respectifs, les Azéris d'Arménie vers l'Azerbaïdjan et les Arméniens d'Azerbaïdjan vers l'Arménie. L'Union soviétique disparue, il n'existe toujours pas de solution à ce conflit. Les deux républiques se sont rencontrées en 1991 en vue de négocier directement le statut du Nagorny-Karabakh.

L'Azerbaïdjan a proclamé son indépendance en août 1991 et a pris part au projet d'un nouveau contrat de l'Union. Elle a rallié la C.E.I. en décembre 1991.

∧ < **Les minarets,** les grands immeubles modernes et les puits de forage composent le paysage hétéroclite de la grande ville de Bakou sur la mer Caspienne.

< **Les champs** pétrolifères de Bakou comptèrent longtemps parmi les plus importants du globe.

∧ **Des Arméniens** armés dans le Haut-Karabakh. Cette région arménienne à 80 % est le théâtre d'affrontements sanglants entre Azéris et Arméniens.

∧ **Dans l'islam,** la prière est un rituel quotidien. Les Azéris sont des musulmans chiites occidentalisés.

Le Kazakhstan

Ce pays d'Asie centrale de 2 717 300 km² se place en deuxième position après la Russie dans l'ex-U.R.S.S. (actuelle C.E.I.). Il comprend les vastes steppes du sud de la Sibérie, qui deviennent des zones désertiques ou semi-désertiques. A l'exception du Sud-Est, le reste du pays correspond aux contreforts du T'ien-chan et de l'Altaï, et culmine à 4 973 m. L'Ouest est occupé par les dépressions touranienne et caspienne. Les premiers reliefs du Centre atteignent une altitude de 1 559 m et sont parsemés de nombreux lacs d'eau salée. Le Balkhach est le plus grand d'entre eux. Le climat du Kazakhstan est extrêmement continental et de plus en plus sec vers le Sud, si bien que l'irrigation y est indispensable à la culture. Au nord, les steppes sont désormais cultivées et offrent l'aspect d'immenses plaines céréalières.

L'économie du Kazakhstan repose essentiellement sur la grande diversité des ressources du sous-sol (principalement en charbon, pétrole, gaz naturel, cuivre, chrome, zinc, or, argent et manganèse). L'industrie locale transforme les matières premières minérales ainsi que les produits agricoles. Les constructions mécaniques et la pétrochimie comptent parmi les secteurs industriels les plus importants. L'activité agricole est axée sur la production de céréales, betteraves sucrières, tabac, fruits et coton ; elle comprend également l'élevage. La

REPÈRES

Au moment de l'impression le nouveau blason n'existe pas encore.

LE PAYS
Nom usuel : Kazakhstan
Capitale : Alma-Ata
Superficie :
2 717 300 km²
Régions : Au nord, steppes du Sud sibérien ; au sud, régions arides ou semi-désertiques ; contreforts des chaînes du T'ien-chan et de l'Altaï ; à l'ouest, dépressions caspienne et touranienne ; Centre vallonné
Climat : Continental et sec. Grandes variations de températures
Altitude max. : Altaï (4 973 m)
Altitude min. : – 132 m dans la dépression de Karagi

LE GOUVERNEMENT
Forme de gouvernement :
République présidentielle
Chef de l'État :
Le président

LE PEUPLE
Population :
16 700 000 habitants (1990)
Langues :
Kazakh (langue nationale), russe
Religions :
Majorité de musulmans sunnites, russes orthodoxes
Monnaie :
Le rouble
P.I.B./hab. :
1 638 roubles (1988)

production de caviar par la pisciculture d'esturgeons a aussi son importance.

Les hommes

La population du Kazakhstan s'élève à 16,7 millions d'habitants. 40 % d'entre eux seulement sont des Kazakhs qui parlent un dialecte turc. La grande majorité d'entre eux sont des musulmans sunnites. Le pourcentage de Slaves russes est pratiquement aussi élevé puisqu'ils représentent quelque 38 % de la population. Les plus importantes minorités sont constituées par des Allemands (6 %) et des Ukrainiens (5 %). Par ailleurs, on note la présence de Tatars, d'Ouzbeks, d'Ouïgours, de Bélarusses et de Coréens. Le peuple kazakh descend d'une souche turco-mongole. Le nom de « Kazakh » fut employé pour la première fois au XVIe siècle. Au XVIIe siècle, le peuple kazakh se scinda en trois clans autonomes qui s'affrontèrent fréquemment et qui entrèrent en conflit avec les Mongols. Le peuple kazakh était essentiellement nomade jusqu'au XIXe siècle.

La russification du XIXe siècle

Le territoire du Kazakhstan tomba sous la domination russe en 1822. Les premiers colons russes arrivèrent dans les années 1880 après la déclaration officielle d'annexion de 1873. L'insurrection antitsariste de 1916 fut réprimée dans le sang. Après la révolution de 1917, le Kazakhstan fut secoué par des luttes interethniques qui aboutirent à la victoire des bolcheviks. En 1920, naquit la République soviétique autonome de Kirghiz dans le cadre de l'Union des Républiques soviétiques (« Kirghiz » était autrefois synonyme de « Kazakh ») ; elle fut rebaptisée République kazakh en 1925 et élevée au rang de République socialiste soviétique en 1936. Le pouvoir soviétique y imposa brutalement son entreprise de collectivisation. En 1941, des centaines de milliers d'Allemands des territoires russes furent envoyés de force au Kazakhstan. Une grande campagne de défrichement démarra en 1954 et attira un grand nombre de colons russes.

Dans le climat de réformes politiques engagées par Gorbatchev, l'année 1986 fut marquée par les prémices d'un mouvement de protestation antisoviétique. Le Kazakhstan déclara son autonomie le 25 octobre 1990 et proclama son indépendance le 16 décembre 1991. Il rejoint la Communauté des États indépendants (C.E.I.) le 21 décembre 1991. Au sein de cette association d'États encore non structurée, le Kazakhstan a acquis une position de supériorité car elle est l'unique république non slave à disposer de l'arme atomique. Des tensions apparaissent entre les nationaux et la majorité non kazakh. La Russie lui dispute également ses frontières car elle revendique le nord du pays dont la population est essentiellement russe.

∧ < **Le centre sportif** Medeo d'Alma-Ata. Un grand nombre de records mondiaux de vitesse furent battus sur sa célèbre patinoire.

< **Moissons** sur des terres autrefois en friche et rendues cultivables grâce à l'irrigation. Les steppes du Nord Kazakhstan commencèrent à être exploitées dans les années 1950 pour couvrir les besoins grandissants en céréales.

∧ **Une raffinerie** où se traite et se transforme le pétrole du Kazakhstan.

∧ **Les Kazakhs** sont très amateurs de musique et disposent d'un très important répertoire de chansons populaires.

Le Turkménistan

Le Turkménistan est l'une des républiques d'Asie centrale dont les quelque 488 100 km² sont à 80 % constitués de zones arides ou de steppes. C'est la république la plus sèche de l'ex-U.R.S.S. et la population se concentre dans les oasis, naturelles ou aménagées par l'homme. Elle confine au sud avec l'Iran, à l'ouest avec la mer Caspienne et le golfe de Kara-Bogaz, au nord avec le Kazakhstan, au nord-est avec l'Ouzbékistan et au sud-est avec l'Afghanistan. Son relief se compose d'étendues à basse altitude parfois même en deçà du niveau de la mer (− 81 m) dans certaines régions du Nord-Ouest. Le sommet du Kopet-Dagh culmine à 2 942 m dans le nord des contreforts montagneux. Le désert sablonneux du Kara-Koum est délimité par les cours de l'Amou-Daria, du Murghab et du Tedjen.

L'agriculture turkmène est encore peu développée. Les champs irrigués des oasis qui s'étendent au pied du Kopet-Dagh et des vallées fluviales étirées sur 1 000 km le long du canal du Kara-Koum permettent la culture du coton, du maïs ou encore de fruits et légumes (près des centres urbains). L'activité agricole est partout ailleurs représentée par l'élevage des moutons karakul (qui fournissent l'astrakan) des chèvres, des chevaux ou encore des vers à soie.

Le sous-sol renferme de bonnes réserves en

REPÈRES

Au moment de l'impression le nouveau blason n'existe pas encore.

Au moment de l'impression le nouveau drapeau n'existe pas encore.

LE PAYS
Nom officiel :
République du Turkménistan
Capitale : Achkhabad
Superficie : 488 100 km²
Régions : Zones arides et désert sablonneux du Kara-Koum. A l'est, chaînes du Kougitangtan et du Kopet-Dagh
Climat : Continental très marqué ; très sec ; importantes variations de températures
Principaux fleuves : Amou-Daria
Altitude max. : 2 942 m dans le nord du Kopet-Dagh
Altitude min. : − 81 m

LE GOUVERNEMENT
Forme de gouvernement :
République présidentielle
Chef de l'État :
Le président

LE PEUPLE
Population :
3 600 000 habitants (1990)
Langues :
Turkmène (langue nationale), russe
Religions : Majorité de musulmans sunnites, russes orthodoxes
Monnaie : Le rouble
P.I.B./hab. :
1 358 roubles (1988)

gaz naturel et en pétrole ainsi qu'en divers minerais. Les ressources en soufre sont utilisées dans l'industrie chimique. L'industrie textile et la construction mécanique sont également des secteurs importants. Le Turkménistan, qui dispose de 2 % de surfaces cultivables, doit importer des denrées alimentaires en quantités relativement importantes pour assurer sa subsistance.

Les Turkmènes, d'anciens nomades
72 % des quelque 3,6 millions d'habitants de la république sont des Turkmènes, qui, comme leur nom l'indique, se rattachent au peuple turc. Ce sont des musulmans sunnites qui commencèrent tardivement à se sédentariser. Le reste de la population est essentiellement composée de Russes (9,5 %) et d'Ouzbeks (9 %). Il existe par ailleurs beaucoup d'autres minorités (Kazakhs, Tatars, Ukrainiens, Arméniens et Baluchi).

Les Turkmènes furent pendant des siècles subdivisés en plusieurs branches qui fusionnaient occasionnellement en cas de conflit. Ce n'est qu'au XXᵉ siècle que l'on commence réellement à parler de peuple turkmène. Les différentes souches turkmènes tombèrent sous la domination russe entre 1869 et 1885. Les Turkmènes prirent également part à la grande insurrection antirusse de 1916. Le régime tsa-

riste prit alors la décision d'enrôler des représentants des peuples d'Asie centrale dans l'armée russe. A la naissance de l'Union soviétique, le peuple turkmène fut partagé entre la R.S.S. du Turkestan et l'éphémère république de Boukhara et de Kharezm. La République socialiste soviétique turkmène fut fondée en 1924. Comme toutes les républiques, elle dut subir le processus classique du développement soviétique : collectivisation agraire, industrialisation, désorganisation de la société traditionnelle, répression des croyances religieuses et « épurations » sanglantes. Les aspects positifs se résument à la mise en place d'une campagne d'alphabétisation et d'un système scolaire moderne.

Dans le cadre de la politique de réformes menée dans les années 1980, les aspirations nationalistes s'exprimèrent au Turkménistan à l'instar des républiques avoisinantes. Le 22 août 1990, le Turkménistan déclara son autonomie et proclama son indépendance le 27 octobre 1991. La république rallia la C.E.I. le 21 décembre 1991. Il n'existe pas pour l'instant de grandes dissensions interethniques ; des milliers de Russes ont toutefois déserté le pays. Des conflits avec les républiques voisines restent à craindre au sujet du tracé des frontières et de l'affectation des ressources hydrauliques, sujet vital dans cette région.

△ < **Le théâtre Mollanepes** d'Achkhabad. Cette capitale de 390 000 habitants, centre culturel et industriel de la république, s'est développée au cœur d'une oasis de verdure au sud du désert du Kara-Koum.

< **Les 280 000 km²** du désert du Kara-Koum occupent la plus grande partie du pays. Grâce à la mise en place d'un réseau d'irrigation, de grandes zones désertiques ont été transformées en pâturages ou en champs cultivables.

△ **Le canal du Kara-Koum** relie l'Amou-Daria à l'est à Kranovodsk sur la mer Caspienne en passant par Achkhabad. De part et d'autre du canal, l'irrigation a permis l'aménagement de plus de 500 000 hectares de terres cultivables.

△ **Les tapis** et les objets d'artisanat comme ceux que propose ce couple étaient autrefois très exportés. Les nomades étaient à l'origine les seuls à maîtriser l'art du tapis. Au musée des Beaux-Arts d'Achkhabad se trouve exposé le plus grand tapis artisanal du monde (193,5 m²).

L'Ouzbékistan

Ce pays d'Asie centrale s'étend du plateau d'Oust-Ourt à l'ouest jusqu'à la vallée de la Fergana à l'est, en passant par la mer d'Aral. Il couvre 447 400 km² occupés pour l'essentiel par des plaines jusqu'aux premiers contreforts de l'Altaï et du T'ien-chan. Le climat est éminemment continental et très sec. Les quatre cinquièmes du territoire sont occupés par le désert du Kyzylkoum. L'agriculture n'est de ce fait possible que dans les oasis et sur les terres irriguées des vallées de l'Amou-Daria, du Syr-Daria ou du Zeravchan. Mais le pompage intensif de l'eau destinée à l'irrigation entraîne l'assèchement progressif et la saturation en sel de la mer d'Aral.

L'exploitation du gaz naturel et la culture du coton sont les deux piliers sur lesquels repose l'économie ouzbek. La culture du coton fut possible dès les années 1920 grâce à l'aménagement de systèmes d'irrigation. Le pays était le principal producteur de coton de l'ex-U.R.S.S. Mais l'activité agricole, qui produit du riz, des fruits, du tabac et du vin, est loin de couvrir les besoins alimentaires de la population. L'industrie chimique (engrais) et celle du textile (coton, laine de mouton, fourrure d'astrakan ainsi que soie naturelle issue de la sériciculture locale) représentent aussi d'importants secteurs. En plus du gaz naturel et du pétrole, le sous-sol renferme aussi du charbon, du cuivre et de l'or.

Les hommes

La population de quelque 20,3 millions d'habitants se compose de 71,4 % d'Ouzbeks qui sont d'anciens nomades apparentés aux peuples turcs d'Asie centrale. Ils sont musulmans sunnites. La minorité la plus importante est représentée à 8,3 % par les Russes, suivis par les Tadjiks (4,7 %), les Kazakhs (4,1 %), les Tatars, les Coréens et les Kirghiz. Le territoire des Karakalpaks, 2 % de la population d'Ouzbékistan, a le statut de république autonome depuis 1932.

Ouzbek était le nom d'un des khans de la Horde d'Or, l'armée mongole, qui régna sur la région et unifia son peuple au XIVe siècle. Au XVIIe siècle, les bases de l'État ouzbek furent jetées avec la naissance des khanats de Boukhara (devenu émirat au XVIIIe siècle), de Khiva et de Kokand (ces derniers existèrent jusqu'au début du XXe siècle). Dans les années 1860-1870, le domaine ouzbek fut victime de l'expansion russe. Le territoire de Kokand fut rattaché à l'Empire tsariste, tandis que les domaines de Boukhara et de Khiva se virent attribuer un statut particulier de protectorat qui leur conféra une autonomie relative. La politique de russification menée par le pouvoir tsariste provoqua un mouvement de révolte dès 1898 qui fut bientôt suivi, en 1916, par la grande insurrection de tout le Turkestan.

REPÈRES

Au moment de l'impression le nouveau blason n'existe pas encore.

LE PAYS
Nom officiel : République d'Ouzbékistan
Capitale : Tachkent
Superficie : 447 400 km²
Régions : Plateau d'Oust-Ourt à l'ouest ; bassin de la Fergana et contreforts du T'ien-chan et de l'Altaï ; désert du Kyzylkoum
Climat : Continental marqué avec d'importantes variations de températures
Principaux fleuves : Amou-Daria, Syr-Daria
Altitude max. : 4 299 m dans le T'ien-chan
Altitude min. : – 12 m dans le Kyzylkoum

LE GOUVERNEMENT
Forme de gouvernement : République présidentielle
Chef de l'État : Le président

LE PEUPLE
Population : 20 300 000 (1990)
Langues : Ouzbek (langue nationale), russe
Religions : Majorité de musulmans sunnites, russes orthodoxes
Monnaie : Le rouble
P.I.B./hab. : 1 056 roubles (1988)

< **Les nouveaux bâtiments** du siège gouvernemental à Tachkent. La capitale s'est développée dans l'oasis du Tchirtchik. Des quartiers entiers sont de construction récente car le tremblement de terre de 1966 a ravagé une grande partie de la ville, dont le centre historique.

< **Un navire échoué** sur un fond asséché de la mer d'Aral. Ce qui fut autrefois la quatrième plus grande mer intérieure du monde s'est transformé en un marécage salé du fait de l'irrigation des terres.

∨ **Samarkand** est célèbre pour son architecture islamique, qui compte parmi les plus belles du monde et qui témoigne de l'ancienne gloire de la cité, sur la route de la soie.

Le XXᵉ siècle

Les bolcheviks au pouvoir en Russie depuis 1917 durent attendre les années 1920 et vaincre bien des difficultés avant de pouvoir s'imposer en Asie centrale. A l'issue d'une série de compromis, la République socialiste soviétique ouzbek vit le jour en 1924. En 1929, la R.S.S. tadjik s'en détacha et déclara son autonomie. Le processus de soviétisation de l'Ouzbékistan fut imposé dans les années 1930 tout aussi brutalement qu'ailleurs. Les aspirations nationalistes furent sévèrement réprimées et ne purent s'exprimer ouvertement que dans les années 1980.

L'Ouzbékistan déclara son autonomie le 20 juin 1990 et proclama son indépendance le 31 août 1991 ; elle rallia la C.E.I. le 21 décembre 1991. L'Ouzbékistan entra en conflit avec la Kirghizie et le Tadjikistan voisins au sujet du tracé des frontières et du problème des minorités. Les luttes interethniques intestines constituent un très sérieux problème. Elles aboutirent en 1989 à l'extermination de la petite minorité chiite des Meshks, qui avaient fui la Géorgie sous Staline pour s'installer en Ouzbékistan. Plus de 100 000 Russes et Ukrainiens ont déjà quitté le pays en raison des incessantes hostilités interethniques.

< **Vieillards à l'heure du thé.** Ils se retrouvent dans l'un des nombreux établissements de thé en plein air. La soviétisation n'est jamais parvenue à effacer ces traditions qui font l'atmosphère orientale du pays.

Le Tadjikistan

Le Tadjikistan fait partie des États d'Asie centrale qui ont rallié la C.E.I. Il est bordé par la Chine à l'est et par l'Afghanistan au sud.

Le pays, qui s'étend sur 143 100 km², est essentiellement occupé par de hautes montagnes : plus de la moitié du territoire est à 3 000 m d'altitude. A l'est, dans le massif du Pamir, le point culminant (7 495 m) a été rebaptisé plusieurs fois, il porte aujourd'hui le nom de pic Musala. Le climat est plutôt froid compte tenu de l'altitude et très sec dans le Pamir, ainsi que dans les vallées encaissées bordées par les montagnes. Les cours d'eau, issus de la fonte des glaciers, permettent l'irrigation des cultures dans les vallées de la Fergana et de l'Amou-Daria. Les importantes dénivellations sont exploitées par plusieurs barrages hydroélectriques, ce qui permet au Tadjikistan d'exporter de l'électricité, et qui alimentent les filatures de coton, de soie et quelques industries légères.

Les conditions naturelles difficiles limitent considérablement l'exploitation du sol. L'activité agricole se limite à la culture du coton, du mûrier, de denrées de subsistance (fruits, légumes et céréales) et à l'élevage. Le relief très accidenté empêche la mise en place d'une infrastructure rentable ainsi que le développement de l'industrie. Ce pays est situé dans une des zones les plus sismiques du globe. Le

< **Des immeubles** modernes à Douchanbe. Fondée dans les années 1920, cette ville de 595 000 habitants est la plus jeune capitale d'Asie centrale soviétique.

∨ **La vallée du Kourglsou** à un moment de faible débit. Les terrasses d'origine glaciaire qui bordent les fleuves sont irriguées et, grâce à des conditions climatiques favorables, elles se prêtent bien à la culture du coton. On aperçoit vers le nord la chaîne de l'Altaï.

REPÈRES

Au moment de l'impression le nouveau blason n'existe pas encore.

Au moment de l'impression le nouveau drapeau n'existe pas encore.

LE PAYS
Nom officiel :
République du Tadjikistan
Capitale : Douchanbe
Superficie :
143 100 km²
Régions :
Pays de hautes montagnes au relief escarpé, difficile d'accès ; chaîne du Pamir ; au nord, contreforts du T'ien-chan et de l'Altaï, bassin de la Fergana ; au sud, vastes vallées
Climat : Continental à étés chauds ; froid en altitude
Altitude max. : Pic Musala (7 495 m)

LE GOUVERNEMENT
Forme de gouvernement :
République présidentielle
Chef de l'État :
Le président

LE PEUPLE
Population : 5 200 000 (1990)
Langues :
Tadjik (langue nationale), ouzbek, russe
Religions :
Majorité de musulmans sunnites, russes orthodoxes
Monnaie :
Le rouble
P.I.B./hab. :
952 roubles (1988)

<La nouvelle ville de Nourek née de la construction du barrage sur le Vakhch. La digue de retenue haute de 317 m est l'une des plus grandes du monde ; cette centrale hydroélectrique fournit 2,7 millions de kW/h. Le lac de retenue de 70 km a une capacité de 11 milliards de m^3.

∨ Les Tadjiks forment un grand peuple sédentaire d'Asie centrale de 7 millions d'individus. Musulmans, ils parlent une langue persane.

dernier tremblement de terre de 1989 coûta la vie de 300 personnes.

Un peuple de Persans : les Tadjiks

Les quelque 5,2 millions d'habitants sont constitués à 59 % de Tadjiks. Contrairement à leurs voisins turkmènes, ouzbeks ou kirghizes, d'origine turque, ils sont apparentés aux peuples persans. Ce sont néanmoins des musulmans sunnites. Les 25 % d'Ouzbeks dénombrés représentent la minorité la plus importante du Tadjikistan. La république abrite également 10 % de Russes et 3 % de Tatars.

Les Tadjiks, qui s'expriment dans une langue indo-européenne, furent vraisemblablement sédentarisés avant l'ère chrétienne. Leur territoire vit déferler plusieurs vagues d'envahisseurs au fil des siècles. Au XVIIe siècle, le pays fut rattaché à l'émirat ouzbek de Boukhara, cette annexion laissa des traces dans la langue, où se retrouvent encore bon nombre de termes d'origine ouzbek. Lors de l'invasion russe du XIXe siècle, la moitié nord du Tadjikistan actuel fut administrée par le gouvernement général russe du Turkestan, tandis que la moitié sud faisait partie de l'émirat de Boukhara à qui l'Empire tsariste avait octroyé un statut d'autonomie.

Le XXe siècle

Après l'arrivée au pouvoir des bolcheviks et de nombreux amendements à sa Constitution, la République socialiste soviétique autonome tadjik fut enfin fondée en 1924 dans le cadre de la R.S.S. ouzbek. Le Tadjikistan accéda au rang de république de l'Union en 1929. Le statut national tadjik était ainsi reconnu pour la première fois ; ce qui en l'occurrence n'avait pas grande signification sous la dictature du Parti communiste. Le sentiment nationaliste tadjik ne cessa de se développer et de se renforcer, notamment par l'attention portée à la conservation de la langue écrite. Lors des « épurations » des années 1930, les intellectuels tadjiks furent poursuivis pour « nationalisme ». Le Tadjikistan, tout comme les autres républiques de l'ex-Union soviétique, vit l'émergence de manifestations nationalistes dans les années 1980. Le pays proclama sa souveraineté le 24 août 1990 et son indépendance le 9 septembre 1991 ; il rallia la C.E.I. le 21 décembre 1991. Il existe de fortes tensions interethniques au sein de la population très hétérogène du pays. Un grand nombre de Russes ont d'ores et déjà quitté le Tadjikistan. Des conflits au sujet du tracé des frontières et des minorités opposent par ailleurs le Tadjikistan à l'Ouzbékistan. On peut envisager que les liens historiques et ethniques avec l'Iran seront resserrés. L'intégrisme islamique gagne de plus en plus de terrain au Tadjikistan.

La Kirghizie

La Kirghizie est un pays montagneux d'Asie centrale. D'une superficie de 198 500 km², elle est bordée au sud-est par la République populaire de Chine. Les chaînes de hautes montagnes, aux neiges éternelles, culminent à 7 439 m au pic Pobiedy situé aux confins de la frontière sino-kirghize, en plein cœur du massif du T'ien-chan. De vastes plaines en partie occupées par des lacs s'étendent entre les chaînes de montagnes. L'Issoukkoul est le plus grand lac de Kirghizie. Il s'assèche pourtant de plus en plus en raison des grandes quantités d'eau détournées pour l'irrigation.

Le climat du pays est de type continental, excessivement sec avec des variations de températures considérables sur une journée ou une année. Les versants relativement boisés du nord et de l'ouest des montagnes sont les seuls à être arrosés, ce qui rend possible la culture de petites surfaces. Les conditions naturelles peu favorables font que l'ensemble des terres cultivables du pays n'excède pas 7 %, et encore faut-il faire appel à l'irrigation. Partout ailleurs l'activité agricole se résume à l'élevage par des pasteurs nomades.

L'industrie kirghize repose sur la richesse de son sous-sol. Les ressources en mercure et en antimoine sont très importantes. On y exploite par ailleurs le charbon, le plomb, le zinc, l'or, le pétrole et le gaz naturel. L'industrie textile

REPÈRES

Au moment de l'impression le nouveau blason n'existe pas encore.

Au moment de l'impression le nouveau drapeau n'existe pas encore.

LE PAYS
Nom officiel :
République de Kirghizie
Capitale :
Bichek (anciennement Frounze)
Superficie :
198 500 km²
Régions :
Chaînes de montagnes, plateaux élevés ; vallées du Tchou et du Talas au nord, abords du bassin de la Fergana à l'ouest, lac Issoukkoul à l'est
Climat :
Continental et sec. Grandes variations de températures
Altitude max. : Pic Pobiedy (7 439 m)
Altitude min. :
500 m env.

LE GOUVERNEMENT
Forme de gouvernement :
République présidentielle
Chef de l'État :
Le président

LE PEUPLE
Population :
4 400 000 habitants (1990)
Langues :
Kirghiz (langue nationale), russe
Religions :
Majorité de musulmans sunnites, russes orthodoxes
Monnaie :
Le rouble
P.I.B./hab. :
1 174 roubles (1988)

s'est développée grâce à la culture locale du coton ainsi qu'à la laine et à la soie. La production artisanale de tapis de laine est particulièrement renommée.

Une population hétérogène

Les Kirghiz constituent la moitié des 4,3 millions d'habitants. Ils sont d'origine turque, comme les autres minorités d'Ouzbeks (12 % de la population kirghize) ou de Tatars (2 %). Ce sont des musulmans sunnites. Les Russes, qui représentent plus d'un quart de la population, et les Ukrainiens (2,5 %), qui sont slaves, continuent d'être perçus comme des étrangers du fait des différences culturelles, de telle sorte que les germes d'un conflit sont prêts à éclore.

Les ancêtres des Kirghiz actuels appartenaient à la souche turco-mongole. La naissance d'une conscience kirghize n'est pas antérieure au XVIIIe siècle. Au XIXe siècle, le territoire des nomades kirghizes fut conquis par le khanat de Kokand. Les Russes firent leur entrée vers 1830. En 1876, les Kirghiz, dont certains avaient déjà été assujettis, tombèrent définitivement sous la domination de l'Empire tsariste avec l'annexion du Kokand en 1876. Un très grand nombre de Russes et d'Ukrainiens vinrent s'installer en Kirghizie. Les Kirghiz durent leur céder les pâturages qui les faisaient vivre jusqu'alors et furent obligés de se convertir à l'agriculture.

Le XXe siècle

En 1916, les Kirghiz prirent part à la grande insurrection antirusse qui embrasa l'ensemble du Turkestan. La Kirghizie résista longtemps à la domination bolchevique et fit enfin partie de la République socialiste soviétique autonome du Turkestan après la révolution de 1917. La division administrative du Turkestan fut modi-

fiée à plusieurs reprises. La République autonome de Kirghizie fut fondée en 1926 dans le cadre de l'U.R.S.S. et obtint le statut de république de l'Union en 1935. La collectivisation du territoire parvint à s'imposer malgré la vigoureuse opposition de la population.

La langue kirghize, de transmission orale, fut fixée et transcrite en caractères latins tout d'abord puis retransposée dans l'alphabet cyrillique en 1940. Les membres du Parti d'origine russe étaient les seuls à détenir les rênes du pouvoir, comme c'était d'ailleurs le cas dans toutes les autres Républiques soviétiques non russes. Les aspirations nationalistes ne purent s'exprimer qu'à la fin des années 1980. En 1990, des affrontements Kirghiz-Ouzbeks ont fait des centaines de morts. Le 15 décembre 1990, la Kirghizie déclara son autonomie et proclama son indépendance le 31 août 1991. Elle rallia la C.E.I. le 21 décembre 1991.

< **Les bâtiments du cirque** de Frounze, la capitale de Kirghizie. Son architecture se caractérise par l'association d'éléments russes et orientaux.

< **L'élevage du mouton** représente le secteur le plus important de l'activité agricole kirghize. Les terres exploitables sont constituées à 85 % de prairies d'alpages.

∨ **Femmes et enfants** récoltent le coton, l'une des cultures les plus importantes du pays.

∧ **Un commerçant kirghize** au marché. Il porte une veste de soie de couleur *(chalat)*, une chemise de coton et une toque de fourrure *(tchapak).*

L'histoire de 800 à 1917

Pendant des siècles, les vastes steppes russes formèrent un couloir naturel pour les populations en migration. Un certain nombre de peuples occupèrent ce qui est aujourd'hui la Russie et l'Ukraine dès l'an 1200 av. J.-C., notamment les Cimmériens, les Scythes et les Sarmates. Plus tard, on assista à l'invasion des Goths venus de l'ouest et des Huns et des Avars en provenance de l'Asie. Les Khazars s'établirent dans le nord du Caucase vers le milieu du VIIe siècle.

Les origines de la Russie remontent au IXe siècle de notre ère, lorsque des guerriers et des marchands normands, les Varègues, contrôlèrent la région située entre la Baltique et la mer Noire. Cette région était alors faiblement peuplée par les Slaves orientaux, ancêtres des Russes et probablement originaires du sud de la Pologne.

Novgorod, au nord, et la ville marchande de Kiev, au sud, devinrent des centres vitaux de l'« empire de Kiev », également connu sous le nom de Russie kievienne. Vers 988, le grand-prince de Kiev, Vladimir Ier (v. 956-1015), se convertit au christianisme orthodoxe et en fit la religion d'État. Le pouvoir de Kiev déclina après la mort de Iaroslav Ier qui régna de 1019 à 1054, et le pays des Russes se fragmenta en d'innombrables principautés.

Au XIIIe siècle, les armées mongoles venues d'Asie envahirent la Russie. Les Mongols se retirèrent de l'Europe en 1241 mais gardèrent une certaine emprise sur la Russie jusqu'à la fin du XVe siècle.

A partir de la deuxième moitié du XIIIe siècle, les grands-ducs (appelés tsars par la suite) de la petite principauté de Moscou acquirent pouvoir et richesses. Au cours des XIVe et XVe siècles, Moscou prit une importance politique et se débarrassa finalement du joug mongol en 1480. Durant les siècles suivants, le double empire catholique de Pologne et de Lituanie bloqua l'accès de Moscou vers l'ouest.

Sous le règne d'Ivan IV, ou Ivan le Terrible, au pouvoir de 1547 à 1584, l'Empire moscovite s'étendit vers l'est, jusqu'au bassin de la Volga et au-delà des monts Oural. Ivan le Terrible étendit son influence sur des territoires qui n'avaient jamais appartenu aux Russes et où vivaient très peu d'entre eux, mais il y exerçait un pouvoir tyrannique, asservissant la population paysanne. Au XVIIe siècle, cette politique d'expansion plaça toute la Sibérie, jusqu'à la côte pacifique, sous le contrôle russe.

Une grande puissance européenne

Ivan s'efforça d'obtenir une ouverture sur la mer Baltique mais il ne put vaincre les armées lituaniennes, polonaises et suédoises. En 1604, la Pologne envahit la Russie, mais les Polonais en furent chassés dès 1612. En 1613, une assemblée de nobles et de citoyens élirent

> **Le monastère de Saint-Serge** à Zagorsk, au nord-est de Moscou, fut pendant des siècles le creuset de l'art et de la littérature russes. Fondé au XIVe siècle, il joua un rôle important dans la colonisation de la région.

IXe siècle Villes et commerce slaves dans la partie européenne de la Russie. Les Normands établissent un empire à Kiev (la Russie kievienne).

v. 988 Vladimir Ier se convertit au christianisme.

1237-1240 Invasion mongole (la Horde d'Or)

1240-1242 Alexandre Nevski l'emporte sur les envahisseurs suédois et les chevaliers Teutoniques.

v. 1318 Le prince Iouri de Moscou nommé grand-prince de Russie

1380 Le grand-prince Dmitri bat les Mongols lors de la bataille de Koulikovo

Fin du XVe siècle. Ivan III incorpore des États rivaux à la Russie moscovite

1480 Ivan III débarrasse la Russie de l'Empire mongol

1547-1584 Règne d'Ivan IV dit le Terrible

1552-1554 Ivan IV l'emporte sur les khanats de Kazan et d'Astrakhan. Les forces russes conquièrent la Sibérie occidentale

1604-1613 Le temps des troubles – guerre civile, invasion polonaise, confusion politique

1613 Michel Romanov élu tsar

XVIIe siècle La Russie étend son contrôle à l'Ukraine et à la Sibérie

1682-1725 Règne du tsar Pierre Ier (le Grand)

1700-1721 Grande Guerre du Nord avec la Suède ; la Russie devient une puissance européenne

1703 Pierre Ier fonde Saint-Pétersbourg

1762-1796 Règne de l'impératrice Catherine II

1773-1774 Révolte paysanne dans le Sud étouffée par les troupes gouvernementales

1770-1790 La Russie acquiert une partie de la Pologne, la Crimée et des territoires turcs.

1812 Napoléon conduit l'armée française jusqu'à Moscou mais il est forcé de battre en retraite.

1825 Le soulèvement des officiers « décembristes » est réprimé

1853-1856 Guerre de Crimée : défaite russe

1861 Alexandre II affranchit les serfs

1904-1905 Le Japon l'emporte sur la Russie lors de la guerre russo-japonaise

1905 Première Révolution russe : une Assemblée nationale, la Douma, est élue ; soulèvement de déc

1914-1917 La Russie se bat contre l'Allemagne et l'Empire austro-hongrois lors de la Première guerre mondiale

1. Ivan IV dit le Terrible (1530-1584)

2. Pierre Ier, le Grand (1729-1796)

3. Catherine II la Grande (1729-1796)

Michel Romanov tsar. Ses descendants allaient gouverner la Russie pendant trois siècles.

Sous le tsar Pierre Ier de Russie, ou Pierre le Grand, qui régna de 1682 à 1725, la Russie commença à se moderniser. Après s'être rendu en Angleterre et en Hollande, Pierre Ier introduisit dans son pays de nombreuses réformes d'inspiration occidentale, et ordonna la construction d'une nouvelle capitale, Saint-Pétersbourg. Il étendit également le territoire russe jusqu'à la Baltique lors de l'interminable Grande Guerre du Nord contre la Suède, qui se solda par la victoire des Russes en 1721. A sa mort, Pierre Ier avait fait de la Russie une puissance européenne et « lui avait ouvert une fenêtre sur l'Europe ».

Parmi ses successeurs les plus célèbres, citons la grande impératrice Catherine II, au pouvoir de 1762 à 1796. Sous son règne, la Russie progressa vers le sud, annexant le sud de l'Ukraine, jusqu'à la mer Noire. Dans les années 1790, le pays acquit un territoire supplémentaire grâce à la fragmentation de la Pologne.

L'évolution sociale

Au début du XIXe siècle, la Russie était une importante puissance européenne. Elle joua un rôle vital dans la mise en échec de Napoléon Ier. Toutefois, les fondations de la puissance russe demeuraient chancelantes. La Russie fut vaincue lors de la guerre de Crimée (1853-1856) contre l'Empire ottoman et ses alliés, la Grande-Bretagne et la France. Tandis que l'Europe s'industrialisait rapidement, la Russie restait une nation agricole, régie par une monarchie absolue.

Alexandre II, qui régna de 1855 à 1881, introduisit d'importantes réformes. En 1861, il abolit le servage et distribua la terre aux paysans. Une industrialisation rapide fut rendue possible grâce à des investissements publics et à un apport massif de capitaux occidentaux. Toutefois, la structure politique rigide du pays gêna son essor économique. Le gouvernement ne fit aucune concession, d'où la multiplication de groupes révolutionnaires.

La révolution de 1905 permit de prendre la mesure de la force du mouvement ouvrier. Une vague de grèves balaya le pays, et travailleurs et soldats établirent des conseils locaux, ou *soviets*. Le tsar Nicolas II, qui avait pris le pouvoir en 1894, fit finalement quelques concessions sur le plan social et constitutionnel, en créant notamment un Parlement, la Douma. Toutefois ces réformes n'étaient pas suffisantes pour faire de la Russie une monarchie constitutionnelle.

Les défaites militaires subies lors de la Première Guerre mondiale mirent l'économie russe au bord du gouffre, et engendrèrent une situation explosive qui déboucha sur la révolution de février 1917. Des manifestations massives et des grèves paralysèrent alors le pays. L'alliance des soldats de Petrograd avec les manifestants sonna le glas du tsarisme.

△ **Le 22 janvier 1905,** des troupes tsaristes massacrèrent des grévistes sans armes à Saint-Pétersbourg. Ce Dimanche sanglant provoqua un regain de revendications politiques malgré certaines concessions, accordées par Nicolas II.

L'expansion de l'Empire russe

▮ 1360

▮ 1360-1524

▮ 1524-1689

▮ 1689-1917

〜 Frontières de l'URSS jusqu'en 1991

Moscou

L'histoire de 1917 à 1990

Après la révolution de février 1917, la Douma (Parlement) établit un gouvernement provisoire. Privé de son pouvoir, le tsar Nicolas II abdiqua le 15 mars 1917. Les révolutionnaires de Petrograd fondèrent un soviet de délégués des travailleurs et des soldats, mais ni le soviet de Petrograd ni le gouvernement provisoire n'était assez puissant pour gouverner à lui tout seul. Ce dernier se trouva bientôt d'autant moins apte à régner que les soviets se multipliaient dans tout le pays.

En avril, Vladimir I. Lénine (1870-1924), leader exilé de l'aile bolchevique (majoritaire) du Parti travailleur social-démocrate russe, appelait à donner « tous les pouvoirs aux soviets ». Le gouvernement provisoire ne pouvait satisfaire aux exigences du peuple en matière de paix et de réforme agraire. Les bolcheviks étendirent par conséquent leur influence sur les soviets, notamment à Petrograd. Lénine rentra d'exil en octobre 1917 et persuada les bolcheviks de s'emparer du pouvoir. Sous la direction de Lénine et de son assistant Léon Trotski (1879-1940), également président du soviet de Petrograd, les révolutionnaires renversèrent le gouvernement provisoire lors de la révolution d'Octobre. Ils installèrent un nouveau gouvernement dirigé par Lénine et changèrent le nom de leur Parti qui devint le Parti communiste russe. La Russie conclut rapidement un traité de paix avec l'Allemagne et fit de Moscou sa capitale. Toutefois, les nouvelles autorités en place durent bientôt faire face à une guerre civile entre les forces antirévolutionnaires, soutenues par des troupes occidentales, et les communistes.

La guerre civile se poursuivit de 1918 à 1920 et pesa lourdement sur l'économie. En 1921, le gouvernement introduisit la Nouvelle Politique économique (NEP), pour tâcher d'apaiser le mécontentement populaire croissant. La NEP autorisait le fonctionnement de petites industries et de commerces de détail sous le contrôle de l'État.

Ces mesures libérales, associées à des mouvements créatifs dans l'art, n'eurent qu'un temps. A la fin des années 1920, le pouvoir de la classe ouvrière et des soviets fut rapidement supplanté par le Parti communiste et le Comité central, puis finalement par la dictature de Joseph Staline (1879-1953).

Le pouvoir stalinien

Une violente crise du pouvoir succéda à la mort de Lénine. Finalement Staline, secrétaire général du Parti communiste depuis 1922, l'emporta. Il bénéficia du soutien d'un parti et d'une bureaucratie de plus en plus solides, qui ne tardèrent pas à profiter de nombreux privilèges. Dans les années 1937-1938, il entreprit une purge massive dans les rangs de l'opposition. Au cours d'une série de procès tristement

1917 Nicolas II abdique ; les bolcheviks, conduits par Lénine, prennent le pouvoir.

1918-1920 Les communistes l'emportent sur les anticommunistes à l'issue de la guerre civile

1921 La Nouvelle Politique économique (NEP) est adoptée

1922 Création de l'Union des républiques socialistes soviétiques. Joseph Staline devient secrétaire général du Parti communiste

1924 Mort de Lénine

1929 Début du premier plan quinquennal. Staline élimine ses rivaux et devient le seul leader du Parti communiste

1935-1938 Des millions de citoyens soviétiques emprisonnés ou fusillés lors de la « grande purge »

1941 Les forces allemandes envahissent le pays

1945 Les Soviétiques prennent Berlin (2 mai) et les Allemands déposent les armes

1947-1949 L'Union soviétique contrôle l'Europe de l'Est ; les États satellites sont dotés de gouvernements communistes. Début de la guerre froide

1953 Mort de Staline ; Nikita Khrouchtchev élu premier secrétaire du Parti communiste

1956 Khrouchtchev annonce une politique de coexistence pacifique avec l'Occident

1957 L'U.R.S.S. lance le satellite Spoutnik I

1961 Iouri Gagarine devient le premier homme dans l'espace. La Chine rompt ses relations diplomatiques avec l'U.R.S.S.

1962 Crise des missiles cubains

1964 Krouchtchev est destitué ; il est remplacé par Leonid Brejnev, à la tête du Parti communiste

1982 Mort de Brejnev. Iouri Andropov le remplace

1985 Mort de Tchernenko. Mikhaïl Gorbatchev devient chef du P.C.

1988 Retrait des troupes soviétiques d'Afghanistan

1989 Remous ethniques et violence en Azerbaïdjan et Ouzbékistan. Les républiques Baltes cherchent à obtenir leur indépendance

1990 Mikhaïl Gorbatchev reçoit le prix Nobel de la paix

⋀ **Des tracts** voltigent lors d'une manifestation en Biélorussie pendant la révolution d'octobre 1917. Dans de nombreuses villes, l'autorité centrale fut vite remplacée par des soviets.

> **Lors de leur invasion de l'Union soviétique,** en 1941, les troupes allemandes pénétrèrent en Ukraine, en Biélorussie et dans les États baltes. À la fin de 1942, les Allemands étaient à quelques kilomètres de Moscou. Au nord, ils assiégèrent Leningrad ; au sud, ils furent arrêtés à Stalingrad. En 1944-1945, les Soviétiques les repoussèrent et progressèrent jusqu'à Berlin. Après la guerre, l'U.R.S.S. contrôla l'Europe de l'Est.

1. Vladimir Lénine (1870-1924)

2. Joseph Staline (1879-1953)

3. Mikhaïl Gorbatchev (né en 1931)

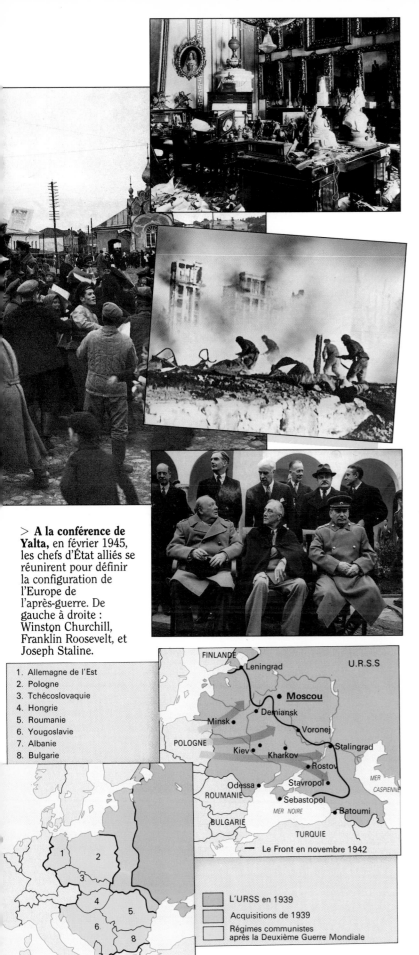

célèbres, il élimina de nombreux membres de l'ancienne garde bolchevique et du haut commandement de l'Armée rouge. Les historiens s'accordent aujourd'hui à dire que ces purges coûtèrent la vie de six à huit millions de personnes, déportées dans des camps de travail en Sibérie. Un million d'individus furent exécutés.

Des millions d'hommes et de femmes périrent de faim ou exilés en Sibérie après 1928-1929, lorsque le gouvernement remplaça la NEP par une politique d'industrialisation forcenée et la création de vastes fermes collectives.

La Grande Guerre patriotique

En dépit du régime de terreur qu'il instaura, Staline conserva une grande renommée pendant de nombreuses années compte tenu de son rôle de leader dans la Deuxième Guerre mondiale. En 1939, face à une menace allemande de plus en plus grande, Staline conclut un traité de non-agression avec l'Allemagne. Malgré ce pacte, l'Allemagne envahit la Russie en juin 1941. Les troupes allemandes investirent l'Ukraine et la Biélorussie, et Leningrad endura un siège de neuf cents jours. A la fin de la guerre, en mai 1945, les forces soviétiques avaient pris Berlin et la plupart de l'Europe de l'Est. Toutefois, la victoire soviétique fut coûteuse : environ 27 millions de soldats et de civils périrent.

Après la guerre, l'Union soviétique se heurta de plus en plus violemment avec l'Occident, une période connue sous le nom de « Guerre froide. » Staline mourut en 1953, et son successeur, Nikita Khrouchtchev (1894-1971), s'efforça de libéraliser la société soviétique, en lui accordant davantage de liberté intellectuelle et de droits civiques. Toutefois, la politique du socialisme bureaucratique assortie d'une économie planifiée, rigide, demeura inchangée sous son gouvernement ainsi que sous celui de son successeur, Leonid I. Brejnev (1906-1982), qui prit en main les rênes du pays en 1964. En mai 1968, l'Union soviétique étouffa dans l'œuf la révolution de Prague ; en 1979, elle se risqua dans une coûteuse guerre en Afghanistan. Sur le plan intérieur, l'ère de Brejnev fut marquée par la stagnation et le déclin économique. Toutefois, à la fin des années 1980, le président Mikhaïl Gorbatchev engagea un programme de réformes qui allait conduire progressivement à la dissolution de l'Union, à l'effondrement de l'hégémonie du parti communiste, ainsi qu'à la création de la Communauté des États Indépendants dirigée par B. Eltsine.

> **A la conférence de Yalta,** en février 1945, les chefs d'État alliés se réunirent pour définir la configuration de l'Europe de l'après-guerre. De gauche à droite : Winston Churchill, Franklin Roosevelt, et Joseph Staline.

1. Allemagne de l'Est
2. Pologne
3. Tchécoslovaquie
4. Hongrie
5. Roumanie
6. Yougoslavie
7. Albanie
8. Bulgarie

FINLANDE
U.R.S.S
Leningrad
Moscou
Demiansk
Minsk
Voronej
POLOGNE
Kiev
Kharkov
Stalingrad
Rostov
Odessa
Stavropol
MER CASPIENNE
ROUMANIE
Sebastopol
MER NOIRE
Batoumi
BULGARIE
TURQUIE
— Le Front en novembre 1942

L'URSS en 1939

Acquisitions de 1939

Régimes communistes
après la Deuxième Guerre Mondiale

L'Union soviétique jusqu'en 1991

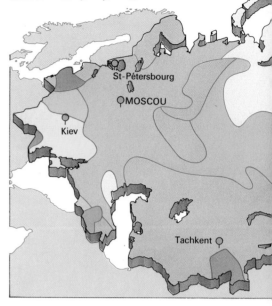

Au milieu des années 1980, l'Union soviétique fut confrontée à une grave crise économique, politique et sociale. Le coût élevé de la guerre en Afghanistan et la perspective d'une nouvelle course aux armements laissaient présager un avenir peu prometteur. L'économie soviétique, basée sur une planification centralisée, avait grandement besoin de modernisation. Le Parti communiste semblait incapable de trouver des solutions aux problèmes de la nation.

Une nouvelle orientation

L'histoire récente de l'U.R.S.S. est étroitement liée à la politique de Mikhaïl Gorbatchev (né en 1931), qui fut élu secrétaire général du Parti communiste en mars 1985. En prenant ses fonctions, Gorbatchev avait la ferme intention de moderniser l'économie, tout en maintenant le monopole du Parti communiste. Toutefois, les changements dynamiques qu'il suscita mirent en mouvement des forces dépassant de loin ses objectifs initiaux.

Gorbatchev annonça une politique de libéralisation ou *glasnost* (ouverture) et d'ambitieuses réformes économiques, sous la bannière de la *perestroïka* (restructuration). Il ordonna également le retrait des troupes d'Afghanistan et parvint à des accords pour le contrôle des armements avec les États-Unis.

Au début des années 1990, le Parti communiste se prévalait d'effectifs atteignant quelque 19 millions de membres, soit 7 % de la population nationale. Au cours des années 1980, le prestige du Parti communiste, qui dominait la vie en Union soviétique depuis 1917, déclina rapidement. En 1989, les révolutions démocratiques dans les pays satellites forcèrent l'U.R.S.S. à accepter une restriction de son pouvoir. En 1990, le monopole officiel du Parti fut rayé de la Constitution. La *glasnost* exposa le Parti à des critiques virulentes. L'introduction de vastes réformes et une nouvelle approche, plus ouverte, de la politique pour l'avenir, ne purent empêcher un déclin du nombre d'adhérents. Au Congrès du Parti communiste de 1990, on assista par ailleurs à une scission au sein du Parti, le réformiste Boris Eltsine prenant la tête du groupe dissident. La même année, il fut élu président de la république de Russie.

En 1990, Gorbatchev remporta les élections au Parlement et créa la fonction de président de l'exécutif pour tenter de détrôner la toute-puissance du P.C. Jusque-là, le Politburo du

REPÈRES

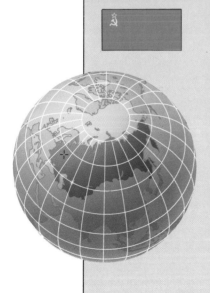

LE PAYS
Nom officiel :
Union des républiques soviétiques socialistes
Capitale :
Moscou
Régions :
Plaine européenne, monts de l'Oural, dépression aralo-caspienne, plaine de la Sibérie occidentale, plateau de la Sibérie centrale, plateau de la Sibérie orientale
Chaînes de montagnes : Caucase, Pamir, Altaï, monts Saïan et Iablonovyï
Superficie :
22 402 000 km²
Climat :
Du nord au sud : polaire, subarctique, tempéré/continental, subtropical et semi-aride.

Hivers généralement longs et froids. Étés courts et chauds.
Principaux fleuves :
Ienisseï, Lena, Ob, Amour, Volga, Don, Dniepr
Alt. max. :
Pic Musala (7 495 m)
Alt. min. :
Dépression de Karagie (– 132 m)

LE GOUVERNEMENT
Forme de gouvernement :
République fédérale socialiste
Chef de l'État :
Le président (Présidium du Soviet suprême)
Chef du gouvernement :
Premier ministre
Régions administratives :

15 républiques fédérales comprenant 20 républiques autonomes et divisées en régions, territoires, districts, villes et zones rurales
Pouvoir législatif :
Congrès des députés du peuple : 2 250 députés élus pour 5 ans.
Soviet suprême, composé du Soviet de l'Union et du Soviet des nationalités (271 députés chacun, élus pour 5 ans)
Pouvoir judiciaire :
Cour suprême de l'U.R.S.S., Cours suprêmes des républiques.
Tribunaux populaires au niveau territorial, régional
Forces armées :
Environ 4 258 000

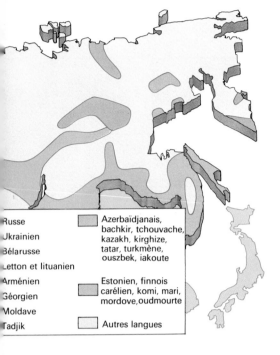

Russe

Ukrainien

Bélarusse

Letton et lituanien

Arménien

Géorgien

Moldave

Tadjik

Azerbaïdjanais, bachkir, tchouvache, kazakh, kirghize, tatar, turkmène, ouszbek, iakoute

Estonien, finnois carélien, komi, mari, mordove,oudmourte

Autres langues

< **L'ex-Union des républiques socialistes soviétiques** compose une mosaïque de quelque 90 groupes nationaux reconnus. Chacun possède sa propre langue, bien que le russe soit utilisé dans l'ensemble du pays. Les 15 républiques de l'Union formaient un système fédéral. En 1991, la sécession des États baltes et de la Géorgie ainsi que la création de la C.E.I. marquent un début de restructuration de l'ancienne Union.

élirent des gouvernements non communistes et commencèrent à revendiquer la suprématie de la législation régionale.

Une certaine résistance au changement
L'opposition à la réforme vint principalement des membres du Parti communiste et des bureaucrates qui redoutaient de perdre leurs fonctions et leurs privilèges. De nombreux citoyens soviétiques exprimèrent leur insatisfaction à l'égard des nouvelles politiques économiques incapables de pallier les problèmes d'approvisionnement en biens de consommation. La situation s'est pourtant améliorée dans la mesure où le pays bénéficie aujourd'hui d'une presse ouverte et vivante, affranchie du contrôle de l'État ou du Parti.

La plupart des minorités ethniques soviétiques virent dans ces nouvelles orientations politiques une manière de régler des litiges ancestraux, comme celui qui suscite depuis fort longtemps de graves tensions entre les Arméniens, chrétiens, et les Azéris, musulmans, en Azerbaïdjan. A la fin des années 1980, l'Estonie, la Lettonie et la Lituanie revendiquèrent leur indépendance, perdue en 1940.

Ces divers mouvements nationalistes aboutirent, après l'échec du putsch conservateur en août 1991, à l'éclatement de l'U.R.S.S. ainsi qu'à la dissolution de ses institutions. Les États baltes de même que la Géorgie devinrent des républiques autonomes et, en 1991, un regroupement d'États désormais indépendants, la C.E.I., naquit autour de la république dominante de Russie, sous l'impulsion de Boris Eltsine. Mais les tensions n'en demeurent pas moins très vives dans les pays du Caucase et certains États d'Asie.

Comité central du parti communiste avait été l'organe politique le plus puissant.

En 1990, l'Union soviétique amorça un tournant politique et s'orienta vers un système politique à plusieurs partis, le P.C. et l'État devenant de ce fait des entités distinctes. Le Parti se voyant privé du monopole du pouvoir, le pouvoir du Congrès des députés du peuple augmenta. Depuis 1989, selon la nouvelle loi électorale, plusieurs candidats pouvaient se présenter pour pourvoir la plupart des 1 500 sièges du Congrès des députés du peuple.

Les 15 républiques fédérales de l'Union englobaient, en outre, 20 républiques autonomes, 8 régions autonomes et 10 districts autonomes. En 1990, de nombreuses républiques

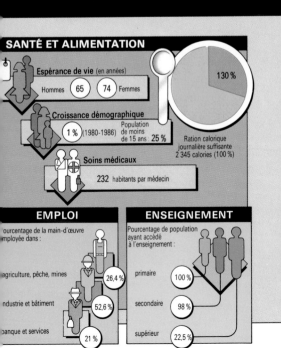

SANTÉ ET ALIMENTATION

Espérance de vie (en années)

Hommes 65 74 Femmes

Croissance démographique

1 % (1980-1986) Population de moins de 15 ans : 25 %

130 %

Ration calorique journalière suffisante 2 345 calories (100 %)

Soins médicaux

232 habitants par médecin

EMPLOI

Pourcentage de la main-d'œuvre employée dans :

agriculture, pêche, mines 26,4 %

industrie et bâtiment 52,6 %

banque et services 21 %

ENSEIGNEMENT

Pourcentage de population ayant accédé à l'enseignement :

primaire 100 %

secondaire 98 %

supérieur 22,5 %

Service militaire :
2 ou 3 ans

LE PEUPLE
Population (1988) :
283 680 000
Langues :
Russe (off.) et 90 langues différentes
Religions :
Principalement russe orthodoxe ; musulmans, juifs, bouddhistes, protestants, catholiques

L'ÉCONOMIE
Monnaie :
Rouble
P.N.B. (1984) :
6 160 $ US
Taux de croissance annuel (1983) :
3 %
Balance commerciale en $ US (1988) :
3 330 millions

Importations :
Machines, équipement de transports, produits alimentaires, fer, acier, habillement, produits chimiques
Exportations :
Acier, dérivés du bois, métaux, machinerie, pétrole, gaz naturel, minerais
Partenaires commerciaux :
Pays du COMECON, Allemagne, Finlande, France, Italie, Japon, USA, Inde, Iraq, Iran
Transports :
Longueur des voies ferrées (1986) :
145 600 km
Km/voyageur (1986) :
390 milliards
Presse :
Nombre de quotidiens (1986) : 723

Tirage (1986) :
122 982 000

États de la C.E.I.
(déc. 1991) :
Arménie
Azerbaïdjan
Bélarusse
Kazakhstan
Kirghizie
Moldavie
Ouzbékistan
Russie
Tadjikistan
Turkménistan
Ukraine

L'ARCTIQUE

Une vaste mer de glace environne le pôle Nord, le point le plus septentrional de la planète. Cet océan gelé est bordé de masses terrestres de moindres dimensions. Contrairement à l'Antarctique, l'Arctique n'est donc pas un continent. 30 % des terres entourant cette mer gelée sont enfouies en permanence sous la glace, et le reste est une toundra désolée dont le sous-sol est gelé en permanence.

Le cercle polaire arctique, situé à une latitude de 66° 30', est en fait une ligne imaginaire. Il définit une zone où, au solstice d'été, le soleil ne se couche pas, tandis que, au solstice d'hiver, il ne se lève pas (voir p. 62). Les astronomes assimilent par conséquent le cercle polaire arctique et l'Arctique en soi, d'autres scientifiques estimant, pour leur part, que cette région devrait être définie comme celle où les températures estivales atteignent une moyenne de 10 °C – selon une ligne imaginaire baptisée isotherme d'été à 10 °C. Quant aux géographes, ils caractérisent le plus souvent l'Arctique comme étant la zone située au-delà de la ligne des arbres, où lichen, herbes et roches gelées remplacent les vastes forêts septentrionales. Au-delà de la toundra déjà si pauvre en végétation, on ne trouve plus en effet que la banquise. L'Arctique représente deux fois et demie la superficie de l'Europe ; il inclut des territoires nord-américains, européens et asiatiques.

Une mer de glace

L'Arctique peut être considéré comme une sorte d'extension septentrionale de l'Atlantique. Divisé en bassins énormes par la présence de chaînes de montagnes sous-marines, il atteint une profondeur maximale de 5 000 m. D'immenses icebergs, dont la superficie varie selon les saisons, couvrent les eaux de l'Arctique. En hiver, ces îles flottantes s'amalgament pour former une masse de 3 à 4 mètres d'épaisseur. L'influence des vents et des courants les entraîne cependant dans des directions différentes, créant ainsi des canaux en certains endroits. Par places, ces masses de glace empilées peuvent atteindre 30 m de hauteur. Des courants longeant le flanc oriental des continents véhiculent les froids arctiques loin vers le sud, jusqu'à la presqu'île du Kamtchatka, au Labrador et au Groenland oriental.

Au cours des derniers deux ou trois millions d'années, la planète a connu des ères glaciaires qui ont provoqué la formation, sur les continents voisins de l'Arctique, de glaciers qui descendaient alors beaucoup plus au sud qu'à l'heure actuelle. De nos jours, 25 % seulement de la masse terrestre arctique est prise par les glaces et ce, plus à cause de la faiblesse des précipitations que des températures.

Le paysage et le climat

Il n'y a pas de sommets élevés en Arctique, rares étant les pics dépassant 2 000 m. Toutefois,

l'effet de la glace et de l'érosion a donné naissance à des paysages spectaculaires, côtes rocheuses déchiquetées et anses profondes. A certains endroits, les glaciers se déversent directement dans la mer, se désintégrant alors pour former des icebergs. Ces îles flottantes géantes descendent parfois très au sud, mettant ainsi en péril les navires traversant l'Atlantique pendant les mois d'avril, mai et juin. Toutefois, le climat arctique est généralement plus clément que celui de l'Antarctique, du fait de la présence d'une mer plutôt que d'une masse terrestre en son centre. Les températures les plus basses (– 60 ºC) sont localisées dans le Groenland, les îles canadiennes et la Sibérie orientale.

Les températures estivales sur la banquise restent assez constantes, aux environs de 0 ºC. Un pâle soleil souvent voilé par des nuages ou des brumes, en particulier près des côtes, fait son apparition l'été. Toute chaleur, qu'elle provienne du soleil, d'un air plus chaud ou de pluies, contribue à faire fondre la glace. L'air froid limite cependant la neige et les précipitations, dont la moyenne annuelle maximale est de 100 à 500 mm. Cette moyenne est encore plus faible à l'extrémité septentrionale des îles canadiennes et du Groenland. Des lacs salés se forment dans ces vastes déserts glacials et secs.

Les ressources naturelles

Les immenses étendues de terre gelée entourant la mer Polaire recèlent des richesses minérales, notamment de l'or, de l'argent, du fer, du cuivre, du nickel et du cobalt. On y a également découvert des réserves de phosphates, et même des diamants. D'autres roches, couvrant ce « bouclier » de terre à sa périphérie, renferment d'immenses quantités de charbon, de pétrole et de gaz naturel. Les âpres conditions locales compliquent considérablement l'exploitation de ces richesses nécessitant de véritables exploits technologiques : on a construit des pipelines pétroliers en Alaska et en Sibérie, des voies ferrées ont été bâties sur la couche de permafrost en Sibérie, et de puissants brise-glace ouvrent des passages à travers la banquise dans le nord du continent américain.

Mais l'équilibre délicat des systèmes écologiques arctiques est mis en péril par l'exploitation de ces ressources. Jadis les petites communautés de chasseurs qui sillonnaient la région ne représentaient guère de danger, ce qui n'est pas le cas des champs pétroliers, des installations militaires, des pistes d'atterrissage et des immenses sites de construction qui se multiplient aujourd'hui. La poussière radioactive, les pluies acides, les pesticides et autres polluants chimiques véhiculés par le vent pénètrent aussi dans le grand Nord. Désormais il n'est plus une seule région de la planète qui soit à l'abri des méfaits de l'activité humaine.

L'exploration de l'Arctique

Il y a un millénaire, de vaillants navigateurs s'aventuraient déjà dans le Grand Nord, bravant le froid intense, l'obscurité, les icebergs et les blizzards. Si les peuples de l'Arctique avaient appris à faire face à ces dangers, les Européens considéraient l'Arctique comme une lointaine et périlleuse région privée de tout. L'Islande, juste au sud de cette zone, fut pourtant colonisée dès la fin du VIIIe siècle par des moines irlandais auxquels succédèrent des Vikings venus de Scandinavie. C'est d'Islande que le héros norvégien Eric le Rouge partit pour le Groenland en 985.

A la fin du XVe siècle, des chasseurs de baleines et de phoques s'embarquaient sur des navires capables de s'acheminer plus au nord ; beaucoup réussirent à pénétrer jusqu'aux abords de la banquise. Sous ces latitudes, les Anglais et les autres marins du nord de l'Europe étaient moins gênés par les vaisseaux espagnols et portugais qui dominaient les autres mers du globe. Ils espéraient trouver une route contournant la côte septentrionale de l'Amérique (le passage du Nord-Ouest) qui les conduirait vers les ineffables richesses de la Chine et des Indes.

En 1576, le navigateur anglais Martin Frobisher partit à la découverte du passage du Nord-Ouest ; deux ans plus tard, il avait atteint la terre de Baffin et la baie d'Hudson. Les explorateurs qui le suivirent donnèrent leur nom aux innombrables baies, fleuves et mers de la région. Dès la fin du XVIIIe siècle, toutefois, ces expéditions, jugées trop coûteuses, furent abandonnées. Mais au début du XIXe siècle, après la découverte de routes terrestres à travers l'Amérique du Nord, on se remit en quête de ce fameux passage du Nord-Ouest.

L'expédition de Franklin

La plus héroïque de toutes ces expéditions fut sans doute celle entreprise par sir John Franklin en 1845. Naviguant sous la bannière de l'amirauté britannique, l'expédition Franklin se composait de deux navires ayant à leur bord 168 marins aguerris. Ils se mirent en route le 26 mai, pour disparaître sans laisser de trace dans l'Arctique canadien quelques mois plus tard. De nombreuses équipes de secours furent dépêchées sans succès au cours des dix années suivantes ; certaines disparurent aussi, d'autres durent être rescapées. En 1984, le sort de l'expédition Franklin fut finalement élucidé lorsque l'on retrouva les corps gelés de l'équipage ; on comprit finalement le sort tragique de ces malheureux marins mal équipés. On sait aujourd'hui qu'ils périrent à la suite d'un empoisonnement au plomb (saturnisme) provoqué par des boîtes de conserve mal soudées. Près de cinquante ans plus tard, en 1902-1906, l'explorateur danois Roald Amundsen fut finalement le premier à franchir le passage du Nord-Ouest à bord du *Gjöa*.

Le passage du Nord-Est

La recherche du passage du Nord-Est, comme celle du passage du Nord-Ouest, a une longue et dramatique histoire qui remonte au milieu du XVIe siècle. Les expéditions de Vitus Béring (1680-1741), conduites à partir de 1724, jouèrent un rôle particulièrement important. Parti de la presqu'île du Kamtchatka, Béring explora la côte du Nord-Est sibérien et le détroit qui porte aujourd'hui son nom, ainsi que le littoral méridional de l'Alaska.

Ce fut l'explorateur suédois A. E. Nordenskjöld qui emprunta le premier, entre 1878 et 1879, ce passage à travers le détroit de Béring, jusqu'au Pacifique. Cela permit le développement des zones industrielles du nord de la Sibérie, qui jouent aujourd'hui un rôle vital dans l'économie soviétique.

Le pôle Nord

Le pôle Nord fut pendant longtemps l'objectif des explorateurs qui ne soupçonnaient pas du tout qu'il puisse se trouver sur un vaste océan prisonnier des glaces et non pas sur la terre ferme. En 1827, William Parry atteignit la latitude de 82° 45' N. En 1893-1896, l'explorateur norvégien Fridtjof Nansen (1861-1930) s'embarqua sur la mer Polaire arctique dans un navire suffisamment robuste pour résister à la banquise et détermina ainsi que ces masses de glace couvraient une grande partie de l'océan. Ses compagnons et lui réussirent à marcher péniblement jusqu'au 86° 4' N. mais ils furent forcés de rebrousser chemin. Les courants de la mer Arctique initialement définis par Nansen furent confirmés par la suite grâce à des stations de surveillance de dérive.

L'explorateur américain Robert Edwin Peary (1856-1920) atteignit le pôle Nord par la banquise le 6 avril 1909. Toutefois, un autre Américain, Frederick Cook, soutenant qu'il était parvenu sur ce site un an plus tôt, chercha à lui ravir l'honneur de cet exploit. La naissance de l'aviation fut le point de départ d'une nouvelle ère d'exploration polaire. En 1926, Richard Byrd survola le pôle Nord ; la même année, Roald Amundsen, Lincoln Ellsworth et Umberto Nobile en faisaient de même à bord du *Norge*. Ces expéditions aériennes présentaient aussi de grands dangers ; en 1928, Amundsen ne revint jamais d'une expédition de secours montée pour retrouver les traces de Nobile, lui-même porté disparu depuis l'atterrissage forcé de son appareil *Italia* sur la banquise.

Le premier sous-marin nucléaire à atteindre le pôle en passant sous la banquise fut le *Nautilus* américain, en 1958. Les Russes y parvenaient à bord d'un brise-glace à propulsion nucléaire, baptisé *Arktika*, en 1977. Entre ces deux dates, de nombreuses équipes en traîneaux accomplirent cet exploit, de sorte qu'aujourd'hui l'Arctique a été exploré dans ses moindres recoins.

> **On exhuma** en 1974 le corps de ce marin ayant pris part à la malheureuse expédition de Franklin, pour trouver le passage du Nord-Ouest, et enseveli en 1846.

∨ **Cette carte** montre comment l'Arctique offre un raccourci entre l'Ouest et l'Est. Le passage du Nord-Est fut découvert en 1878-1879, et le passage du Nord-Ouest en 1906. Peary atteignit le pôle Nord en 1909 ; le sous-marin nucléaire américain, *Nautilus*, passa sous le pôle Nord en 1958 ; le brise-glace soviétique *Arktika* y parvint à son tour, en surface, en 1977.

OCÉAN

PACIFIQUE

< **L'amiral Byrd,** explorateur américain, fut le premier à survoler le pôle Nord en 1926. Cette photo montre le retour à la base de l'aviateur sous les yeux d'un autre héros de l'Arctique, le norvégien Roald Amundsen.

< **La conquête du pôle Nord** par Robert Peary en 1909 fut mise en doute par un de ses compatriotes, Frederick Cook, qui affirmait y être parvenu un an plus tôt. Un journal de l'époque tourne en dérision ce célèbre litige.

∨ **Des conditions épouvantables** attendent les explorateurs polaires. Mais de nos jours, ils sont en contact radio avec leur base et leurs activités se concentrent davantage sur la recherche que sur l'exploration.

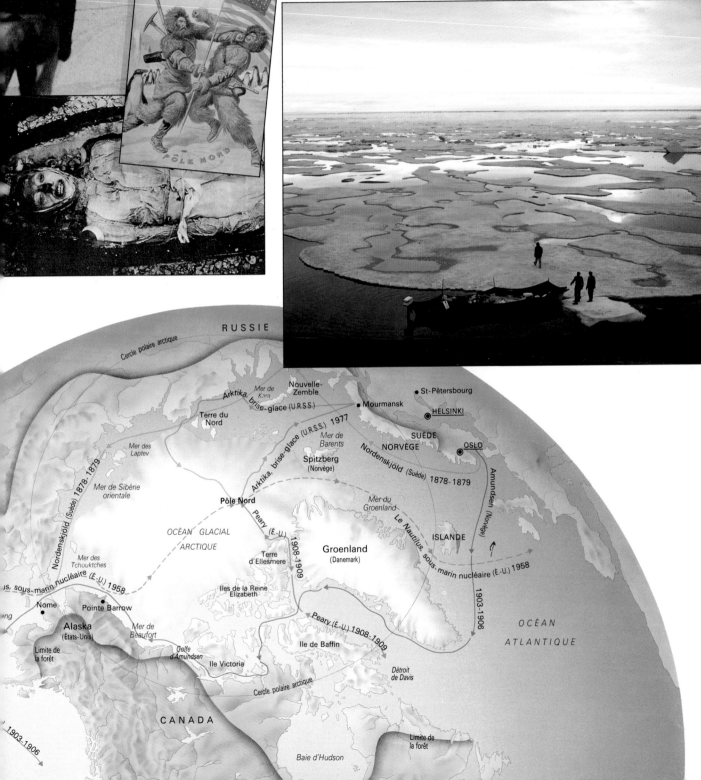

Les hommes

C'est dans l'Arctique que l'on prend le mieux la mesure des remarquables capacités d'adaptation de l'homme aux conditions climatiques les plus rudes : il faut y supporter non seulement un froid intense mais aussi des vents violents, une obscurité quasi totale pendant une partie de l'année, ainsi que la pénurie de matières premières indispensables à la fabrication de vêtements, de maisons et d'outils. Avant l'avènement de la technologie moderne, l'isolement des petites communautés éparpillées dans l'immense toundra arctique, presque déserte, était tel qu'il leur était impossible de s'entraider.

Les populations

Aujourd'hui, environ 10 millions d'individus peuplent les régions arctiques du nord de l'Europe, de la Sibérie, de l'Alaska, du Canada et du Groenland. Beaucoup d'aventuriers originaires de contrées moins glaciales s'y sont installés afin d'exploiter les abondantes ressources naturelles ; ils travaillent dans les champs pétroliers ou sur les chantiers de construction, dans les villages miniers ou les bases militaires qui se sont multipliés depuis la Deuxième Guerre mondiale. Mais seul un dixième de la population est originaire de l'Arctique. Ces indigènes descendent des peuplades qui émigrèrent dans le Grand Nord il y a des millénaires, apprenant à survivre sans la moindre assistance, armés seulement de leur courage et de leur intelligence. Ils ne partagent pas tous les mêmes origines ethniques. Dans l'Arctique européen, 290 000 autochtones sont apparentés aux Finnois. Ce chiffre inclut 40 000 Lapons peuplant la Laponie, qui couvre le nord de la Norvège, de la Suède, de la Finlande et de l'ex-Union soviétique, ainsi que 250 000 Komis (ou Zyrianes) occupant l'ouest de l'ex-U.R.S.S. Parmi les autres populations arctiques au sein de la famille ethnique finno-ougrienne, citons les Ostyaks et les Vogouls. Quant aux peuples d'origine asiatique, ils incluent les différentes ethnies samoyèdes, les Toungouses, les Iakoutes, les Tchouktches, les Koriaks et les Kamtchadales. A ceux-ci, il faut ajouter une ethnie plus vaste, les Inuit ou Esquimaux, qui émigrèrent de l'Asie du Nord-Est vers l'Alaska il y a dix mille ans lorsque les deux continents étaient encore réunis par un isthme. 1 500 Esquimaux vivent encore en Sibérie et 118 000 environ dans le nord du Canada, en Alaska et au Groenland.

En dépit de passés très distincts, ces peuples partagent de nombreuses caractéristiques culturelles, voire physiques. Le manque de végétation les oblige en général à se nourrir principalement de viande et de poisson ; ils mènent donc une existence de chasseurs et de pêcheurs. Dans l'Arctique sibérien et européen, les Koriaks, les Tchouktches, les Komis et les Lapons ont appris à domestiquer et à exploiter le renne. Ils se sont également adaptés physiquement aux rigueurs extrêmes du climat : ils sont en général assez corpulents par rapport à leur petit taille ; ils ont une circulation sanguine accélérée, leur organisme produisant de la chaleur plus rapidement que le nôtre.

Découverte de la civilisation

Les technologies modernes ont contribué à améliorer les conditions de vie dans l'Arctique, détruisant du même coup, ou peu s'en faut, un mode d'existence fascinant. D'anciennes peuplades nomades se sont sédentarisées. Les avions, les hélicoptères et les traîneaux motorisés ont considérablement réduit les distances. L'introduction d'armes à feu a peu à peu éliminé les méthodes de chasse traditionnelles. Certaines maladies, comme la grippe et la tuberculose, ont provoqué longtemps de terribles ravages. De nos jours, un grand nombre d'anciens chasseurs se sont reconvertis après le déclin de l'industrie de la fourrure.

Dans le même temps, la plupart des populations de l'Arctique sont de plus en plus conscientes de l'importance de leur culture et de leur mode de vie. L'art esquimau traditionnel, désormais très prisé, attire un nombre croissant d'artisans. Une partie de la jeune génération s'est retirée dans les régions les plus reculées de l'Arctique pour réapprendre un mode de vie traditionnel : ils pêchent, tendent des pièges aux oiseaux et chassent la baleine, le phoque ou l'ours polaire. Dans l'Arctique européen, les Lapons ont enjoint les différents gouvernements qui les régissent à les aider à préserver leur langue et leur culture. Les éleveurs de rennes tchoutkches du Nord-Est sibérien ont échappé aux pires effets de la politique de centralisation. De nombreux groupes ont accru leur productivité sans avoir à renoncer à leur mode de vie traditionnel, prouvant par là même qu'il est possible de trouver un compromis entre la tradition et la modernité.

> **Un Esquimau** pêchant au harpon à bord de son kayak. Les méthodes de chasse traditionnelles sont encore en usage.

> **La région de l'Arctique** est le domaine d'un certain nombre de populations qui vivent traditionnellement de la chasse, de la pêche et de l'élevage du renne.

> **Cette femme esquimaude** mène une existence confortable dans une maison moderne au Groenland. Cependant, elle effectue toujours les tâches traditionnelles : elle est en train de préparer des peaux. La dépendance de ces populations de l'Arctique vis-à-vis de la technologie moderne s'est accrue progressivement au cours du XXe siècle, mais, vers les années 1980, un grand nombre regrettaient la perte de leur culture et s'efforçaient de la faire revivre.

∨ **Ce chasseur ostyak,** originaire de Sibérie occidentale, appartient à une ethnie venue de l'Oural aux environs de l'an 500.

∧ **Cette femme esquimaude,** originaire de Sibérie orientale, partage de nombreuses caractéristiques avec les Inuit d'Alaska et du Canada.

Groupes linguistiques et culturels
1 Finnois
2 Turco-Toungouse
3 Samoyède
4 Paleosibérien
5 Esquimau
6 Ket

OCÉAN PACIFIQUE

Aléoute
Koriak
Kamtchadal
Tchouktche
Alaska (États-Unis)
Aléoute
Koriak
Lamoutes
Esquimau
Youkaghir
Toungouse (Evenkis)
Tchouktche
Iakoute
Iakoute
RUSSIE
Toungouse (Evenkis)
CANADA
Esquimau
OCÉAN GLACIAL ARCTIQUE
Ket
Dolgany
Nganasany
Entsy
Selkoup
Mansi (Vogoule)
Pôle Nord
Esquimau
Khanty (Ostyak)
Nency (Nenetz)
Esquimau
Esquimau
Groenland (Danemark)
Mansi (Vogoule)
Esquimau
Lapon
Zyriane (Komi)
Cercle polaire arctique
FINLANDE
RUSSIE
OCÉAN
ISLANDE
SUÈDE
ATLANTIQUE
NORVÈGE

Les Lapons

La Laponie se situe à l'extrême nord de l'Europe. Elle est peuplée de Lapons ou Samis, jadis des bergers nomades qui suivaient d'immenses troupeaux de rennes semi-domestiqués. Aujourd'hui, toutefois, la plupart des Lapons sont sédentarisés. 40 000 Lapons environ occupent cette vaste région associant neige, glaces et forêts primitives où le soleil brille sans discontinuer pendant des jours entiers en été. Ils se déplacent en traîneau ou à skis. Bien que le territoire lapon soit réparti entre la Norvège, la Suède, la Finlande et l'ex-Union soviétique, les Lapons se sont battus avec succès pour conserver leur identité culturelle. Comme la plupart des autres peuplades du Nord, ils pratiquent le chamanisme, une religion centrée sur le chaman ou sorcier, capable, en état de transe, de voyager mentalement dans d'autres univers.

La faune arctique

L'Arctique commence véritablement au nord de la ligne des arbres, là où plantes et animaux ont beaucoup de mal à survivre et où la forêt ne peut pousser, tant les conditions climatiques sont difficiles. Dans la zone de toundra, quelques malheureux arbres survivent péniblement, principalement des bouleaux et des saules nains, mais la couche de permafrost souterraine les empêche de grandir. Diverses variétés d'herbes, carex et saxifrage (plantes herbacées à fleurs munies de feuilles épaisses et rampantes), se sont également adaptées à la toundra. Elles résistent au froid et au vent, supportent une période estivale très brève et un sol pauvre grâce à des poches d'air leur permettant de s'isoler, à leur feuillage foncé qui absorbe davantage de soleil, à des tiges et des feuilles poilues, et à des racines peu profondes qui s'étendent dans la couche de terre superficielle non gelée. En dessous, le permafrost, gelé en permanence, empêche l'écoulement de l'eau : on trouve donc de nombreux lacs et marécages dans la toundra, ce qui favorise la croissance de mousses et de sphaignes.

Peu d'espèces végétales ont pu s'acclimater aux rudes conditions de la toundra. Faute de concurrence, toutefois, chaque variété se mul-tiplie en quantité et, pendant le court été, on assiste à une véritable explosion de verdure et de couleurs.

Au nord de la toundra s'étendent les déserts glacés et désolés du haut Arctique, où il n'y a plus de vie en dehors du lichen et des algues. En revanche, entre la toundra et la taïga, s'intercale une région de transition légèrement plus riche en végétation. Ce type de sol autorise en effet l'épanouissement d'autres espèces d'arbres, l'aune notamment, et d'une quantité de cladonies (une variété de lichen).

La faune

Des nuées d'insectes – des papillons, des bourdons, et de nombreuses variétés de moucherons – se multiplient allégrement dans les marécages et les étangs de la toundra. Ils fournissent une abondance de nourriture aux oiseaux migrateurs, qui profitent aussi de la foison de poissons le long du littoral. La plupart de ces oiseaux, comme le lagopède, le canard de Miquelon, et l'eider vivent sur les côtes ou à proximité. Parmi les autres espèces habituées de ces contrées, citons les faucons, les grands corbeaux, les ptarmigans, les bécasseaux et les oies. On trouve aussi des labbes, des macareux,

1. Faucon pèlerin
2. Oie péné
3. Oie des neiges
4. Bernache du Cana
5. Eider
6. Bœuf musqué
7. Sterne arctique
8. Macareux
9. Hermine
10. Lièvre américain
11. Renne
12. Renard polaire ou
13. Ours polaire
14. Morse
15. Lemming arctique
16. Phoque à selle ou
17. Phoque à capucho
18. Saxifrage
19. Cladonie (lichen)

> **L'Arctique** est l'une des régions les moins hospitalières de la planète. Certains scientifiques le définissent comme la zone située à l'intérieur du cercle arctique, d'autres comme celle dont l'isotherme estival est de 10 °C. Quant aux géographes, ils le situent au-delà de la ligne des arbres. L'extrémité septentrionale de la planète est en fait une mer prise par les glaces de la banquise d'où se détachent des icebergs.

△ **Un coquelicot** pousse au milieu des rochers sur la toundra arctique. 325 espèces végétales se sont adaptées aux âpres conditions de cette région de glace, de roche et de permafrost.

> **Ces troupeaux de rennes** font partie des animaux qui migrent depuis les régions très boisées situées au sud de l'Arctique.

△ **Ces bébés ours** polaires, qui se laissent gentiment manipuler par des scientifiques, deviendront des prédateurs redoutables.

des sternes et des crécerelles dans les îles et les plaines côtières tandis que les goélands de mer préfèrent l'environnement des falaises à pic.

L'été arctique
En été, harengs, morues et flétans abondent dans les eaux de l'Arctique en dépit de leur surexploitation récente. Ils constituent une source d'alimentation pour les oiseaux comme pour les mammifères marins, – phoques, morses et narvals – protégés des eaux glacées par une épaisse couche de graisse sous-cutanée.

Les terres environnantes sont riches en animaux à fourrure (hermines, martes et zibelines), mais on y trouve surtout en grand nombre des rennes, des caribous, et d'énormes bœufs musqués. Au cours de la brève saison estivale, ces herbivores se déplacent par immenses troupeaux vers le nord, depuis les forêts subarctiques, accompagnés par un cor-

tège de loups et autres prédateurs. Ils doivent cependant partager herbes et cladonies avec d'autres animaux moins volumineux, notamment des campagnols et des lemmings qui se multiplient à un rythme accéléré tant qu'ils ont de quoi se nourrir. Tous les trois ou quatre ans, leur population atteint des chiffres records et les espèces qui les chassent – renards et chouettes des neiges – en profitent pour se multiplier elles aussi. Ces brusques proliférations finissent par épuiser la végétation ; le caribou cherche alors d'autres territoires pour paître, et les populations de prédateurs diminuent jusqu'à ce que l'herbe ait repoussé. Le cycle peut alors recommencer.

L'ours polaire est sans aucun doute le prédateur le plus puissant et le plus dangereux de l'Arctique. Un mâle peut mesurer entre 2,4 et 3,4 m de haut et peser près d'une demi-tonne. Il court bien plus vite que l'homme et sa fourrure blanche le rend presque invisible dans la neige. Sa nourriture préférée est le phoque mais il n'hésite pas à attaquer l'homme, même sans provocation, à la différence des grizzlis de la toundra méridionale, qui n'attaquent les humains que s'ils sont surpris.

L'hiver arctique
A la fin du bref automne, la plupart des oiseaux et animaux de la région migrent vers le sud. En hiver, une obscurité glaciale enveloppe les régions polaires pendant de longs mois. L'Arctique sombre dans une longue hibernation. Ours polaires et grizzlis se réfugient dans des tanières creusées dans la neige. Le renard polaire demeure actif, grâce à sa fourrure hivernale qui lui permet de supporter des températures de – 40 °C. Le lièvre américain n'a pas grand-chose à craindre non plus, mais les plus petits mammifères, comme les lemmings et les campagnols, cherchent refuge dans des terriers creusés dans la neige.

Le soleil de minuit

Parler du soleil de minuit semble pour le moins contradictoire. Pourtant, dans deux régions du monde, le soleil brille effectivement à minuit et demeure même au-dessus de l'horizon pendant des mois d'affilée. Au pôle Nord, le point le plus septentrional de la planète, il ne se couche pas du tout pendant six mois, entre le 20 mars et le 23 septembre. Cette période de jour continuel diminue à mesure que l'on s'éloigne du pôle en direction du cercle arctique, une ligne imaginaire parallèle à l'équateur et située à 66°30' de latitude nord. Au niveau du cercle arctique c'est seulement au moment du solstice d'été, le 21 juin, que le soleil s'abstient de disparaître à l'horizon. A l'inverse, dans l'hémisphère Sud, la période de jour ininterrompu se situe entre le 23 septembre et le 20 mars, à l'intérieur du cercle antarctique.

Ce phénomène du « soleil de minuit » résulte de l'orientation particulière de la Terre par rapport au Soleil lors de son cycle annuel autour de cet astre. La Terre pivote en effet sur elle-même tout en se déplaçant, de sorte que le soleil donne l'impression de se lever et de se coucher à intervalles réguliers, selon qu'une face particulière de la Terre se trouve face au Soleil ou s'en détourne. Ce mouvement rotatoire est à l'origine du jour et de la nuit. Mais, parce que la Terre est orientée selon un angle de 23,5° par rapport au Soleil, l'extrême nord et l'extrême sud de la planète demeurent perpé-

tuellement face au Soleil ou, au contraire, cachés, pendant la moitié de l'année. De sorte qu'aux deux pôles une période de soleil continuelle alterne avec une nuit de six mois.

Les pays du soleil de minuit

Un certain nombre de pays de l'hémisphère Nord regroupent des régions situées à l'intérieur du cercle arctique qui connaissent, par conséquent, les effets liés à l'orientation de la Terre par rapport au Soleil. On les a baptisées « pays du soleil de minuit ». Le village esquimau de Barrow, en Alaska, par exemple, est situé à 71°18' de latitude nord, nettement à l'intérieur du cercle arctique. Ici la période d'obscurité totale s'achève vers 1 heure du matin le 23 avril et reprend aux environs de minuit, le 19 août. Quant à la période de jour continuel, elle débute quand le soleil se lève vers 1 heure 6 le 10 mai ; après quoi, il reste

▽ **L'archipel des Lofoten,** près de la Norvège, se situe à 68°30' de latitude à l'intérieur du cercle arctique. Cette séquence photographique, prise au cœur de l'été, montre le trajet du soleil pendant 24 heures. Le soleil reste perpétuellement visible pendant son déplacement de l'est vers le sud, l'ouest et le nord, avant de s'orienter à nouveau vers l'est.

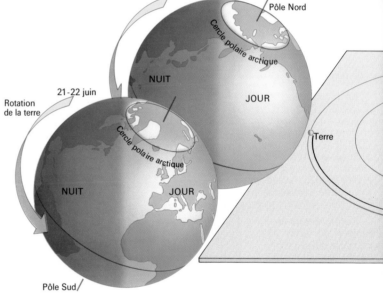

Rotation de la terre

21-22 juin

Pôle Nord

Cercle polaire arctique

NUIT

JOUR

Terre

Cercle polaire arctique

NUIT

JOUR

Pôle Sud

< **Dans le nord de la Norvège,** les fêtes du soleil de minuit durent 24 heures. D'immenses feux de joie sont au centre de ces fêtes et de ces danses qu'organisent chaque année les populations des « pays du soleil de minuit ».

∨ **Pendant sa rotation** annuelle autour du Soleil, l'axe de la Terre est penché selon un angle de 23,5°. La Terre pivote également autour de son axe selon un cycle de vingt-quatre heures, qui détermine la succession du jour et de la nuit.

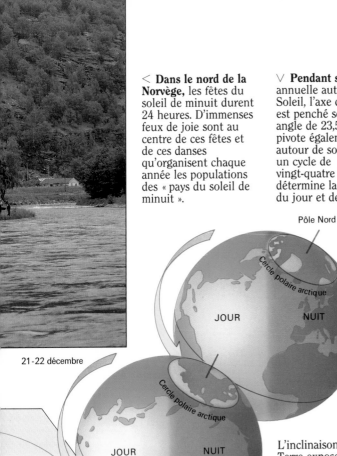

21-22 décembre

Pôle Nord

JOUR — NUIT

Cercle polaire arctique

JOUR — NUIT

Cercle polaire arctique

Pôle Sud

L'inclinaison de la Terre expose un pôle vers le soleil pendant six mois d'affilée, l'autre pôle restant dans l'ombre pendant la même période. De sorte qu'au pôle Nord le soleil brille continuellement du 20 mars au 23 septembre, tandis qu'au pôle Sud la période ensoleillée se prolonge, à l'inverse, du 23 septembre au 20 mars.

au-dessus de l'horizon jusqu'au 2 août, à 23 h 51. La population de Barrow bénéficie ainsi de près de 85 jours de lumière ininterrompue. En revanche, le 18 novembre, le soleil se couche vers 0 h 50 et ne réapparaît pas au-dessus de l'horizon avant le 24 janvier, vers 11 h 51, soit une période de 67 jours sans soleil.

Dans de nombreux pays, la venue du soleil de minuit est accueillie par une série de fêtes et de réjouissances. En Scandinavie, par exemple, elle donne lieu à des célébrations joyeuses ponctuées de chants et de danses autour de grands feux de joie. Le soleil apparaît alors comme un immense disque rouge, très près de l'horizon. Sa coloration est due au fait que la lumière a voyagé à travers une atmosphère riche en eau. Celle-ci filtre une grande proportion de bleu contenu dans la lumière, ne laissant que les riches tonalités de rouge et de bleu-violet. Le matin et le soir, on a l'impression que le ciel est en feu.

L'obscurité à midi

Cette période dite de « nuits blanches » passe vite ; elle est suivie d'une nuit polaire qui semble parfois interminable. En conséquence de quoi, les populations de nombreuses régions polaires souffrent de problèmes d'alcoolisme, de drogue ; le taux de suicide y est particulièrement élevé en hiver. Heureusement, la nuit polaire est un peu abrégée par de longues phases de demi-jour, au début et à la fin de l'hiver, car le soleil peut descendre jusqu'à 18° en dessous de l'horizon avant que la lumière qu'il irradie disparaisse totalement. Même lorsque la nuit est vraiment tombée, les aurores boréales parfois qualifiées de « lumières du Nord » emplissent de temps à autre le ciel d'arcs lumineux verts, rouges ou jaunes. Ces visions spectaculaires résultent de la collision entre les molécules de l'air et les électrons solaires pris dans le champ magnétique de la Terre.

Le Groenland

Le Groenland, la plus grande île du monde, se situe à l'extrême nord de notre planète. Bien qu'il fasse géographiquement partie de l'Amérique du Nord, il s'agit d'une province danoise. Cinquante fois plus étendu que le Danemark, le Groenland compte une population réduite en raison de la rigueur de son climat.

En dépit du nom flatteur d'« Île verte » que lui attribua le Viking Eric le Rouge en l'an 985, le Groenland est pauvre en végétation. En fait, l'essentiel de cette île immense se situe au nord du cercle arctique, 85 % de sa superficie étant enfouis en permanence sous une épaisse couche de glace. Seule l'étroite bande côtière est habitable ; la plupart des 59 000 Groenlandais vivent d'ailleurs à proximité du littoral sud-ouest, une poignée d'entre eux seulement ayant élu domicile le long des eaux glacées de la côte orientale.

Le paysage

Le Groenland se compose principalement d'un plateau intérieur couvert d'une profonde couche de glace – l'inlandsis – et entouré de montagnes côtières. Ces dernières culminent à 3 700 m au mont Gunnbjörn. L'épaisseur de cette immense calotte glaciaire peut varier de 1,6 km à plus de 3,2 km par endroits.

Des centaines de fjords étroits se faufilent entre les montagnes. Sur le plateau gelé, des glaciers se sont formés progressivement. Ils descendent lentement vers les vallées côtières et se déversent dans les fjords. Souvent en atteignant la mer, ils se désintègrent (on dit alors qu'ils « vêlent »), donnent naissance à d'énormes icebergs. Ces îles flottantes dérivent, parfois loin vers le sud, mettant en péril les navires.

L'environnement naturel

Depuis le début du XXe siècle, le climat du Groenland s'est légèrement réchauffé, mais il demeure extrêmement froid. Au centre de la calotte glaciaire, les températures avoisinent en moyenne – 46 ºC en février, et – 11 ºC en juillet. Même sur le littoral sud-ouest relativement plus doux, le thermomètre s'élève rarement au-dessus de – 8 ºC en février et 10 ºC en juillet. Il tombe très peu de pluie ou de neige, l'essentiel des précipitations étant concentré dans le Sud.

L'agriculture est pour ainsi dire impossible, hormis dans les régions côtières du Sud-Ouest, où l'on profite du bref été pour faire pousser des pommes de terre et quelques légumes verts et ramasser du foin. Des moutons paissent dans les pâturages le long du littoral.

La toundra qui couvre cette frange côtière est peuplée de lemmings, de lièvres et de renards. Plus au nord, c'est le territoire des ours polaires. En 1952, on réintroduisit au Groenland des rennes importés de Norvège. Pendant l'été, plus de 200 variétés d'oiseaux se retrou-

∨ **A Upernavik,** des maisons en bois blotties sous un épais manteau de neige. La plupart des Groenlandais sont d'origine esquimaude et danoise mêlée et parlent un dialecte esquimau.

> **Umanak,** située à 483 km au nord du cercle arctique, est l'une des principales villes groenlandaises. Comme la plupart des autres agglomérations de l'île, c'est un port de pêche.

vent sur le littoral, le long duquel on trouve aussi de nombreuses espèces de baleines, de morses et de phoques et plus d'une centaine d'espèces de poissons. Jusqu'à notre siècle, la chasse aux phoques fut à la base de l'économie groenlandaise. De nos jours, plus d'un tiers des insulaires travaillent dans le secteur de la pêche ou l'industrie du poisson.

L'histoire et les hommes

La plupart des Groenlandais sont d'origine esquimaude (ou inuit), même si les Esquimaux de sang pur sont concentrés dans l'extrême Nord, près de Thulé. Des Scandinaves venus d'Islande furent les premiers Européens à s'établir au Groenland, vers la fin du Xe siècle. Ce fut depuis le Groenland que Leif Ericsen atteignit l'Amérique vers l'an 1000, bien avant Christophe Colomb. La colonie européenne établie sur l'« Île verte » s'éteignit au XVe siècle et le monde extérieur oublia le Groenland pendant de nombreuses années. Il fut redécouvert en 1578 par Martin Frobisher, qui avait entrepris une expédition en vue de découvrir le passage du Nord-Ouest. En 1721, lorsque le missionnaire norvégien Hans Egede débarqua à son tour sur l'île, elle était uniquement peuplée d'Esquimaux. Egede y introduisit le christianisme, encouragea la colonisation et fonda Godthaab, aujourd'hui la capitale.

Depuis 1814, le Danemark a gouverné le Groenland, qui fait partie intégrante du royaume danois depuis 1953, avec des droits égaux mais une autonomie limitée.

∧ **La toundra** près de Thulé, est caractéristique du paysage groenlandais partiellement dégelé en été. Les températures sont plus élevées sur le littoral occidental en raison de la présence de courants chauds entre l'Amérique du Nord et le Groenland.

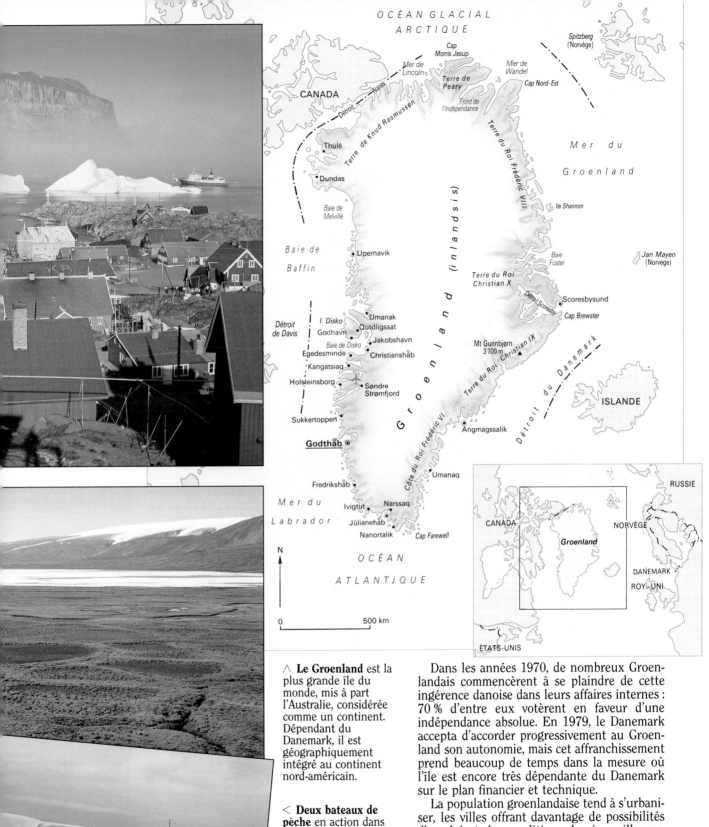

OCÉAN GLACIAL
ARCTIQUE

△ Le Groenland est la plus grande île du monde, mis à part l'Australie, considérée comme un continent. Dépendant du Danemark, il est géographiquement intégré au continent nord-américain.

◁ Deux bateaux de pêche en action dans les eaux poissonneuses au nord du Groenland. On y pêche de la morue, du flétan, du saumon, des crevettes et du loup. Les icebergs voisins sont les « rejetons » d'un glacier qui s'est déversé dans la mer.

Dans les années 1970, de nombreux Groenlandais commencèrent à se plaindre de cette ingérence danoise dans leurs affaires internes : 70 % d'entre eux votèrent en faveur d'une indépendance absolue. En 1979, le Danemark accepta d'accorder progressivement au Groenland son autonomie, mais cet affranchissement prend beaucoup de temps dans la mesure où l'île est encore très dépendante du Danemark sur le plan financier et technique.

La population groenlandaise tend à s'urbaniser, les villes offrant davantage de possibilités d'emploi et des conditions de vie meilleures. Cet exode crée cependant des problèmes sociaux croissants.

L'avenir économique du Groenland est incertain en dépit de l'essor du tourisme. Si l'île dispose de certaines ressources minérales (charbon, plomb, zinc, graphite et uranium), celles-ci sont de mauvaise qualité et l'exploitation minière est encore limitée pour l'heure.

L'archipel Svalbard

L'archipel Svalbard se situe à mi-chemin entre le pôle Nord et la côte septentrionale de la Norvège. Ces îles occupent une superficie totale de 62 050 km², les cinq principales étant le Spitzberg, l'île Blanche, l'île du Roi-Charles, l'île Hope et l'île aux Ours (ou le Vestspitsberg, la Nordamstland, la Barentsöya, et l'Edgeöya). Elles appartiennent à la Norvège et font partie du district administratif de Svalbard. Cet avant-poste de l'Europe, au cœur de l'océan Arctique, se trouve à 1 100 km du pôle Nord.

Ces îles, presque entièrement recouvertes de glace, représentent les points culminants d'une masse terrestre aujourd'hui enfouie sous la mer et jadis reliée au continent européen. Elles sont dominées par le pic Newton qui atteint 1 712 m. Elles se composent de montagnes très plissées vieilles de plus de 410 millions d'années et incluent certaines des roches les plus anciennes de la Terre. Sur la plus grande île, le Spitzberg, ces roches forment des chaînes très accidentées, entrecoupées de glaciers. Cette apparence inspira à l'explorateur hollandais Willem Barents (mort en 1597) le nom de *Spitzbergen*, qui signifie « montagnes escarpées ».

L'histoire et l'économie

Des Norvégiens débarquèrent pour la première fois sur l'archipel Svalbard, littéralement « côte froide », en 1194. Complètement oubliées pendant de nombreuses années, ces îles furent redécouvertes par Willem Barents en 1596.

Dès 1610, des explorateurs découvraient l'existence de gisements de charbon dans le sous-sol de l'archipel. Il fallut cependant attendre les années 1890 pour que la Norvège entame les premières opérations minières qui prirent véritablement de l'ampleur en 1906 lorsqu'un ingénieur américain, John Munro Longyear, ouvrit la première mine commerciale. Il donna son nom à Longyearbyen, la principale ville de l'archipel. Ces richesses minières donnèrent lieu à des litiges pour la propriété de l'archipel.

Si la Norvège administre Svalbard, le traité de Paris de 1920 garantit en effet à 41 nations un droit d'accès équivalent aux ressources naturelles des îles, au demeurant exclusivement exploitées par la Norvège et l'U.R.S.S. Sur l'ensemble des 1 200 ressortissants norvégiens habitant l'archipel, 750 travaillent pour la compagnie minière nationale. Une fiscalité réduite y a attiré la plupart d'entre eux. Dans les régions de Barentsburg et de Pyramiden, 2 400 mineurs soviétiques extraient près de 400 000 tonnes de charbon par an.

Le climat de l'archipel Svalbard est étonnamment variable. Certains jours, pendant le bref été arctique, les températures peuvent atteindre 15 ºC. En hiver, en revanche, elles descendent facilement à – 40 ºC. Le permafrost s'étend sur une profondeur de 100 m environ et seule la surface dégèle en été.

△ **La côte occidentale** du Spitzberg, principale île de l'archipel Svalbard, bénéficie d'un bref été.

△ **Les ours polaires** sont plus nombreux que les hommes sur l'île norvégienne de Jan Mayen, presque déserte.

▷ **Les réserves de charbon** sont exploitées depuis les années 1890, par les Norvégiens à Longyearbyen et les Soviétiques à Barentsburg et à Pyramiden. On a également trouvé des minerais de fer et des phosphates.

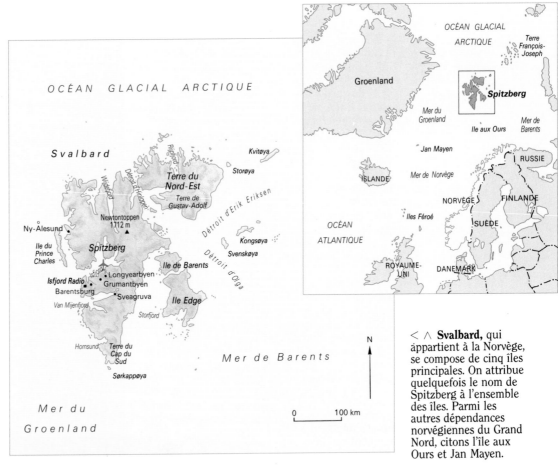

De profonds fjords obscurs creusés dans le roc recouvert de glace créent une atmosphère d'une sérénité extrême. Des glaciers d'une blancheur étincelante se faufilent à travers presque toutes les vallées et se désintègrent en immenses icebergs en atteignant la mer.

De nombreux visiteurs viennent admirer la flore et la faune locales. Les rares espèces d'arbres qui subsistent dans ces difficiles conditions climatiques n'atteignent jamais leur taille adulte. Le robuste saule polaire se cramponne à la terre et le bouleau nain ressemble à un buisson. Sur l'essentiel du paysage, lichens, mousses et herbages prédominent, parsemés d'occasionnelles fleurs sauvages. A l'automne, la toundra se couvre de riches tons de jaune et de rouge. Au printemps, elle s'épanouit, et des millions d'oiseaux migrateurs reviennent du sud pour retrouver leurs sites de reproduction dans les falaises escarpées.

Parmi les grands mammifères, on trouve l'ours polaire, le renard blanc, le renard bleu et le renne. Jusqu'à récemment, tous les mammifères – terrestres et marins, tels que le phoque, le morse et la baleine –, étaient massacrés sans pitié. De nos jours, des mesures de protection tentent de préserver ces espèces en danger. Les écologistes voient se multiplier le nombre de touristes avec inquiétude car la végétation délicate de la toundra ne peut supporter l'effet de piétinements continus. Une fois endom-

magées, ces minuscules plantes prennent des dizaines d'années avant de retrouver vie. Aujourd'hui, près de la moitié de la superficie de l'archipel se compose de parcs nationaux ou de zones de conservation de la nature.

L'île aux Ours et Jan Mayen

A mi-chemin entre l'archipel Svalbard et la Norvège se trouve l'île aux Ours, un plateau d'une superficie d'environ 179 km². Elle est inhabitée en dehors de la présence d'une station radio et météorologique norvégienne. Le relief s'élève brusquement depuis le littoral pour atteindre une altitude moyenne de 536 m. Le climat est froid et humide et un épais brouillard l'enveloppe souvent.

Entre le Groenland, l'Islande et la Norvège se trouve l'île solitaire de Jan Mayen, qui couvre une superficie totale de 373 km². Découverte par l'explorateur anglais, Henry Hudson, en 1607, elle doit son nom au capitaine hollandais Jan Jacobzoon May, qui y établit une colonie baleinière quelques années plus tard. Elle fut annexée par la Norvège en 1929. L'île est en fait la partie saillante de la dorsale atlantique. Formée par une action volcanique, elle se compose presque entièrement de roches éruptives dures. Le volcan de Beerenberg, de nouveau en activité depuis 1970, atteint une altitude de 2 277 m.

L'Islande aujourd'hui

L'Islande est située à l'extrême nord de l'océan Atlantique, à la lisière du cercle arctique entre le Groenland, à l'ouest et la Norvège, à l'est. Une fissure de l'écorce terrestre (en fait une extension de la dorsale de l'Atlantique Nord) parcourt l'île de part en part, la rendant vulnérable aux tremblements de terre et aux éruptions volcaniques. On l'a baptisée « terre de gel et de feu » à cause de son étrange paysage, où de vastes plaines de glace et des glaciers côtoient des volcans actifs, des sources chaudes riches en minéraux et de puissants geysers. Ses habitants font remonter leurs origines aux farouches navigateurs scandinaves, les Vikings ; ils peuvent se prévaloir d'avoir mis en place dès l'an 930 la première assemblée démocratique de la planète, l'*Althing*.

Les hommes

En dépit de leur héritage, les Islandais d'aujourd'hui ont la réputation d'être des gens doux et pacifiques. L'islandais, apparenté au langage des Vikings de l'ancienne Scandinavie, a peu évolué à travers les siècles. La grande époque de la littérature islandaise, lorsque le poète Snorri Sturluson écrivit les histoires des familles islandaises et des contes peuplés de dieux et de héros, remonte au XIIIe siècle. Aujourd'hui encore, les Islandais peuvent lire sans peine ces anciennes sagas et *eddas* (poèmes). Pourtant, sur le plan scientifique, technologique et celui de leur niveau de vie, ils font pleinement partie du XXe siècle, même s'ils conservent certains vestiges d'un passé révolu : par exemple, ils n'ont pas de noms de famille et se contentent d'ajouter – *son* (fils) ou – *dottir* (fille) au prénom de leur père.

A part quelques communautés de moines

REPÈRES

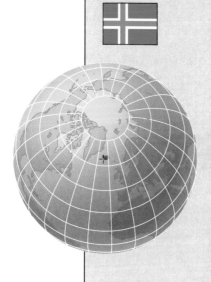

LE PAYS
Nom officiel :
République d'Islande
Capitale : Reykjavik
Régions : Plateau intérieur hérissé de volcans ; plaines côtières
Superficie : 103 000 km²
Climat : Océanique, tempéré frais ; réchauffé par le Gulf Stream. Étés doux, hivers froids
Principaux fleuves :
Thjorsa, Jökulsa a Fjöllum, Skjalfandafljot
Alt. max. :
Hvannadalshnjukur (2 119 m)

LE GOUVERNEMENT
Forme de gouvernement :
République parlementaire
Chef de l'État :
Le président

Chef du gouvernement :
Le Premier ministre
Régions administratives :
Provinces, districts et municipalités
Pouvoir législatif :
Parlement (Althing) : Chambre haute (21 membres) et Chambre basse (42 membres) élus pour 4 ans
Pouvoir judiciaire :
Cour suprême, tribunaux de district, urbains et ruraux
Forces armées : Aucune

LE PEUPLE
Population (1988) :
250 000
Langue : Islandais
Religion :
Protestante (luthériens) : 97 %

L'ÉCONOMIE
Monnaie :
Couronne islandaise
P.N.B./hab. (1987) :
16 670 $ US
Taux de croissance annuel (1980-1986) :
3,1 %
Balance commerciale en $ US (1988) :
Déficit de 149 millions
Importations :
Pétrole, machinerie, véhicules, fruits et légumes, matières premières
Exportations :
Poissons et dérivés
Partenaires commerciaux :
États-Unis, Allemagne, URSS, Pays scandinaves
Presse :
Nombre de quotidiens (1987) : 6
Tirage (1987) : 100 000

irlandais parvenues sur l'île longtemps auparavant, les premiers colons arrivèrent en Islande vers l'an 870, conduits par l'aventurier norvégien Ingolfur Arnason. Le pays perdit son indépendance et fut soumis à la Norvège en 1262 ; puis il passa sous domination danoise en 1380. Sous le règne des Danois, les Islandais subirent un régime de répression, particulièrement pendant la famine à la fin du XVIIIe siècle. Ils subirent aussi des éruptions volcaniques qui anéantirent de vastes zones agricoles.

Au XIXe siècle, l'Islande commença à acquérir une certaine indépendance vis-à-vis du Danemark. L'*Althing* fut rétablie en 1843 et, en 1874, le pays prenait son économie en main. En 1918, le Danemark reconnaissait son autonomie à part entière, quoiqu'elle continuât à faire partie du royaume danois. Pendant la Deuxième Guerre mondiale, le Danemark fut occupé par l'Allemagne, mais les Alliés conservèrent le contrôle de l'Islande. La république d'Islande fut proclamée le 17 juin 1944, sur le site historique de Thingvellir, où l'*Althing* avait été établie près d'un millénaire auparavant.

Depuis l'indépendance, le pouvoir a généralement été partagé entre des partis politiques distincts regroupés en coalitions. L'État islandais a un président à sa tête, mais le Premier ministre dirige le gouvernement. En juin 1980,

Vigdis Finnbogadottir fut élue présidente, devenant ainsi la première femme élue chef d'État du monde.

La population et l'économie

L'Islande est le pays le moins peuplé d'Europe : elle compte moins de deux habitants au kilomètre carré. Environ 90 % de la population sont regroupés le long du littoral, où règne un climat relativement clément grâce au Gulf Stream à l'ouest et au courant polaire au nord-est. Près de 40 % des Islandais habitent dans la capitale, Reykjavik, ou à proximité. Ils bénéficient d'un niveau de vie élevé et consomment une vaste gamme de produits importés d'Europe ou des États-Unis.

La pêche et l'industrie du poisson sont de loin les secteurs les plus développés d'Islande et emploient 20 % de la population active : les produits de la pêche représentent 75 % des exportations. A la fin des années 1980, pourtant, la pêche connut un brusque déclin et l'interdiction internationale de chasser les espèces de baleines en voie de disparition porta un rude coup à l'économie. Le pays a fait des efforts pour élargir sa production industrielle, et un recours judicieux aux abondantes sources chaudes pour chauffer les serres a permis une réduction des importations de fruits et de légumes frais. Quoi qu'il en soit, la dépendance de l'Islande vis-à-vis du poisson pourrait bien menacer le niveau de vie élevé de sa population. Le tourisme pourrait offrir une alternative avantageuse : en 1990, plus de 130 000 étrangers ont visité l'île. Il se peut que l'on découvre le plus grand atout de l'Islande dans ces caractéristiques géologiques qui la rendent précisément si inapte à l'habitat humain.

< **Reykjavik** est la plus grande ville d'Islande Centre de commerce, elle abrite deux théâtres et une université. Un tiers de la population y vit.

∨ **L'Islande** est une île volcanique dans l'Atlantique, au sud du cercle polaire arctique. Les hommes n'y vivent que sur les côtes.

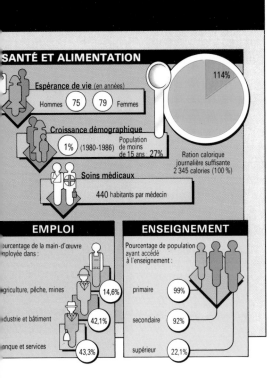

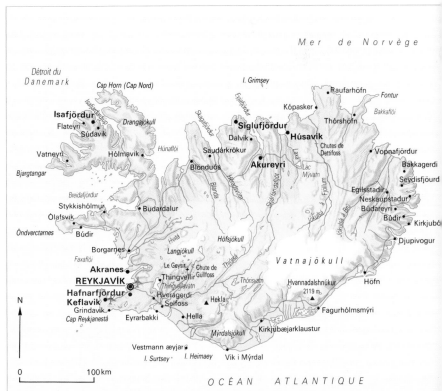

Panoramas

De vastes étendues de roches volcaniques solidifiées, jaillies des profondeurs de la Terre, s'associent à des zones de glace et de neiges éternelles pour former les étranges paysages islandais. Neige et glace témoignent de la position géographique de l'île, juste au sud du cercle arctique, alors que le basalte révèle l'origine volcanique de l'Islande située sur une faille de l'écorce terrestre, la dorsale atlantique. Cette ride médio-atlantique marque la ligne de séparation entre le continent américain et l'Europe et l'Afrique. L'Islande est l'une des régions volcaniques les plus actives du monde, en dépit de la présence d'un gigantesque glacier, le Vatnajökull, dont la superficie équivaut à celle de tous les glaciers européens combinés.

Formation et composition

L'Islande fut formée à une période géologique relativement récente, c'est-à-dire il y a quelque soixante-cinq millions d'années, lorsque de la lave rejetée par un volcan enfoui dans les profondeurs de la mer atteignit la surface. En 1963, une nouvelle île, Surtsey, fit son apparition exactement de la même manière lorsqu'un volcan sous-marin entra en éruption au large du littoral sud-ouest de l'Islande. Les fondations géologiques de l'Islande ne sont toujours pas stabilisées, les couches supérieures se chevauchant encore les unes les autres à des cadences variables, provoquant ainsi de fréquents tremblements de terre.

L'île compte quelque 200 volcans, le plus célèbre étant le mont Hekla : les Vikings du Moyen Age y plaçaient l'entrée de l'enfer. Sa dernière grande éruption remonte à 1948, mais il est toujours actif et d'autres volcans continuent de menacer la vie et les possessions des Islandais. En 1973, puis en 1989, l'éruption du Helgafell, sur l'île d'Heimaey, projeta une pluie de cendres et de lave brûlante sur la principale ville de l'île qu'il fallut évacuer.

L'activité volcanique se manifeste également par d'innombrables sources d'eau chaude, riches en soufre, qui fournissent le chauffage central pour trois quarts des habitants. Les geysers éjectent par intermittence des jets de vapeur et d'eau chaude dans l'air. *Geysir*, la source d'eau chaude la plus spectaculaire de l'île, et l'un des plus grands geysers du monde, projette de l'eau chaude toutes les 80 à 90 minutes, à plus de 60 m de hauteur.

Les nombreux volcans islandais ont formé un plateau désolé qui couvre l'essentiel de l'île. D'une altitude moyenne de 500 m au-dessus du niveau de la mer, il culmine à 2 119 m au mont Hvannadalshnjukur. Le sol se compose de basalte et de fragments de lave, qui ont donné naissance à des paysages lunaires, d'une couleur bleu noirâtre, qui correspondent aux descriptions faites dans les contes des Vikings, il y a un millénaire.

Ailleurs, l'ère glaciaire a laissé des marques profondes sur le paysage islandais. Des glaciers,

∨ **Des champs verdoyants** sur la plaine littorale de l'Islande. L'agriculture se limite à l'élevage de moutons et de vaches, à la récolte de fourrage pour les nourrir pendant le long hiver et à la culture de pommes de terre et de navets.

> **Des alpages** bordent l'immense plateau de glace qui occupe l'intérieur de l'île. 1 % seulement de la superficie de l'Islande est cultivable. Une coulée de lave, au premier plan, témoigne de ses origines volcaniques.

∨ **Des champs verdoyants** sur la plaine littorale de l'Islande. L'agriculture se limite à l'élevage de moutons et de vaches, à la récolte de fourrage pour les nourrir pendant le long hiver et à la culture de pommes de terre et de navets.

aujourd'hui disparus, ont découpé les côtes, creusant des fjords étroits tout autour de l'île. A l'intérieur, les cavités qu'ils ont laissées dans le sol ont donné naissance à d'innombrables lacs. Les glaciers couvrent encore environ 12 % de la superficie de l'Islande, atteignant quelquefois près de 1 200 m d'épaisseur.

En bordure des glaciers, la glace fond et s'écoule en d'innombrables ruisseaux que la boue colore en jaunâtre. De fortes précipitations ou la chaleur estivale provoquent très vite de terribles crues des fleuves qui descendent vers la mer. Des rocs de basalte denses et massifs forment des gradins pouvant atteindre 60 m de hauteur, donnant ainsi naissance à de magnifiques chutes d'eau. Les fleuves islandais alimentent les multiples centrales hydro-électriques dispersées sur l'île.

Le climat et la faune

Le Gulf Stream réchauffe les plaines côtières tout au long de l'année, libérant ainsi les ports de l'emprise de la glace. L'île bénéficie donc d'un climat relativement doux, accompagné de précipitations fréquentes, de passages ensoleillés et de vents de force moyenne. Sa situation géographique, septentrionale, en fait pourtant l'un des pays du « soleil de minuit ». A la mi-juin, il fait clair pendant vingt-quatre heures, tandis qu'en hiver les jours sont très courts.

La végétation a de la peine à prendre racine sur le plateau intérieur : le sol instable et poreux ne lui est guère favorable. Seules quelques espèces résistantes – lichens, mousses, bruyères et diverses herbacées – parviennent à former un maigre tapis mais aucun arbre n'y pousse. Le littoral est relativement fertile en revanche, et certains fermiers réussissent même à obtenir plus d'une récolte de foin par an, fournissant ainsi du fourrage aux vigoureux poneys islandais et aux troupeaux de vaches et de moutons. L'agneau tient une place importante dans l'alimentation des Islandais, l'une des grandes spécialités culinaires de l'île étant la tête d'agneau bouillie.

L'unique animal natif de l'Islande est le renard arctique, ou renard bleu. L'île est par ailleurs le refuge de quelque 240 espèces d'oiseaux migrateurs, notamment les hirondelles, les cygnes chanteurs et les macareux, attirés par les riches prairies côtières et les eaux du littoral où le plancton abonde. On y trouve aussi toute une variété de poissons : morue, haddock, flétan, hareng et carrelet et plusieurs espèces de baleines et de phoques. A l'intérieur des terres, les lacs et fleuves abondent en truites et en saumons, mais ce paradis des pêcheurs est quelque peu gâté par la présence d'immenses colonies de moucherons.

< **Des cendres noires** provenant d'un volcan sur l'île Heimaey effacèrent de la carte l'unique ville de cet îlot lors d'une éruption en 1989. Après un silence de plus de 5 000 ans, le volcan entra d'abord en activité en 1973, chassant les habitants de la ville sous l'effet d'une coulée de lave qui agrandit l'île de près de 2,6 km² et modifia la configuration de son port. 5 000 personnes environ durent être évacuées. 16 ans plus tard, il fallut répéter l'opération.

∨ **La centrale géothermique** de Svartsengi est alimentée par l'eau chaude extraite des profondeurs de la terre. Ces eaux riches en minéraux dissous ont des propriétés thérapeutiques.

∨ **Conserverie** près de Reykjavik. La pêche joue un rôle primordial dans l'économie islandaise et emploie un cinquième de la population active : de la pêche à la salaison ou à la congélation de la marchandise en vue de l'exportation.

Les sagas islandaises

Selon le mythe scandinave de la création, l'univers naquit de l'union entre un enfer froid, le Niflheim, domaine des géants du gel et source du « froid et de toutes les rigueurs de la vie », et un royaume ardent, appelé Muspell, régi par les géants du feu. Au point de rencontre de ces deux mondes, le feu fit fondre la glace, libérant ainsi un espace pour la création du monde.

Lorsque les premiers Vikings débarquèrent en Islande, vers l'an 860, ils découvrirent une terre de glace et de feu sortie tout droit de leur mythologie. D'immenses glaciers, des montagnes coiffées de neige pareils aux vastes étendues gelées de Niflheim côtoyaient des volcans actifs et de la lave en fusion, rappel évident des feux de Muspell. Mais, à côté de ces deux mondes opposés, il y avait aussi des vallées si fertiles qu'un des premiers navigateurs à mettre pied sur l'île déclara que « du beurre sourdait de chaque brin d'herbe ».

Gardiens de l'histoire viking

Au cours des siècles qui suivirent, l'Islande devait ainsi devenir le réceptacle de toute la richesse de ces mythes. Le récit de ces légendes et poèmes permettait d'occuper les interminables nuits de l'hiver. A mesure que le pays s'alphabétisait, on fut en mesure d'écrire ces histoires ancestrales dans de précieux manuscrits qui furent copiés et recopiés au cours des siècles.

A partir du XIIᵉ siècle, des Islandais tels que Sæmundr Sigfusson (mort en 1133), Ari Thorgilsson (1067-1148) et Snorri Sturluson (1179-1241) se mirent en devoir d'immortaliser par écrit le monde de leurs ancêtres scandinaves et les détails de leur propre histoire. Les copistes islandais ont également préservé des documents aussi anciens que le poème *Atlakvida* (« La Chanson d'Atli » ou « Attila le Hun »), qui fait référence à la guerre opposant les Huns et les Burgondes en l'an 437.

En l'an 1000, l'Islande se convertit au christianisme, mais des réminiscences païennes se maintinrent pendant des siècles. Des hommes ayant enduré des éruptions volcaniques comme celle de l'Hekla en 1104, qui ensevelit 20 fermes sous la lave à Thjorsardalur, ne pouvaient oublier aisément l'image du géant du feu, Surtr, emmenant ses frères anéantir le monde. Deux siècles après que l'Islande eut officiellement renoncé au paganisme, Snorri Sturluson écrivit tout ce qu'il savait sur les croyances de ses ancêtres, nous laissant ainsi une vision dramatique, tour à tour terrifiante ou pleine d'humour, des dieux des Vikings et de leurs convictions religieuses.

Chroniqueurs et « romanciers »

Les Islandais ont toujours été des historiens passionnés. On leur doit notamment des ouvrages tels que le *Landnamabok,* qui relate la colonisation de l'Islande, mentionnant non

△ **Une statue de Leif Ericson,** l'un des premiers explorateurs de l'Amérique du Nord, héros de nombreuses sagas, domine les collines de Reykjavik.

▷ **Une volute de vapeur** flotte au-dessus du morne paysage volcanique. Elle provient d'une des sources chaudes qui valurent à l'Islande son surnom de « Pays de glace et de feu. » Les paysages n'ont guère changé depuis l'époque des sagas.

△ **Sur un grand cadre en bois,** des poissons sèchent au soleil avant d'être conservés dans le sel. Pendant leurs longues expéditions, les Vikings dépendaient pour leur survie de *stockfisch* (morue séchée) qui reste une des spécialités islandaises.

▷ **Les voyages des Vikings** comme ceux qui découvrirent l'Islande vers l'an 860 étaient de véritables expéditions. Dans leurs drakkars accompagnés de solides bateaux de transport comme ce *knarr,* ils ouvrirent des routes commerciales sillonnant toute l'Europe orientale et occidentale, et établirent des colonies en Islande, au Groenland, et en Amérique du Nord, dès le début du XIᵉ siècle.

moins de 400 colons par leur nom, et *Heims-kringla* (« l'Orbe du monde ») de Snorri, l'histoire des rois norvégiens depuis l'époque légendaire jusqu'en 1177. Ils firent de l'existence des héros du passé des récits si captivants que des Vikings disparus il y a un millénaire vivent encore dans l'esprit du lecteur moderne.

Ces *sagas* (littéralement « récits »), jadis considérées comme des comptes rendus exacts, sont probablement tout au mieux des semi-fictions, bâties autour de personnages et d'événements historiques. Le milieu du XIIIe siècle vit l'épanouissement de la tradition des sagas, de grandes épopées en prose que l'on considère comme les premiers romans jamais écrits. Grâce aux auteurs de ces sagas, on connaît aujourd'hui la vie des Scandinaves morts depuis des siècles, avec leurs accès de violence, leur humour noir, leur passion de l'honneur, leur respect de la poésie, du savoir et de la loi, et leur indépendance farouche. Nous n'avons pas oublié des hommes comme Helgi le Mince, qui « avait foi dans le Christ, mais priait Thor lorsqu'il allait s'embarquer ou en période de danger » ; ni le sage et doux Njall Thorgeirsson, assoiffé de paix dans un monde violent, qui n'y parvint que par le sacrifice de lui-même et de sa famille.

L'Islande d'aujourd'hui demeure étroitement liée à son passé. Le pays a peu changé dans l'ensemble depuis l'époque de la colonisation,

et, grâce aux talents de ses conteurs, le paysage islandais, inviolé, vibre encore du souvenir des premiers colons. Un des sites touristiques les plus célèbres est la plaine de Thingvellir, où siégea le Parlement islandais à partir de l'an 930. C'était là qu'avaient lieu les procès, que les allégeances étaient reconnues, que les hommes étaient déclarés hors la loi, ou que se réglaient les querelles.

La précision géographique des sagas nous permet de nous faire une idée très exacte de la vie de leurs personnages. Le ravin rocheux d'Hafragil a probablement la même apparence qu'il y a un millénaire lorsque Bolli Thorleiksson y assassina son frère ennemi et rival en amour, Kjartan Olafsson. Non loin de là, sur les versants du Saelingsdalur, on peut aujourd'hui encore se tenir à l'endroit où Bolli lui-même trouva la mort en 1007. Ou visiter la petite ferme blanche d'Hoskuldsstadir et marcher dans le champ parcouru d'un petit ruisseau en nous souvenant de « la belle journée, où le soleil brilla dès l'aube », où Olafr Dala-Kollson retrouva son aimée irlandaise qui parlait à leur nouveau-né Olafr le Paon.

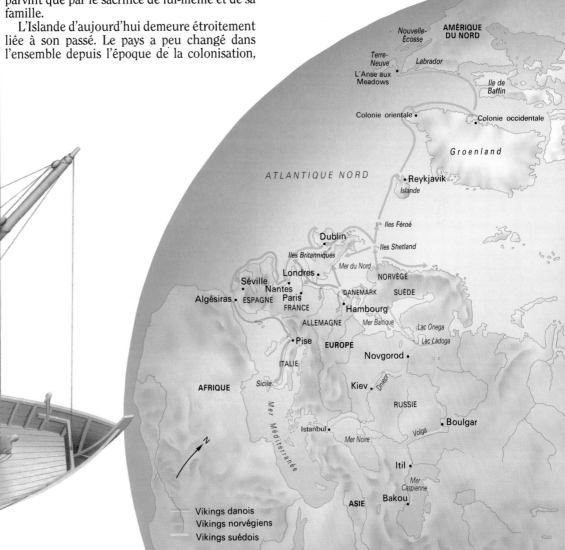

Les îles Féroé

Isolé dans l'océan Atlantique, entre l'Islande, la Norvège et l'Écosse, l'archipel Féroé compte 18 îles habitées, dont Strömö, Ostero, Vago, Sydero, Sando et Bordo, couvrant une superficie totale de 1 399 km^2. Les habitants, robustes et endurcis, font remonter ses origines aux Vikings.

Paysage et climat

Élevé et accidenté, le paysage des îles Féroé, au littoral déchiqueté, reflète les forces déchaînées qui l'ont formé. Il y a soixante millions d'années, des coulées de roche en fusion s'échappèrent des fissures de l'écorce terrestre et se déversèrent dans les fonds marins. Cette lave se solidifia en couches de roche éruptive noire (basalte) et de cendres rouges. Plus tard, des glaciers façonnèrent cette roche, creusant des vallées aux flancs escarpés et lissant le basalte noir. Lorsqu'ils se retirèrent, à la fin de l'ère glaciaire, il y a quatorze mille ans, la mer combla ses vallées et l'archipel prit ainsi sa configuration actuelle. Le paysage abrupt se compose de *fjalle* (falaises escarpées), d'innombrables petites rivières et chutes d'eau, de vastes étendues de landes et de grandes prairies verdoyantes. La végétation naturelle inclut des tourbières, des mousses et des herbes résistantes.

Le climat a aussi modelé ce paysage, d'une beauté sauvage unique, avec ses violentes rafales de vent, ses tempêtes et les vagues déferlantes. Pourtant, en dépit de la situation de l'archipel à proximité du cercle arctique, le passage du Gulf Stream réchauffe les températures qui sont étonnamment élevées, accompagnées de brouillards et de pluies fréquentes ; les ports sont relativement dégagés des glaces. A l'approche du printemps, les falaises et les rochers du large, aussi à pic que des gratte-ciel, servent de refuges à des centaines de milliers d'oiseaux marins. Au cours de l'été, aussi bref que magnifique, le soleil de minuit disparaît à peine derrière l'horizon et incendie les eaux profondes des fjords.

Les hommes

Le bélier, emblème national des îles Féroé, reflète l'origine de leur nom, dérivé de *Faer*, qui signifie « mouton ». Les Vikings qui colonisèrent l'archipel vers l'an 800 n'étaient pas les premiers à s'établir sur ces terres isolées : des moines irlandais y avaient en effet débarqué un siècle plus tôt et des moutons paissaient encore sur les pentes herbeuses de l'île.

Les premiers colons vikings étaient des réfugiés ayant fui le joug d'Harald Ier à la Belle Chevelure, brutal souverain unificateur de la Norvège. D'autres furent probablement poussés dans leur entreprise par un désir d'aventure. Les anciennes sagas ont préservé en détail l'histoire sanguinaire de l'occupation des îles Féroé. Un roi norvégien essaya de les christianiser vers l'an 1000. Deux siècles plus tard,

> **Les maisons** aux couleurs pimpantes s'alignent le long de la route côtière. Le profond fjord voisin est dominé par d'impressionnantes falaises, typiques des îles.

∧ **Un jeune Féringien** se fait un peu d'argent de poche en aidant à la préparation du poisson. La pêche est le pilier de l'économie des îles Féroé.

∧ **Fenaison** au-dessus d'un village de pêcheurs. Le fourrage servira à nourrir le bétail pendant le long hiver. Les insulaires élèvent des moutons (le symbole de l'île est d'ailleurs le bélier) pour leur viande et leur laine.

> **Déchargement** de provisions dans le port de Mikladur, sur l'île de Kalsoy. Des rafales de vent et des courants puissants fouettent les eaux des étroits bras de mer séparant les îles, rendant la navigation côtière périlleuse.

> **Les îles Féroé** se situent dans l'océan Atlantique Nord, entre l'Islande et la Grande-Bretagne. Comme le Groenland, elles appartenaient jadis à la Norvège, mais passèrent sous la domination des Danois. En 1948, ces derniers leur consentirent finalement leur autonomie. Thorshavn, sur l'île de Strömö, est le chef-lieu des îles et le siège du gouvernement local.

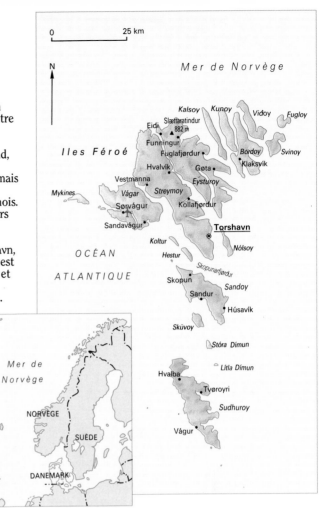

l'évêque Erlend (1268-1308) entama la construction de la cathédrale Magnus de Kirkjubour, à l'extrémité sud de l'île de Strömö. Jamais achevée, elle représente aujourd'hui un avant-poste de l'architecture gothique à l'extrême lisière de l'Europe.

L'archipel Féroé passa sous la domination du Danemark en 1380, en même temps que la Norvège. En 1709, il devenait un département à part. Le danois remplaça alors le féroïen en tant que langue officielle, mais les insulaires ne perdirent jamais conscience de leur identité culturelle en dépit des siècles de domination danoise. Leur langue, apparentée à l'islandais, conserve de nombreuses caractéristiques de l'ancien parler des Vikings ; ils en ont toujours tiré une grande fierté. En 1852, les Féringiens achevèrent la restauration de leur vieux *Lagting*, ou Parlement, mais il fallut attendre 1938 pour qu'ils acquièrent un statut équivalent aux Danois et pour que leur langue redevienne officielle. Pendant la Deuxième Guerre mondiale, le Danemark fut occupé par l'Allemagne, mais la Grande-Bretagne garda le contrôle sur les îles. Ces cinq années de séparation vis-à-vis du Danemark accrurent le désir d'autonomie des Féringiens ; celle-ci leur fut finalement consentie en 1948. Les îles Féroé, qui disposent désormais de leur propre drapeau et de leur monnaie, forment aujourd'hui un département autonome au sein du royaume du Danemark.

Les Féringiens

Ils sont aujourd'hui au nombre de 42 000, dont un tiers vivent dans la capitale, Thorshavn, qui est aussi le centre économique et culturel des îles. Tout ce qui relie la population locale au monde extérieur passe automatiquement par Thornshavn.

En dépit de leurs farouches ancêtres, les Féringiens sont des gens pacifiques, fiers de leurs traditions mais ouverts au monde moderne. La plupart d'entre eux sont de religion luthérienne et appartiennent à l'Église nationale danoise. L'élevage des moutons a depuis longtemps cédé la première place dans l'économie à la pêche et à l'industrie du poisson. Toutefois, la laine et ses dérivés apportent encore des revenus conséquents aux Féringiens, ainsi que les œufs et les plumes des oiseaux marins qui font leur nid sur les falaises presque à la verticale du littoral.

Par le biais de leur *Lagting* (Parlement), les Féringiens ont établi leur propre politique en matière de pêche, choisissant de rester en dehors de la C.E.E. et d'éviter les restrictions des quotas européens. Ce secteur représente environ 90 % des exportations des îles, d'où la nécessité de maximiser la production. Le poisson, fumé, salé, congelé, en conserve ou transformé en aliments pour bétail ou en engrais, est donc à l'origine du niveau de vie relativement élevé des Féringiens.

LA NORVÈGE

Longue bande de terre située à l'extrémité nord-ouest de l'Europe, la Norvège forme la bordure occidentale de la Scandinavie. Son littoral étendu est découpé en d'innombrables fjords aux flancs escarpés, creusés par l'action de la glace il y a des millions d'années. Ils constituent d'excellents ports naturels et ont contribué à développer la longue tradition de navigation de la Norvège. En effet, cette région a vu naître jadis une nation de navigateurs audacieux, comme en témoignent des sculptures taillées dans le roc remontant à deux mille ans avant J.-C. Au Moyen Age, des marins norvégiens, les Vikings, parcouraient déjà les mers en quête de richesses et de terres nouvelles. Plus de quatre cents ans avant que Christophe Colomb ne découvre le Nouveau Monde, en 1492, l'aventurier norvégien Leif Ericson et son équipage avaient atteint la côte nord-américaine, depuis le Groenland.

Les hommes

Les Norvégiens ont beaucoup de traits en commun avec leurs cousins scandinaves, les Suédois et les Danois. Ils sont en général grands, avec des cheveux blonds et des yeux bleus. Par contre, les Lapons forment un peuple différent. La Laponie à l'extrême nord du pays, au-delà du cercle arctique, s'étend aussi en Suède, en Finlande et dans l'ex-U.R.S.S. Elle regroupe 1,5 million d'individus mais seulement 45 000 Lapons dont 20 000 vivent en Norvège.

La Norvège est peu peuplée puisqu'elle ne compte qu'un peu plus de 4 millions d'habitants. Ils bénéficient d'un niveau de vie élevé, et leurs systèmes pédagogique et social font partie des meilleurs du monde. Près des deux tiers de la population sont urbanisés, mais la majorité des villes regroupe moins de 50 000 habitants. La plupart des Norvégiens vivent sur le littoral ou à proximité, le plus souvent en petites communautés regroupées autour d'un port *(ci-contre)* la mer assurant la subsistance d'une grande partie des habitants. La plupart des Norvégiens sont de grands amateurs de sports de plein air, en particulier de ski, qu'ils ont développé et mis au point. Ce sont des champions de ski de fond.

L'histoire

Des peuplades occupaient déjà le littoral de la Norvège avant la fin de la dernière période glaciaire, il y a dix mille ans, mais, à partir de l'an 2000 av. J.-C., une ethnie différente commença à s'y établir. Il s'agissait de tribus germaniques qui y constituent depuis lors une majorité. Au départ, ces dernières formèrent de petites communautés, dirigées par des chefs locaux. A partir de l'an 800, des pirates vikings ou normands firent régner un régime de terreur qui devait se prolonger deux cent cinquante ans, lançant des raids dans les régions

voisines, notamment dans les États baltes, les îles britanniques, et jusque dans le nord de la France et en Irlande. Pendant cette période, ils formèrent ainsi des colonies dans un grand nombre de sites, et étendirent leur domination jusqu'en Islande, au Groenland, dans les îles Féroé et même en Amérique du Nord.

En l'an 872, le premier roi norvégien, Harald Ier à la Belle Chevelure, assujettit un grand nombre de chefs locaux et imposa sa loi sur la majeure partie du pays. Il fallut pourtant attendre le début du Xe siècle, et le règne du roi Olav II, pour parvenir à une unification totale. Le roi avait forcé ses sujets à embrasser la religion chrétienne, en les menaçant de mort ; son zèle religieux fut récompensé en 1031, lorsqu'il devint le saint patron du pays. Le paganisme subsista pourtant et on trouve encore aujourd'hui un grand nombre d'églises en bois décorées de sculptures évocatrices de thèmes païens.

Le commerce s'étendit et l'Église acquit davantage de pouvoir après la fin de la période viking, mais des guerres civiles ébranlèrent le pays entre 1130 et 1380. Les marchands du nord de l'Allemagne, membres de la Hanse, en profitèrent pour dominer peu à peu la Norvège sur le plan économique. Au milieu du XIVe siècle, la peste noire anéantit la moitié de la population, affaiblissant encore le pouvoir norvégien.

En 1380, sous le règne de la reine Marguerite, fille du roi du Danemark, la Norvège et le Danemark s'unirent. Pendant quelque temps, la Suède, troisième pays scandinave, fit elle aussi partie de l'union, mais, en 1523, elle reprit son indépendance. La Norvège continua à faire partie du Danemark jusqu'en 1814, date à laquelle ce dernier la céda à la Suède. A cette époque, la Norvège avait acquis une importance économique grâce à ses chantiers navals et à ses réserves de bois considérables et, dès la fin du XIXe siècle, elle possédait une importante flotte marchande. Il fallut attendre 1905 pour qu'elle acquière son indépendance. Au cours des décennies qui précédèrent, quelque 600 000 Norvégiens émigrèrent aux États-Unis, et les relations entre ces deux pays restent étroites.

Depuis 1939

Pendant la Deuxième Guerre mondiale, la Norvège fut occupée par les forces allemandes, mais le roi Haakon VII parvint à s'enfuir et forma un gouvernement en exil, à Londres. Pendant ce temps-là, les Norvégiens menèrent une courageuse résistance contre les troupes d'occupation. Après la guerre, en dépit de pertes considérables, le pays reconstruisit sa flotte et ses industries avec l'aide des États-Unis et, dès le milieu des années 1950, il prospérait à nouveau. La découverte de gisements de pétrole et de gaz naturel dans les années 1970 renforça l'économie norvégienne déjà en plein essor.

La Norvège aujourd'hui

Le roi de Norvège est très respecté et aimé de l'ensemble de ses sujets, quoique, en tant que monarque constitutionnel, son pouvoir politique soit très limité. Il préside aux cérémonies officielles et nomme ou reçoit les démissions des membres du gouvernement. Il est aussi le chef de l'Église luthérienne à laquelle adhèrent 88 % des Norvégiens.

Le gouvernement et la politique

Le pays est dirigé par le Premier ministre – leader du parti majoritaire au Parlement – et les 17 membres du cabinet, nommés par le Premier ministre à la tête des différents ministères, mais qui ne font pas partie du Parlement.

Le Parlement norvégien (le *Storting* ou Grande Assemblée) ne compte qu'une seule Chambre de 157 membres élus au suffrage universel. Mais l'Assemblée choisit en son sein 39 députés afin de constituer une deuxième Chambre, le *Lagting*, chargée d'étudier, d'avaliser ou de rejeter les nouvelles lois une fois qu'elles ont été approuvées par les 118 autres membres composant l'*Oldesting*, ou Assemblée des indépendants. Un projet de loi qui n'est pas accepté par les deux groupes du Storting peut encore être adopté s'il est voté par les deux tiers de l'ensemble du Storting.

La Norvège compte six grands partis politiques, le principal étant le Parti travailliste, social-démocrate, parfois écarté du pouvoir par une coalition d'autres partis. Lors des élections, le vote s'effectue sur la base de la représentation proportionnelle dans les 19 comtés qui constituent la Norvège. Cela est indispensable dans un pays où la densité de population dans certaines régions du Sud peut être 80 fois supérieure aux régions du Nord.

△ **Sur un marché de Bergen.** La plupart des Norvégiens ont beaucoup de points communs avec les autres nations scandinaves, la Suède et le Danemark.

Au niveau de l'administration locale, 18 comtés sur 19 (l'exception étant la ville d'Oslo) sont régis par un gouverneur nommé par le cabinet, le reste des responsabilités locales étant à la charge des conseils municipaux ou de district.

Les forces armées norvégiennes regroupent un total d'environ 34 000 individus, y compris des hommes entre 19 et 44 ans effectuant leur service militaire obligatoire pour une période allant de 12 à 15 mois. Sans compter environ 85 000 réservistes. La Norvège dispose aussi d'infrastructures de formation pour les troupes des pays de l'OTAN, notamment dans l'Arctique.

Éducation et protection sociale

Les normes scolaires sont extrêmement élevées en Norvège. L'enseignement est gratuit et obligatoire pour les enfants entre 7 et 16 ans. Tous ont la possibilité de faire des études supérieures ou spécialisées. Le pays compte quatre universités et de nombreux collèges de formation et instituts d'enseignement technique régionaux.

Comme dans l'ensemble de la Scandinavie, le système de protection sociale norvégien est extrêmement développé. On encourage les couples à faire des enfants – la population étant officiellement considérée comme trop faible – grâce à des réductions d'impôts et des allocations. L'État assure aussi des soins médicaux et hospitaliers gratuits pour tous ; les personnes âgées, les handicapés et les défavorisés bénéficient d'une assistance importante et l'ensemble de la population active a droit à quatre semaines de congés payés par an. Ces conditions s'appliquent à tous les ressortissants norvégiens, y compris bien évidemment aux quelque 20 000 Lapons occupant l'extrême Nord du

REPÈRES

LE PAYS
Nom officiel :
Royaume de Norvège
Capitale :
Oslo
Régions :
Plateau montagneux, au sud-est, et plaines de Trondheim ; 150 000 îles environ, dont Jan Mayen et Svalbard
Superficie :
386 958 km², y compris Jan Mayen et Svalbard
Climat :
Tempéré sur le littoral occidental (Gulf Stream), plus froid à l'intérieur des terres. Les précipitations s'amenuisent d'ouest en est
Principaux fleuves :
Glama, Lagen, Otra
Alt. max. :
Galdhopiggen (2 469 m)

LE GOUVERNEMENT
Forme de gouvernement :
Monarchie constitutionnelle
Chef de l'État :
Le roi
Chef du gouvernement :
Le Premier ministre
Régions administratives :
18 comtés, plus Oslo
Territoires extérieurs :
Svalbard, Jan Mayen
Pouvoir législatif :
Parlement (Storting) : 157 membres, élus pour 4 ans ; répartis entre le Lagting (39 membres) et l'Oldelsting (118 membres)
Pouvoir judiciaire :
Cour suprême de justice, tribunaux supérieurs, tribunaux de comtés et municipaux

Forces armées :
341 000
Service militaire de 12 à 15 mois à partir de l'âge de 19 ans

LE PEUPLE
Population (1988) :
4 210 000
Langues :
Norvégien (off.), lapon
Religions : Protestants (luthériens env. 88 %)

ÉCONOMIE
Monnaie : Couronne
P.N.B. hab. (1987) :
17 110 $ US
Taux de croissance annuel (1980-1986) :
3,5 %
Balance commerciale en $ US (1988) :
Déficit de 710 millions
Importations :
Produits alimentaires,

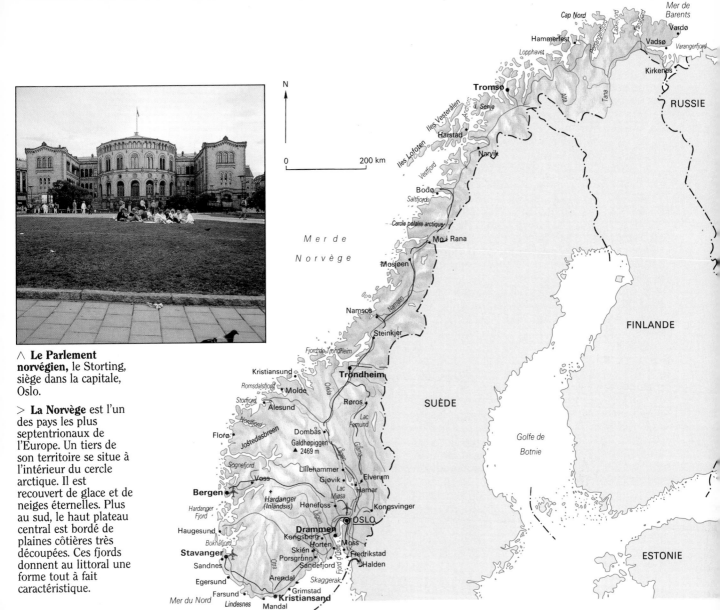

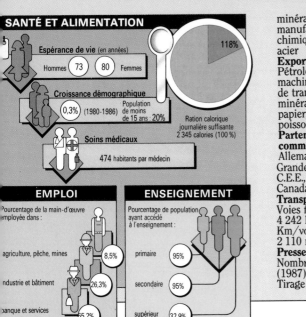

∧ **Le Parlement norvégien,** le Storting, siège dans la capitale, Oslo.

> **La Norvège** est l'un des pays les plus septentrionaux de l'Europe. Un tiers de son territoire se situe à l'intérieur du cercle arctique. Il est recouvert de glace et de neiges éternelles. Plus au sud, le haut plateau central est bordé de plaines côtières très découpées. Ces fjords donnent au littoral une forme tout à fait caractéristique.

SANTÉ ET ALIMENTATION

Espérance de vie (en années)

Hommes 73 80 Femmes

Croissance démographique

0,3% (1980-1986) Population de moins de 15 ans : 20%

118%

Ration calorique journalière suffisante 2 345 calories (100 %)

Soins médicaux

474 habitants par médecin

EMPLOI

Pourcentage de la main-d'œuvre employée dans :

agriculture, pêche, mines 8,5%

industrie et bâtiment 26,3%

banque et services 65,2%

ENSEIGNEMENT

Pourcentage de population ayant accédé à l'enseignement :

primaire 95%

secondaire 95%

supérieur 32,9%

minéraux, biens manufacturés, produits chimiques, véhicules, fer, acier
Exportations : Pétrole, gaz naturel, machinerie équipement de transports, bateaux, minéraux, métaux, bois, papier, pâte à papier, poissons
Partenaires commerciaux : Allemagne, Suède, Grande-Bretagne et C.E.E., États-Unis, Canada, Japon
Transport : Voies ferrées (1985) : 4 242 km
Km/voyageurs (1988) : 2 110 millions
Presse Nombre de quotidiens (1987) : 64
Tirage (1986) : 2 209 000

pays et aux 10 000 individus de descendance finnoise peuplant cette même zone.

L'activité physique est importante pour les Norvégiens et les infrastructures sportives sont excellentes et ouvertes à tous. Les sports d'hiver, tels que le ski, le saut à skis, le hockey sur glace et le patinage sont très populaires. En été, les Norvégiens jouent au football, font de l'athlétisme, de l'aviron, de la plaisance ou bien ils vont à la pêche. De nombreuses familles passent leur week-end dans des chalets en bois à la campagne.

La Norvège est également connue pour ses contributions artistiques comme en témoignent les pièces d'Henrik Ibsen, la musique d'Edvard Grieg, inspirée du folklore de son pays, les sculptures de Gustav Vigeland ou les toiles d'Edvard Munch. Les artistes norvégiens sont fortement inspirés par les épopées des dieux scandinaves, connues de la grande majorité de la population de langue scandinave. Les Lapons et les Finnois ont leurs propres traditions, notamment sur le plan vestimentaire et musical.

Panoramas

On trouve en Norvège quelques-uns des paysages les plus spectaculaires du monde. La beauté de cette contrée et la relative douceur de son climat sont tributaires de la dérive nord-atlantique (issue du Gulf Stream). Sans l'effet de ce courant chaud, la Norvège serait aussi désolée que le Groenland ou l'Alaska, situés à peu près à la même latitude mais très pauvres en faune comme en flore. En Norvège, des moutons paissent sur les affleurements rocheux les plus septentrionaux, y compris en hiver, et le littoral est très rarement pris par les glaces. Ce climat océanique apporte beaucoup de pluies qui transforment le pays en une gigantesque prairie verdoyante pendant le court été. Même à l'extrême nord, jusqu'aux îles Lofoten, à 240 km au nord du cercle arctique, les températures en janvier, peuvent être supérieures de 25 °C à la moyenne à cette latitude.

La Norvège comporte néanmoins de vastes régions désolées et inhospitalières, en particulier à l'intérieur des terres, au nord du cercle arctique, où l'effet adoucissant de la dérive nord-atlantique est arrêté par la barrière des montagnes côtières. Tout aussi désertes sont les îles dispersées dans l'océan Arctique comme Svalbard, Jan Mayen et la minuscule île aux Ours. Ces régions sont le plus souvent montagneuses, même si leurs roches ont été érodées lors de la dernière période glaciaire ; certaines sont d'ailleurs recouvertes de glace et de neiges éternelles, comme le glacier de Jostedal, au sud-ouest du pays, la plus grande plaine de glace d'Europe, à l'exclusion de l'Islande. Le plateau d'Hardanger, à l'extrême sud-ouest, est le plus vaste du continent européen ; il couvre en effet 11 700 km², même si sa superficie est interrompue par de nombreux lacs et de profonds ravins creusés par les glaciers. En dégringolant des flancs de ce plateau, les fleuves forment de spectaculaires cascades.

Montagnes et plaines

La principale chaîne montagneuse du nord de la Norvège est constituée par les monts Kjolen, le long de la frontière avec la Suède. Plus au sud, les monts Dovre traversent le pays d'est en ouest. Au sud, le Jotunheim (« le Domaine des géants ») inclut une série de pics et de glaciers célèbres dans la mythologie scandinave, culminant au mont Galdhopiggen, le point le plus élevé de la Scandinavie, à 2 469 m.

Les plaines les plus importantes, dans le sud-est du pays, sont habitées depuis longtemps. Si les plaines de Trondheim entourent l'ancienne capitale norvégienne, celles du Sud-Est forment aujourd'hui une couronne autour de la capitale actuelle, Oslo.

Les plaines sud-orientales regroupent les vallées moyennes et inférieures de plusieurs grands fleuves, notamment le Glama, long de 598 km. L'eau est un élément prédominant du paysage. Les fleuves offrent d'ailleurs une voie

∨ **Scène paisible** dans les plaines au sud de la Norvège.

∨ **La région vallonnée d'Oslo** convient à l'agriculture et regroupe les principales villes du pays.

> **Le soleil couchant** baigne d'une lumière rosée un fjord norvégien. Ses falaises presque verticales furent sculptées par un puissant glacier lors de la dernière période glaciaire. Ces fjords profonds sont typiques de la côte norvégienne.

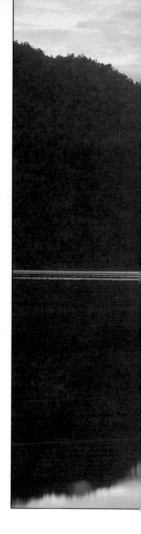

de transports facile et bon marché pour le bois, qui est acheminé par flottage des plantations ou des forêts naturelles jusqu'aux scieries et aux fabriques de papier. Dans les vallées profondes, on a aménagé les chutes d'eau afin de produire de l'énergie hydro-électrique. Plusieurs lacs étroits occupent la région, notamment le lac Mjosa.

C'est dans ces plaines méridionales et sur les pentes douces des vallées que l'on trouve l'essentiel des terres cultivées qui représentent globalement 3 % de la superficie nationale. C'est aussi la région la plus chaude du pays pendant l'été. Oslo, capitale norvégienne et principal centre industriel, se situe au cœur de cette région de plaines.

Les plaines de Trondheim sont en fait plus plates car elles regroupent l'extrémité de plusieurs larges vallées. Situées plus au nord, là où le pays se rétrécit, elles constituent l'une des rares routes naturelles norvégiennes où le chemin de fer peut traverser le pays et pénétrer en Suède. Ailleurs, le terrain accidenté empêche en effet la construction de voies ferrées. Aussi la longueur totale du réseau ferré norvégien est-elle limitée à 4 242 km, alors que le pays compte plus de 86 840 km de routes. L'État subventionne aussi un service de cabotage, le long de la côte, pour desservir les ports isolés et transporter passagers et marchandises.

1

△ **Une église en bardeaux** de bois, construite au XIIᵉ siècle, se niche au creux des versants boisés, au cœur de la Norvège.

< **La chute de Stigfoss** dévale le flanc escarpé d'une vallée située dans la région des hauts plateaux. En Norvège, montagnes, glaciers et fleuves composent une gamme de paysages magnifiques.

∨ **Les profonds fjords norvégiens** furent formés lors de la dernière période glaciaire. Avant l'ère glaciaire (1), le littoral se composait de plateaux vallonnés qui descendaient en pente douce vers la mer. Pendant la glaciation (2), l'action érosive de la glace creusa et élargit ces vallées. En se déplaçant le long de la vallée, la glace a emporté sur son passage la terre et les roches des parois. Ces débris se sont déposés au large, formant quelquefois de petites îles ou des rochers isolés. Les sommets environnants furent érodés en pointes (appelées *nunataks*). Après l'ère glaciaire (3), le niveau de la mer remonta, comblant ainsi ces vallées élargies.

Le littoral et les îles

Les côtes norvégiennes sont parmi les plus découpées du monde. Elles sont dentelées par des centaines de fjords et de péninsules, et bordées de quelque 150 000 îles et rochers isolés. Si l'on additionnait tous les pourtours de ces bras de mer et péninsules, on obtiendrait un total ahurissant de 21 550 km, soit la moitié de la circonférence de la Terre ! Certains fjords sont parmi les plus profonds du monde : ainsi, le Sognefjord, long de 184 km, atteint une profondeur de 1 220 m. Cette mer omniprésente a influencé les hommes qui sont des marins émérites depuis des siècles. Aujourd'hui la Norvège possède la quatrième flotte marchande du monde.

Les eaux littorales sont riches en poissons. Entre deux îles de l'archipel des Lofoten, se produit le célèbre maelström, un énorme tourbillon dû à des courants de marée, dont la légende a beaucoup exagéré le danger.

Autre trait géographique distinguant la Norvège des autres nations nord-européennes : sa situation septentrionale extrême. Hammerfest, 30 000 habitants, est la ville la plus au nord du continent européen. Le soleil de minuit y brille de mi-mai à fin juillet. Elle est à 100 km du cap Nord, un rocher désolé dans l'océan Arctique où se rendent chaque année de nombreux touristes durant les « nuits blanches » qui caractérisent les pays arctiques.

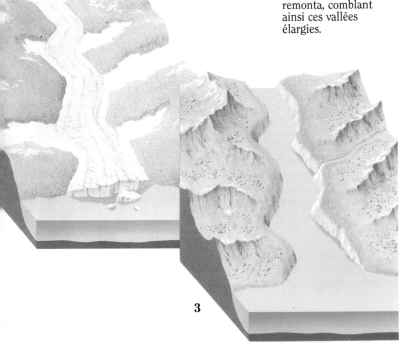

Les hommes

En raison de la nature montagneuse du relief, la plupart des Norvégiens vivent sur le littoral ou à proximité. La plupart des villes actuelles se sont développées à partir de villages de pêcheurs ; rares sont celles qui comptent plus de 50 000 habitants. Toutefois, la découverte de gisements de pétrole et de gaz naturel dans la mer du Nord a considérablement modifié les schémas de l'habitat traditionnel et de nombreuses villes des côtes occidentales et méridionales s'en sont trouvées transformées. En dépit de cela, la plupart des zones urbaines norvégiennes continuent à présenter des traits scandinaves caractéristiques : on y dénote un grand respect de la tradition associé à un mode de vie moderne, qui reflète la prospérité croissante de cette nation.

Oslo ancienne et moderne

Oslo est un modèle en la matière. La ville fut fondée par le roi Harald III (Haardraade, le Sévère) aux environs de l'an 1050. En 1299, à l'époque où la ville devint capitale, on construisit le château Akershus, une solide forteresse médiévale, trônant au sommet du fjord d'Oslo. A partir de 1624, lorsqu'un incendie détruisit la ville alors en plein essor, et jusqu'en 1925, Oslo fut appelée Christiania, en l'honneur du roi Christian IV du Danemark (qui régna aussi sur la Norvège). Depuis lors, la ville s'est considérablement étendue.

En dépit de son expansion moderne, plus des deux tiers de la région métropolitaine d'Oslo se composent encore de forêts et de lacs. Pourtant, Oslo est aussi un centre commercial d'envergure. Au cœur des ressources forestières et agricoles du sud-est de la Norvège, elle est indubitablement le pivot des activités administratives, économiques, culturelles et industrielles de la nation.

La plupart des habitants d'Oslo vivent dans des immeubles modernes et confortables. Dans cette ville de plus en plus cosmopolite, bureaux et boutiques modernes côtoient d'anciens édifices soigneusement rénovés, alors que des banlieues-dortoirs cernent les faubourgs. Oslo compte plusieurs musées remarquables. Parmi les exemples d'architecture les plus notables, citons l'Université, la plus ancienne et la plus vaste de Norvège, le Palais royal, la cathédrale luthérienne, et le *Storting* (gouvernement). Oslo est aussi le principal port maritime du pays, et regroupe d'importants chantiers navals.

Stavanger, la ville pétrolière

La ville de Stavanger, à l'extrême sud-ouest du pays, est depuis fort longtemps un port important. Fondée en 1125, date à laquelle on commença la construction de la cathédrale, elle fut jusqu'au XVIIᵉ siècle (lorsque le luthérisme remplaça le catholicisme en tant que religion officielle) le principal centre religieux de la Norvège. Quelques pittoresques maisons en

∨ **Bergen,** jadis capitale de la Norvège, est aujourd'hui la deuxième ville du pays et son principal port. Le marché se tient au nord du port, où l'on trouve aussi de nombreux entrepôts anciens en pierre.

> **Oslo,** construite autour du port et de la vieille forteresse de l'Alterhus, s'est largement développée, tout en préservant la nature, sur les collines environnantes et le long des rives de son fjord.

bois ont survécu depuis le XVIIIᵉ siècle ; la ville compte aussi plusieurs musées intéressants. Toutefois, c'est en tant que centre de la prospère industrie pétrolière que Stavanger est aujourd'hui célèbre. L'essentiel du commerce et des industries locales en plein essor est lié au pétrole. De nombreuses sociétés internationales ont établi leur siège à Stavanger dans de spacieux immeubles du centre-ville, et la vue du haut du fjord de Stavanger est désormais dominée par d'impressionnants derricks.

Bergen et Trondheim : d'anciennes capitales

Fondée en 1070, Bergen fut la plus grande ville du pays jusqu'au XIXᵉ siècle. Capitale jusqu'en 1300, elle continua à avoir un rôle prédominant au cours des deux siècles suivants en tant que comptoir de la Hanse, cette association des cités marchandes de la Baltique et de la mer du Nord. L'ancienne zone portuaire de Bryggen a été préservée depuis cette époque. La ville compte en outre trois églises médiévales, la forteresse de Bergenhus, l'ancienne mairie, et la maison du célèbre compositeur norvégien, Edvard Grieg, ainsi que le pittoresque marché aux fleurs. Toutefois, ces trésors historiques, ainsi que les musées ou l'ancien théâtre, ne peuvent suffire à déguiser les effets du boom pétrolier des années 1970 et 1980. Chantiers navals et installations de raffinage ont défiguré Bergen de même que les bureaux et les infras-

∨ **Le spendide pont** routier de Tromso relie la partie occidentale de la ville, située sur une petite île, au continent. Tromso est la principale agglomération du nord de la Norvège.

< **Le centre affairé** de Stavanger doit son importance à sa position sur le littoral sud-ouest de la Norvège, au cœur de la région pétrolière du pays, centrée dans la mer du Nord.

∧ **De pittoresques entrepôts** en bois, perchés sur des pilotis, dominent le Nidelv, à Trondheim. Ce fleuve forme une boucle presque complète autour du centre-ville. Trondheim est la troisième ville norvégienne.

tructures des services inévitablement associés à l'industrie pétrolière.

Plus au nord, la ville de Trondheim, encore plus ancienne que Bergen, fut la capitale de la Norvège au Moyen Age. Fondée en l'an 997, elle s'appela d'abord Kaupang, puis Nidaros. A partir du XVIᵉ siècle et jusqu'en 1925, elle porta officiellement le nom de Trondhjem. Sa cathédrale (Nidarosdomen) fut bâtie sur le site du tombeau du roi Olav II au cours du XIIᵉ siècle. Jusqu'en 1906, les rois de Norvège étaient sacrés dans la cathédrale. Centre administratif et commercial, moins affecté par le boom pétrolier que les villes du sud, Trondheim conserve ses richesses du passé. Stiftsgarden, gigantesque résidence royale, est le plus grand bâtiment en bois du pays ; construit en 1774, il est toujours en usage. La forteresse de Kristiansten, datant du XVIIᵉ siècle, domine un monastère médiéval bâti sur l'île de Munkholm, qui trône au milieu du fjord de Trondheim, l'un des plus profonds de Norvège.

Parmi les autres villes norvégiennes, citons Tromso, à 340 km au nord du cercle Arctique, le plus grand centre de pêche du pays et le site de l'université la plus septentrionale de la planète (établie en 1968). Son port a été le point de départ de la plupart des expéditions polaires. Le musée municipal comporte un important département de recherches sur la culture lapone.

L'économie

Au début du XXe siècle, juste avant son indépendance, la Norvège était l'un des pays les plus pauvres d'Europe. La situation commença à s'améliorer en 1906 lorsque de l'énergie hydro-électrique bon marché permit à Norsk Hydro de devenir la première compagnie nationale du monde à fabriquer des engrais au nitrate avec de l'azote atmosphérique. Cette compagnie étendit sa gamme de produits jusqu'aux années 1920, date à laquelle la Norvège importait de la bauxite qu'elle traitait elle-même pour produire l'aluminium dont elle avait besoin. Aujourd'hui l'économie norvégienne dépend encore de l'exploitation de ses ressources naturelles, parmi lesquelles le pétrole et le gaz naturel tiennent une place prépondérante. Grâce à cela, la Norvège figure aujourd'hui parmi les pays les plus riches du monde, par rapport à sa population.

Ressources minérales et industrie

La plupart des gisements de pétrole et de gaz se situent offshore, dans les eaux territoriales norvégiennes, en mer du Nord. Ouvriers et ingénieurs vivent et travaillent sur des plates-formes de forage en pleine mer pendant plusieurs semaines d'affilée. Deux des plus grandes plates-formes desservent les gisements d'Ekofisk et de Frigg. Vers le milieu des années 1980, le prix mondial du pétrole chuta à tel point que ces installations finirent par ne plus être rentables. L'industrie connut alors une crise financière temporaire, et l'économie norvégienne s'en ressentit. Les compagnies pétrolières mirent alors en place des gestions financières prudentes, réinvestissant de préférence leurs revenus dans d'autres secteurs. Les prix mondiaux connurent bientôt une nouvelle flambée. Pétrole et gaz continuent à représenter un peu plus de la moitié de la valeur totale des exportations norvégiennes.

Par ailleurs, la Norvège demeure l'un des principaux importateurs de bauxite et producteurs d'aluminium du monde. Parmi les autres minerais exploités dans le pays : le minerai et les pyrites de fer (dont on extrait du cuivre et du sulfure en petites quantités) ainsi que du plomb, du zinc, du molybdène et de l'ilménite (oxyde naturel de fer et de titane). On exploite également des mines de charbon dans le Spitzberg.

La production d'électricité bon marché a considérablement profité aux industries norvégiennes : raffinage du pétrole, traitement de l'aluminium, métallurgie, chantiers navals, pétrochimie et chimie. La Norvège produit également des vêtements, des machines électriques et électroniques et possède une industrie agro-alimentaire. Elle exporte de l'électricité chez ses voisins. En outre, la Norvège importe surtout des produits alimentaires, des matières premières qu'elle se charge de traiter, et des biens manufacturés.

∨ **L'industrie du bois** joue un rôle essentiel dans l'économie norvégienne depuis le XVIe siècle. Le bois sert à la construction et à l'ébénisterie ; le pays exporte une partie de sa production sous forme de pâte à papier et de papier.

> **Une plate-forme de forage** en cours de construction dans le port de Stavanger. La Norvège exploite une partie des vastes réserves minérales concentrées dans la mer du Nord, à l'instar des autres nations du nord de l'Europe.

Pêche et sylviculture

Une ressource économique plus traditionnelle est fournie aux Norvégiens par les abondantes réserves de poissons des eaux de la mer du Nord et de la mer de Norvège. De nos jours, la flotte de pêche norvégienne est l'une des plus vastes et des mieux équipées du monde. Depuis les années 1960, toutefois, certaines espèces de poissons ont considérablement diminué en nombre, notamment la morue, qui se reproduisait jadis aux abords des îles Lofoten, et les bancs de harengs qui longeaient le littoral occidental au printemps. La Norvège faisait par ailleurs partie des nations qui se déclarèrent en faveur d'un arrêt temporaire de l'industrie baleinière en 1987. Pour des raisons écologiques notamment, elle étendit ses eaux territoriales à 370 km vers le milieu des années 1980. A la même époque, le gouvernement encouragea l'établissement de nombreux élevages de poissons dans les innombrables lacs et ruisseaux du pays. En conséquence dès 1988, la Norvège produisait environ 75 % de la demande mondiale en saumons.

Les forêts sont aussi l'une des ressources naturelles traditionnelles de la Norvège ; elles couvrent plus de 20 % de la superficie du pays. Le bois tient une place prépondérante dans les exportations depuis le XVIe siècle. De nos jours, l'essentiel de ce bois, principalement du bouleau, du pin et du sapin, sert à la fabrication de

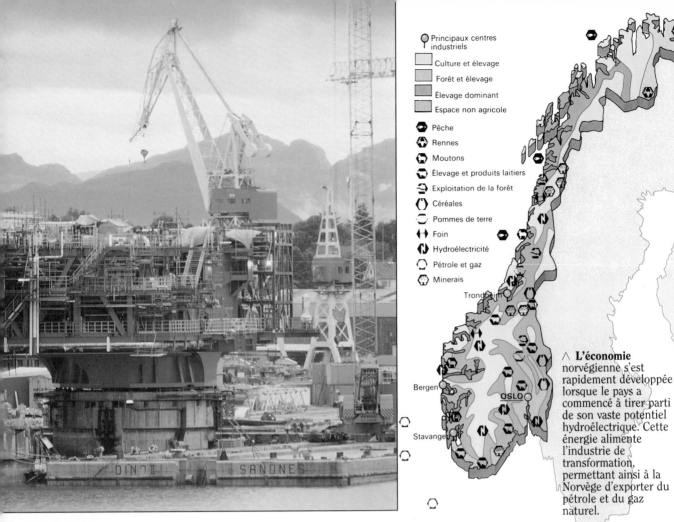

Trondheim

Bergen

OSLO

Stavanger

∧ **L'économie**
norvégienne s'est rapidement développée lorsque le pays a commencé à tirer parti de son vaste potentiel hydroélectrique. Cette énergie alimente l'industrie de transformation, permettant ainsi à la Norvège d'exporter du pétrole et du gaz naturel.

pâte à papier et de mobilier. On utilise couramment des échafaudages en bois plutôt qu'en métal sur les chantiers de construction et la charpente des maisons est faite de poutres et de solives en bois, à moins que les maisons ne soient entièrement construites en bois. De strictes réglementations gouvernementales veillent à ce que la consommation de bois ne dépasse jamais le taux de reboisement afin de protéger les forêts bien que l'effet des pluies acides (pollution apparemment causée par les fumées provenant des complexes industriels de la péninsule de Kola, en Union soviétique) rende parfois les estimations très complexes.

60 % des propriétaires de forêts commerciales sont également fermiers. En Norvège, il est difficile de gagner sa vie exclusivement en exploitant la terre, car il n'y a pas suffisamment de superficies cultivables. Dans les plaines, toutefois, on récolte des légumes, des céréales, des pommes de terre et du fourrage. La culture des fruits est surtout confinée au littoral. Pendant les années 1980, l'élevage prit de l'ampleur : une ferme sur trois est désormais consacrée à l'élevage de bovins pour le lait ou la viande. A la suite de la catastrophe nucléaire de Tchernobyl, en U.R.S.S. en 1986, la plupart des Lapons ont dû renoncer à manger de la viande de renne ou à vendre des produits dérivés de cet élevage ; ils n'ont pu compter que sur les indemnisations gouvernementales.

< **L'agriculture**
norvégienne est confinée aux étroites vallées abritées et aux plaines du littoral. La plupart des fermiers travaillent parallèlement dans le secteur de la pêche ou de la sylviculture pour faire vivre leur famille.

∧ **La Norvège** est un des principaux pays exportateurs de poissons du monde. D'immenses bateaux-usines pêchent et traitent le poisson (notamment de la morue, du haddock, du hareng et du maquereau).

LA SUÈDE

L'un des plus vastes pays d'Europe – après la C.E.I., la France et l'Espagne, la Suède est aussi l'un des moins peuplés. Plus de la moitié de la superficie du pays est couverte de forêts, et 14 % environ se situent à l'intérieur du cercle arctique.

La Suède occupe plus de la moitié de la Scandinavie ; elle comporte une longue côte, d'innombrables lacs magnifiques, comme le **lac Kallsjön** (*ci-contre*), et des milliers d'îles. Les Suédois s'expriment dans une langue assez similaire à celle de leurs cousins scandinaves, les Norvégiens et les Danois. Au Moyen Age, des navigateurs scandinaves, les Vikings, parcoururent les mers environnantes. Ceux qui provenaient des territoires aujourd'hui occupés par la Norvège et le Danemark s'aventurèrent vers l'ouest et le sud-ouest, s'établissant dans les îles Britanniques, le nord de la France, en Islande et dans l'archipel Féroé. Les Vikings suédois traversèrent la Baltique, dans la direction opposée, et atteignirent la mer Noire en remontant la Volga et le Dniepr. En l'an 900, ils fondèrent la ville de Kiev. Grands, blonds aux yeux bleus, un grand nombre de Suédois ressemblent aujourd'hui encore à leurs ancêtres aventuriers. La Suède moderne est un pays prospère, libéral et pacifique qui contraste fortement avec ce passé peuplé de guerriers et de pirates.

Le niveau de vie des Suédois figure parmi l'un des plus élevés du monde. Cela est dû en partie à la population relativement réduite, ainsi qu'à l'habileté avec laquelle le pays a su tirer parti de ses ressources naturelles : bois, minerai de fer et énergie hydro-électrique. Un système social développé assure aux Suédois une éducation gratuite, des pensions confortables et des logements subventionnés, permettant ainsi à chacun de mener une existence de sécurité et de bien-être. En contrepartie la fiscalité pèse lourd.

L'histoire

Le nom de la Suède provient du peuple syear (Suiones), connu des Romains il y a deux mille ans. Les Syears conquirent la tribu germanique des Goths, qui vivaient aux abords du lac Vänern, dans le sud de la péninsule Scandinave, et s'emparèrent des îles de Gotland et d'Öland. Au IXᵉ siècle, leurs descendants commencèrent à s'aventurer vers le sud-est au-delà de la Baltique et, au cours des siècles qui suivirent, ils remontèrent la Volga et le Dniepr. Vivant de commerce et de pillages, ces guerriers vikings naviguèrent loin vers le sud à bord de leurs barques redoutables, traversant la mer Noire jusqu'à Constantinople, capitale de l'Empire byzantin, où certains d'entre eux s'enrôlèrent au sein de la Garde varègue, l'élite des gardes du corps de l'empereur.

Dès le XIᵉ siècle, les Suédois contrôlaient l'essentiel du territoire aujourd'hui occupé par la Suède. Le christianisme, introduit deux

siècles plus tôt par saint Anschaire (ou Oscar), devint religion d'État sous le règne d'Olof Stötkonung et influença considérablement l'essor de cette société. Le clergé abolit le servage, fonda des écoles, favorisa les arts et mit en place un système judiciaire. Des missionnaires se rendirent en Finlande, bientôt suivis par des soldats : en 1249, la Finlande était incorporée à la Suède.

L'économie suédoise dépendait fortement de la Hanse, l'association de puissantes cités marchandes du nord de l'Europe. En 1388, toutefois, désireux de secouer le joug de cette ligue, un groupe de nobles choisit pour souveraine la reine Marguerite, qui régnait déjà sur la Norvège et le Danemark. Cette union des pays scandinaves, baptisée Union de Kalmar, dura plus d'un siècle.

Pourtant, les relations étaient souvent tendues entre les trois pays. En 1523, le noble suédois Gustave Vasa infligea une défaite aux Danois et retira la Suède de ladite union. Sous le nom de Gustave Ier, il centralisa le gouvernement, développa le commerce et l'industrie, modernisa l'armée et encouragea la Réforme. De nombreux historiens estiment qu'il posa les fondations de l'État suédois actuel.

L'histoire moderne

Au cours des deux siècles qui suivirent, la Suède acquit des territoires dans de nombreuses régions du nord de l'Europe, mais en 1709, à Poltava, elle subit une lourde défaite face aux troupes russes conduites par Pierre le Grand. En 1720, le Parlement suédois s'attribua une grande partie des pouvoirs du monarque. Pendant un demi-siècle, le pays connut ainsi une période de gouvernement parlementaire appelée l'« Ère de la liberté ». Au début du XIXe siècle, la Suède prit part aux combats contre Napoléon et ses alliés, récupérant ainsi la Norvège des mains des Danois mais perdant la Finlande qui passa sous le contrôle des Russes. Cela marqua la fin de tout engagement suédois dans les affaires militaires. Depuis lors, en effet, le pays a conservé sa neutralité. Une nouvelle Constitution fut établie en 1809, et Charles Bernadotte, ancien général de l'armée napoléonienne, fut élu roi en 1818. Ses descendants sont aujourd'hui encore sur le trône.

Le XIXe siècle apporta un essor économique malheureusement assorti de graves problèmes sociaux : près d'un demi-million de Suédois émigrèrent entre 1867 et 1886, en majorité vers les États-Unis. Toutefois, les industries manufacturière et forestière connurent une formidable expansion et, dès 1900, la Suède était considérée comme une importante nation industrielle. Après que la Norvège eut acquis son indépendance en 1905, la Suède commença à se préoccuper de son système social qui est aujourd'hui l'un des traits caractéristiques de ce pays.

La Suède aujourd'hui

Initialement proposé par le gouvernement social-démocrate en 1932, le système économique suédois connu sous le nom de « juste milieu » ne décourage pas l'entreprise privée mais cherche à orienter les profits vers la création d'une société fondée sur l'égalité. Après la Deuxième Guerre mondiale, cette politique entraîna de nombreuses réformes destinées « à réduire les différences sociales ». L'évolution de la situation dans les années 1980 tendit à prouver que le poids de la fiscalité était trop lourd à porter pour certains. Néanmoins, la plupart des Suédois continuent à chérir ce principe d'égalité et ne s'offusquent pas de l'ingérence gouvernementale dans de nombreux secteurs. Moyennant quoi, les impôts élevés couvrent les frais d'un système d'assistance sociale très développé, touchant au logement, à l'éducation, aux soins médicaux et à la retraite.

Le gouvernement

La Suède dispose d'un système parlementaire démocratique, chapeauté par un monarque constitutionnel. Le Parlement, le *Riksdag*, gouverne le pays, le pouvoir exécutif étant entre les mains du parti ou de la coalition majoritaire, dirigé par un Premier ministre et son cabinet. Un système de représentation proportionnelle, selon lequel le nombre de sièges détenus par chaque parti reflète le nombre de votes qu'il a obtenus, assure aux minorités une participation dans toutes les décisions.

Le souci d'égalité de la Suède se reflète dans les fonctions de l'*ombudsman* ou médiateur, institué depuis 1809, dont la tâche consiste à examiner les plaintes déposées par les citoyens contre les décisions gouvernementales, voire militaires.

En matière d'affaires étrangères, la Suède mène une politique de non-engagement depuis plus de 150 ans (même si, en 1990, elle envisageait de se rallier à la C.E.E.). Cette position traditionnellement neutre est étayée par un système de défense puissant et indépendant, basé sur une industrie d'armement moderne et un service militaire de 10 mois pour tous les hommes de plus de 18 ans (les objecteurs de conscience pouvant être assignés à des activités sociales plutôt que militaires). La neutralité de la Suède ne l'empêche pas de prendre des positions fermes dans divers domaines ; plusieurs hommes d'État suédois ont joué un rôle notable sur la scène internationale. La Suède étend traditionnellement son souci d'égalité aux individus défavorisés du reste du monde, apportant un soutien considérable aux pays du tiers monde ; elle offre également un asile à des exilés du monde entier.

L'éducation est gratuite et obligatoire de 7 à 16 ans. Le pays compte six universités, la plus ancienne, celle d'Uppsala, ayant été fondée en 1477. Les étudiants suédois font fréquemment des séjours linguistiques ou des échanges avec des jeunes du reste de l'Europe et des États-Unis, et la plupart des Suédois parlent l'anglais ou l'allemand couramment.

Environ 85 % de la population suédoise vivent en milieu urbain, où la majorité d'entre eux bénéficie d'un niveau de vie considéré comme luxueux ailleurs dans le monde. L'ensemble des familles possède au moins une voiture, et beaucoup disposent d'une maison à la campagne ou au bord de la mer pour les

REPÈRES

LE PAYS
Nom officiel :
Royaume de Suède
Capitale :
Stockholm
Régions :
Chaîne de Kölen (dans le Nord), plateau intérieur septentrional, plaine suédoise (au centre/sud). Haut plateau au sud. Iles au large du littoral
Superficie :
440 945 km²
Climat :
Étés généralement doux. Hivers doux dans le Sud, longs et froids dans le Nord
Principaux fleuves :
Torne, Lule, Vindel, Ume, Dal
Alt. max. :
Mont Kebnekaise (2 111 m)

LE GOUVERNEMENT
Forme de gouvernement :
Monarchie constitutionnelle
Chef de l'État :
Le roi
Chef du gouvernement :
Le Premier ministre
Régions administratives :
24 comtés
Pouvoir législatif :
Parlement (Riksdag), comptant 349 membres
Pouvoir judiciaire :
Cour suprême, cours d'appel, tribunaux régionaux et de district
Forces armées :
64 500
Service obligatoire entre 7-15 mois, après l'âge de 18 ans

LE PEUPLE
Population (1988) :
8 459 000
Langues :
Suédois, finnois et lapon parlés par les minorités
Religion :
Protestants (luthériens) : 95 %

L'ÉCONOMIE
Monnaie :
Couronne
P.N.B./hab. (1987) :
15 690 $ US
Taux de croissance annuel (1980-1986) :
2 %
Balance commerciale en $ US :
Déficit de 4 158 millions
Importations :
Pétrole, charbon, véhicules, produits alimentaires, bétail

week-ends. Les réseaux ferroviaire et routier sont d'excellente qualité, et les camions transportent presque autant de marchandises que les voies ferrées.

La Suède dispose aussi de remarquables infrastructures sportives : ski, hockey sur glace, patinage ou athlétisme. La popularité du tennis est évidente lorsque l'on voit les succès des joueurs suédois sur la scène internationale. Le ski de fond et la voile sont également pratiqués par beaucoup, et de nombreux festivals sont organisés le plus souvent au début de l'été. Près de 95 % de la population adhèrent à la religion luthérienne d'État, bien qu'ils ne pratiquent vraiment que dans les grandes occasions.

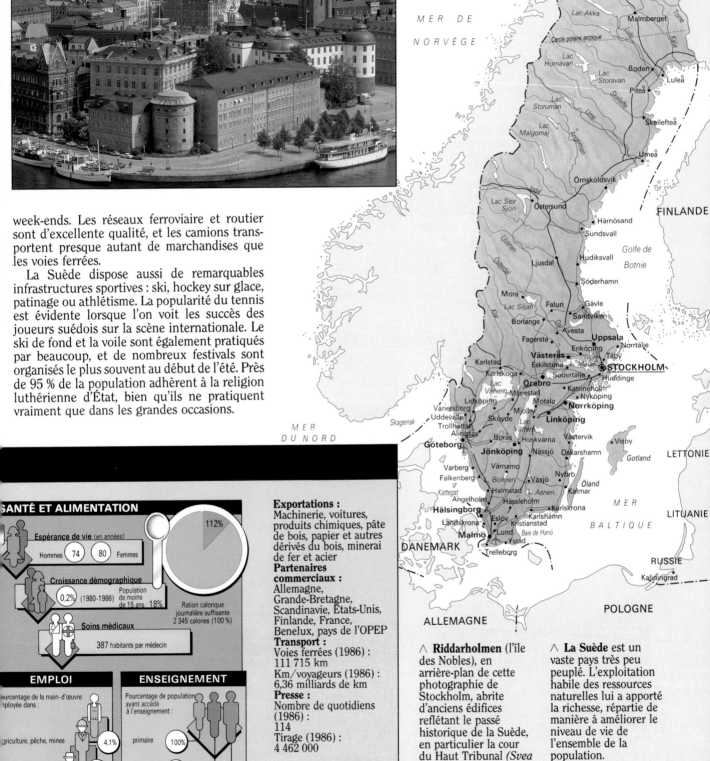

SANTÉ ET ALIMENTATION

Espérance de vie (en années)

Hommes **74** **80** Femmes

112%

Croissance démographique

0,2% (1980-1986) Population de moins de 15 ans **18%**

Ration calorique journalière suffisante 2 345 calories (100 %)

Soins médicaux

387 habitants par médecin

EMPLOI

Pourcentage de la main-d'œuvre employée dans :

griculture, pêche, mines **4,1%**

ndustrie et bâtiment **29,2%**

nque et services **66,7%**

ENSEIGNEMENT

Pourcentage de population ayant accédé à l'enseignement :

primaire **100%**

secondaire **91%**

supérieur **31,2%**

Exportations :
Machinerie, voitures, produits chimiques, pâte de bois, papier et autres dérivés du bois, minerai de fer et acier
Partenaires commerciaux :
Allemagne, Grande-Bretagne, Scandinavie, États-Unis, Finlande, France, Benelux, pays de l'OPEP
Transport :
Voies ferrées (1986) : 111 715 km
Km/voyageurs (1986) : 6,36 milliards de km
Presse :
Nombre de quotidiens (1986) : 114
Tirage (1986) : 4 462 000

△ **Riddarholmen** (l'île des Nobles), en arrière-plan de cette photographie de Stockholm, abrite d'anciens édifices reflétant le passé historique de la Suède, en particulier la cour du Haut Tribunal (*Svea Hovrätt*).

△ **La Suède** est un vaste pays très peu peuplé. L'exploitation habile des ressources naturelles lui a apporté la richesse, répartie de manière à améliorer le niveau de vie de l'ensemble de la population.

Panoramas

Paradis des amoureux de la nature, la Suède est réputée pour la beauté spectaculaire de ses lacs étincelants, de ses montagnes enneigées, de ses torrents impétueux et des îles rocheuses bordant son littoral. Les Suédois apprécient beaucoup les activités de plein air et profitent pleinement de ces trésors naturels en campant dans les îles ou au bord des lacs, ou en pratiquant le ski de fond en hiver.

La Suède septentrionale et centrale

La dernière période glaciaire a modelé les paysages magnifiques de la Suède, que certains géographes divisent en quatre régions. Dans le Nord-Ouest, le long de la frontière avec la Norvège, une zone montagneuse est formée par des roches anciennes érodées par l'action de la glace. Ici, les monts Kölen atteignent une altitude de 2 000 m environ ; ils sont couverts de neige et de glace presque toute l'année. Cette zone inclut de nombreux glaciers et le vaste champ de glace de Sulitelma. L'essentiel de cette région se situe au-dessus du cercle arctique, où le froid intense empêche les arbres de pousser au-dessus de 500 m. La chaîne occupe la partie occidentale du plus grand district de la Suède, la Laponie, domaine des Lapons ou Samis (voir p. 59). Les Lapons sont traditionnellement des nomades, élevant des rennes domestiqués ; en 1990, pourtant, ils n'étaient plus que 2 700 à vivre de l'élevage des rennes en Laponie suédoise, sur un total de 17 000. La majorité d'entre eux vit désormais de la pêche et de l'agriculture, ou travaille en milieu urbain.

À l'est et au sud de ces Alpes scandinaves, s'étend un vaste plateau intérieur qui descend en pente douce vers le golfe de Botnie. La partie nord de cette région, à l'intérieur du cercle arctique, se compose principalement de landes élevées et de toundra sans arbres, un paysage qui semblerait monotone s'il n'avait quelque chose de magique. Cette zone est très peu peuplée, mais attire de nombreux touristes. On y trouve des ours, des lynx et des gloutons, notamment dans le parc national de Muddus. Plus au sud, d'immenses forêts de sapins et de pins couvrent le plateau, parcouru d'innombrables fleuves au débit rapide, qui font tourner des centrales hydro-électriques. L'industrie sidérurgique est également présente sur de nombreux sites.

En continuant vers le sud, dans le district de Dalarna, les forêts de conifères cèdent le pas à des bois de feuillus, aux abords du lac Siljan. C'est dans cette région qu'ont lieu certaines cérémonies estivales particulièrement pittoresques, qui lui ont valu le surnom de « District du folklore ». Sur l'île de Sollerön, sur le lac Siljan, on construit encore avec des bois locaux les fameux « bateaux-églises », des embarcations à rames qui transportent les villageois dans les églises du bord du lac. Ces embarcations présentent un grand intérêt pour les archéologues, car elles ressemblent beaucoup aux vaisseaux que les Vikings utilisaient au Moyen Age.

La Suède méridionale

L'essentiel de la population du pays se regroupe dans la plaine suédoise qui occupe le tiers méridional du pays. Cette région inclut les plus grandes villes suédoises : Stockholm, Göteborg et Malmö et regroupe la majorité des terres fertiles. Les forêts sont si étendues que 7 % seulement de la superficie totale du pays est cultivable ; pourtant 40 % de la plaine suédoise est occupée par des exploitations agricoles.

Cette région contient de nombreux lacs, vestiges de la période glacière, notamment le lac Vättern, le plus vaste d'Europe occidentale. Le lac Mälaren était une baie ouverte sur la mer jusqu'au XIIIe siècle, mais elle fut progressivement fermée par une langue de terre qui continue à s'élargir par l'accumulation de débris glaciaires. Le canal du Göta, l'une des merveilles d'ingénierie du monde au début du XIXe siècle, relie Göteborg, à l'ouest, à Stockholm, à l'est, en passant par plusieurs lacs. L'expédition en bateau de trois jours entre les deux villes fait partie des grands attraits touristiques du pays.

Le plateau du Götaland, également connu sous le nom de haut plateau suédois méridional, se situe à l'intérieur des terres, à l'extrémité

< **La côte rocheuse de Gotland** bordée de piliers de calcaire isolés (*raukars*) rappelle le passé historique de la région, lorsqu'elle était le bastion des Vikings. Gotland est la plus grande des innombrables îles suédoises.

Plus de 400 m

200-400 m

Moins de 200 m

> **Bohuslän,** la province la plus occidentale de la Suède, s'étend de Göteborg jusqu'à la frontière norvégienne. Depuis des milliers d'années, son littoral de roches granitiques est érodé par la mer et le vent.

< **Le lac Siljan** occupe le cœur de la province de Dalarna, bastion des traditions et gardienne du folklore. Les hauts plateaux boisés et les vallées verdoyantes de cette région attirent l'été un grand nombre de touristes.

∨ **Des forêts de bouleaux** offrent un cadre magnifique à cette maison de campagne proche d'Uppsala. Près de 20 % des familles suédoises en possèdent une en forêt ou au bord d'un lac.

méridionale du pays. Peu peuplé du fait de la pauvreté du sol notamment, il est parsemé de nombreux marécages et étangs, et de vastes forêts.

Climat et faune

Le climat de la Suède varie considérablement entre le Nord, arctique, et le Sud, tempéré. Des étés chauds et des hivers relativement doux caractérisent le Sud où dominent des vents provenant de l'océan Atlantique. Plus au nord, les étés sont encore agréables mais les hivers deviennent rigoureux. A l'extrême nord, les vents d'est font parfois baisser les températures brutalement pendant la journée, et la neige recouvre le sol pendant six mois de l'année. Au-delà du cercle arctique, c'est la région du soleil de minuit où, en été, cet astre brille pendant des semaines d'affilée, tandis qu'en hiver, bien sûr, il demeure en dessous de l'horizon pendant une période équivalente.

Une faune abondante, notamment des élans, des lynx, des cerfs et des renards, favorise depuis toujours la chasse, tandis qu'une foison de saumons, truites et brochets offrent aux pêcheurs à la ligne l'occasion d'exercer leurs talents. On y trouve de nombreux oiseaux de proie, ainsi que des chouettes, des lagopèdes, des bécasses et des tétras. En revanche, les reptiles sont relativement rares, l'unique espèce venimeuse étant la vipère.

Terres du Nord (plateau)

Golfe de Botnie

Régions basses

Gotland

ateaux Sud

Öland

MER BALTIQUE

< **La Suède** possède un long littoral bordé d'une pléthore d'îles. La toundra sans arbres et des forêts denses dominent les glaciales régions septentrionales, domaine des Lapons. La plupart des Suédois vivent dans le Sud au climat plus clément.

∧ **Les plaines fertiles** caractérisent le sud du pays. Cette région, constellée de lacs, regroupe aussi les principales villes du pays ainsi que l'essentiel de sa population.

Le combat pour la paix

Pendant une longue période de son histoire, la Suède a été une nation guerrière. A partir du début du IXe siècle, les Vikings lancèrent des raids sur les colonies de la Baltique et le long des fleuves de l'Europe orientale. Pendant la guerre de Trente Ans (1618-1648), le roi suédois Gustave II Adolphe remporta de nombreuses victoires au bénéfice de la Suède dont il étendit le pouvoir sur une grande partie de l'Europe. Au XVIIIe siècle, la Suède mena plusieurs combats acharnés contre la Russie malgré la sévère défaite de Poltava en 1709. Au XIXe siècle, toutefois, après la fin des guerres napoléoniennes, le pays cessa de jouer un rôle actif dans les affaires militaires et conserva sa neutralité au cours des deux guerres mondiales.

Combattants de la paix

Au cours de notre siècle, la Suède s'est ardemment battue pour la paix entre les nations, soutenant fortement les organisations internationales, comme la Société des Nations, devenue par la suite l'Organisation des Nations unies (O.N.U.). En 1925, elle mena une politique de désarmement unilatéral.

Pendant la Deuxième Guerre mondiale, la position de neutralité de la Suède lui valut de sérieuses critiques, en particulier lorsqu'elle autorisa les troupes nazies à passer sur son territoire. Toutefois, un grand nombre de gens pensent que la neutralité suédoise donna davantage de force à une volonté humanitaire pesant plus lourd que n'importe quelle contribution militaire. Le comte Folke Bernadotte (1895-1948), chef de la Croix-Rouge suédoise, était prêt à négocier avec le régime nazi afin d'obtenir la libération des milliers de Scandinaves et autres prisonniers des camps de concentration. En 1944, Raoul Wallenberg (1912-?) se rendit à Budapest où il distribua courageusement des passeports suédois aux juifs destinés aux camps de la mort.

On estime que Raoul Wallenberg sauva probablement ainsi la vie de quelque 100 000 juifs voués à une mort certaine. Après la guerre, il fut lui-même capturé et emprisonné par les autorités soviétiques qui le qualifièrent d'espion.

Depuis la Deuxième Guerre mondiale, la Suède a ainsi produit un certain nombre de courageux combattants pour la paix, dont plusieurs moururent au nom de leur cause. Citons notamment Dag Hammarskjöld (1905-1961), fondateur de la force de maintien de la paix de l'ONU, qui périt dans un accident d'avion en Afrique centrale, et Olof Palme (1922-1986) dont l'assassinat choqua le monde entier. Parmi les femmes qui menèrent une lutte tout aussi vaillante, notons Alva Myrdal, fondatrice de l'Institut international de recherche sur la paix (SIPRI) et lauréate du prix Nobel de la paix en 1982.

Le prix Nobel

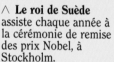

∧ **Le roi de Suède** assiste chaque année à la cérémonie de remise des prix Nobel, à Stockholm.

∧ **Une médaille d'Alfred Nobel** (1833-1896), fondateur du fameux prix Nobel de la paix.

∧> **Albert Schweitzer** (1875-1965), lauréat du prix Nobel de la paix en 1952, abandonna une brillante carrière de philosophe et de musicien pour ouvrir un hôpital en Afrique.

> **Dag Hammarskjöld** (1905-1961), homme politique suédois, reçut le prix Nobel à titre posthume.

> **Les « casques bleus »** de l'O.N.U., soldats chargés du maintien de la paix, ont contribué à empêcher l'explosion de graves conflits dans différentes parties du monde.

Le prix Nobel de la paix

omas Woodrow Wilson
rix Nobel de la paix, 1919)

lly Brandt (Prix Nobel de
paix, 1971)

re Teresa (Prix Nobel de la
x, 1979)

khaïl Gorbatchev (Prix
bel de la paix, 1990)

1901 Henri Dunant (Suisse) ; fondateur de la Croix-Rouge.
1906 Theodore Roosevelt (États-Unis) ; négocia la paix entre l'URSS et le Japon.
1913 Henri Lafontaine (Belgique) ; président du Bureau international de la paix.
1919 Woodrow Wilson (États-Unis) ; œuvra pour la Société des Nations et un juste règlement du premier conflit mondial.
1922 Fridtjof Nansen (Norvège) ; organisa les secours dans les régions d'URSS touchées par la famine.
1926 Aristide Briand (France) ; contribua à l'élaboration du pacte de paix de Locarno.
1931 Jane Addams (USA) ; œuvra à la fondation de la Ligue des femmes pour la paix et la liberté.
1935 Carl von Ossietzky (Allemagne) ; travailla en faveur du désarmement mondial.
1938 Bureau international pour les réfugiés ; organisa les secours en leur faveur.
1944 Croix-Rouge internationale ; se chargea d'organiser les secours pendant la Deuxième Guerre mondiale.
1952 Albert Schweitzer (France) ; pour son œuvre humanitaire en Afrique.
1953 George C. Marshall (États-Unis) ; promut la paix par le biais de son plan de reconstruction européenne.
1957 Lester B. Pearson (Canada) ; organisa la force des Nations unies en Égypte.
1960 Albert John Luthuli (Afrique du Sud) ; fit campagne contre l'apartheid.
1961 Dag Hammarskjöld (Suède) ; lutta pour la paix au Congo.
1964 Martin Luther King (États-Unis) ; mena la lutte en faveur de l'intégration des Noirs.
1965 UNICEF (Fonds des Nations unies pour l'enfance).
1971 Willy Brandt (Allemagne) ; œuvra à l'amélioration des relations entre les nations communistes et non communistes.
1975 Andreï D. Sakharov (URSS) ; promut la paix et s'opposa à la violence.
1977 Amnesty International ; pour son aide aux prisonniers politiques.
1979 Mère Teresa (nationalité indienne) ; pour son dévouement envers les pauvres.
1982 Alva R. Myrdal (Suède) ; contribua aux négociations des Nations unies en faveur du désarmement.
1983 Lech Walesa (Pologne) ; lutta pour défendre pacifiquement les droits des ouvriers.
1986 Elie Wiesel (États-Unis) ; aida les victimes de l'oppression et de la ségrégation raciale.
1990 Mikhaïl Gorbatchev (U.R.S.S.) ; apaisa les tensions entre l'Est et l'Ouest.

Le prix Nobel de la paix

Chaque année depuis 1901, le célèbre prix Nobel de la paix est décerné à ceux qui ont le plus contribué à la paix mondiale. Les candidats sont choisis par un comité international basé en Suède, pays d'origine d'Alfred Nobel, fondateur du prix.

D'autres prix Nobel récompensent les plus grands physiciens, chimistes, physiologistes ou médecins, les meilleurs écrivains et, depuis 1969, les meilleurs économistes. Ces honneurs ont un prestige international considérable, mais c'est probablement le prix Nobel de la paix qui est le plus prisé. En 1901, Henri Dunant, fondateur de la Croix-Rouge, en fut le premier bénéficiaire. En 1990, le prix fut attribué au dirigeant soviétique Mikhaïl Gorbatchev pour les efforts qu'il déploya en vue d'apaiser les conflits et les tensions entre les puissances occidentales et l'U.R.S.S.

Le prix Nobel de la paix procède toutefois d'un fascinant paradoxe. Son créateur, l'inventeur et puissant homme d'affaires suédois Alfred Nobel (1833-1896), n'était pas seulement un philanthrope célèbre mais aussi l'inventeur de la dynamite et d'autres explosifs chimiques. On le considère d'ailleurs en général comme le père de la florissante industrie d'armement suédoise. La Suède est du reste l'un des principaux pays exportateurs d'armes du monde, cela en partie grâce à l'héritage industriel de Nobel lui-même. Dans le contexte de l'histoire européenne moderne, cela paraît relativement logique. Ce qui n'empêche pas la Suède d'être reconnue universellement comme un promoteur de la paix et du désarmement à l'échelle internationale, comme un asile pour les réfugiés et comme un généreux donateur en faveur des pays du tiers monde.

Les réformes sociales suédoises, introduites dans les années 1930, reflètent le souci national pour la justice et l'égalité qui s'est étendu depuis lors dans de nombreux secteurs, notamment celui des droits de la femme (le Parlement suédois compte proportionnellement davantage de femmes que celui de n'importe quelle autre nation occidentale) et de l'écologie. La préoccupation traditionnelle de la Suède pour les défavorisés s'est depuis longtemps portée sur la scène internationale, où ce pays joue un rôle essentiel en la matière. La Suède figure pourtant parmi les principales puissances économiques, encourageant la libre entreprise et une vigoureuse concurrence industrielle sur les marchés internationaux. Aussi le désir des Suédois de lutter pour la paix s'associe-t-il à une politique commerciale et industrielle agressive liée à une économie de libre entreprise saine. Cela est beaucoup moins contradictoire qu'il n'y paraît. La plupart des Suédois soutiennent, avec raison, qu'une volonté de paix, aussi forte soit-elle, serait inefficace sans l'appui d'une structure économique, voire militaire, solide.

Stockholm

Stockholm, capitale de la Suède, a été surnommée « la Cité entre les ponts ». Elle occupe en effet une série d'îles et de péninsules reliant le lac Mälaren et la mer Baltique. A l'est, quelque 25 000 îles favorisent l'histoire d'amour des Suédois avec la mer. Presque toutes les familles de la capitale sont propriétaires d'un petit bateau ou rêvent d'en posséder un. On estime qu'à Stockholm un foyer sur cinq possède un yacht.

D'innombrables ponts, anciens ou récents, connectent les 14 îles sur lesquelles la ville est bâtie, ce qui en fait de loin la plus grande zone urbaine de ce pays si peu peuplé. La ville actuelle se situe en partie sur le lac Mälaren et en partie sur le Saltsjön, et s'étend vers les îles et la mer Baltique. Les collines boisées et les points de vue sur la mer qui constituent la toile de fond de Stockholm, encore rehaussée par la présence de splendides édifices anciens et d'une architecture moderne élégante, en font l'une des capitales les plus attirantes du monde.

La vieille ville

Au cœur de Stockholm s'étend la vieille ville *(Gamla Stan)*, répartie entre les îles de Staden, d'Helgeandsholmen et de Riddarholmen. Sa configuration médiévale est encore partiellement visible, entre ses rues étroites, ses bâtiments anciens, ses arches, ses cours et ses petites places. En 1252, le régent, Birger Jarl, fortifia une île afin de la protéger des attaques maritimes. A peu près à la même époque, Stockholm se vit octroyer une charte lui donnant le statut de ville et lui garantissant la protection royale et l'exemption d'impôts pour ses citoyens marchands hanséatiques. Les liens de la ville avec l'Allemagne sont manifestes aujourd'hui encore dans les noms de certains édifices et rues de Gamla Stan, notamment le *Tyska Kyrka* (église allemande). A l'ouest de ce bâtiment, se trouve l'ancestrale *Riksbank* (bâtie en 1670), probablement la plus ancienne banque du monde.

Le centre de la vieille ville, situé sur l'île de Staden, regroupe le Palais royal, construit au début du XVIIIᵉ siècle, la cathédrale de Stockholm, la *Storkyrka* (Grande Église), consacrée en 1306 et reconstruite dans le style baroque entre 1736 et 1743, ainsi que le Parlement (*Riksdaghuset*) et l'église Riddarholm où les rois suédois sont venus prier et sont enterrés depuis le XVIᵉ siècle, lorsque Stockholm devint la capitale du pays.

Une ville en plein essor

A mesure que l'influence de la Suède s'est étendue à travers le monde, au cours du XVIIᵉ siècle, Stockholm prit elle-même de l'ampleur. En 1635, Norrmalm, un village au nord de la vieille ville comprenant deux monastères, fut incorporé à la ville. C'est aujourd'hui le quartier des affaires de Stockholm ; ses rues affairées sont bordées de bureaux et de magasins. Une large part de ces quartiers fut modernisée dans les années 1950 et 1960, et l'aménagement des zones piétonnières fut une innovation largement copiée depuis. Dans cette partie de la ville, se trouvent les plus grands magasins, *Nordiska Kompaniet* et *PUB*, ainsi que la gare centrale, la poste principale, l'Opéra, la grande salle de concerts et le Musée national. L'église *Klara Kyrka*, proche de la gare, date du XVIᵉ siècle ; sa flèche imposante domine un joli cimetière où sont enterrés plusieurs grands poètes suédois.

A l'est de Norrmalm, dans le quartier d'Östermalm, se trouve la Bibliothèque royale située dans le plus grand parc de Stockholm, le Humlegarden. La mairie (*Stadshuset*), avec sa tour de 106 m de haut, domine les rives du lac Mälaren et le Riddarholmen.

L'expansion de Stockholm se poursuivit à la fin du XVIIᵉ siècle pour couvrir la grande île de Södermalm, à laquelle on accède grâce à un double pont depuis la vieille ville. Cette île est surtout une zone résidentielle mais s'y trouvent aussi plusieurs églises remarquables, et les ports de Stadgarden et de Hammarby. Les premières industries firent leur apparition à Stockholm au cours du XVIIIᵉ siècle, mais l'horizon urbain n'est pas gâché par la présence d'usines, de fonderies ou d'aciéries, comme c'est le cas dans les autres villes suédoises.

∧ **Sergelstortet**, avec son imposant obélisque et de nombreuses fontaines, marque le centre de la ville moderne de Stockholm. Son architecture constraste fortement avec les édifices des vieux quartiers.

> **Depuis l'anse de Nybrovik,** on peut admirer Strandvägen, l'une des plus jolies rues de Stockholm. Les nombreux bras de mer permettent à ses habitants de s'adonner facilement à leur passion de la voile.

< **Gamla Stan,** le vieux quartier historique de Stockholm, se situe au cœur de la ville moderne. Ses ruelles étroites et son architecture pittoresque reflètent fidèlement les origines de Stockholm, ville marchande du Moyen Age.

∨ **La « ville flottante »** de Stockholm s'étend sur plusieurs îles et associe architecture ancienne et moderne. Parmi les sites à visiter : le Palais royal, la cathédrale (*Storkyrka*), la maison des Chevaliers (*Riddarhuset*) et l'église de Riddarholm. De l'autre côté de l'eau, la mairie (*Stadshuset*), avec sa tour carrée, est un repère facile pour les promeneurs. Quant au Musée national, sur la péninsule de Blasieholmen, il contient l'une des plus belles collections d'art du pays.

Entre Södermalm et Östermalm se situe la grande île de Djurgarden, où se trouvent un parc gigantesque ainsi qu'un musée en plein air. En plus du zoo et de nombreux restaurants, on y découvrira un parc d'attractions et, le long du quai, le navire de guerre, *Wasa,* qui coula à proximité, au moment de son lancement, en 1628. Repêché en 1961, il a été magnifiquement restauré, et nous offre aujourd'hui une vibrante image de la vie navale il y a plus de trois cents ans. Toujours sur la même île, on trouve le Musée nordique et l'Armurerie royale, ainsi que plusieurs musées et galeries. Le musée en plein air du Skansen fut le premier musée consacré à la vie rurale des siècles précédents d'un pays.

Stockholm aujourd'hui

L'essor de Stockholm s'est poursuivi dans les années 1950 et 1960, lorsqu'un efficace système de transport souterrain fut construit. Le métro relie le centre de Stockholm aux banlieues agrémentées de jardins et aux quartiers d'affaires. Aujourd'hui, la ville donne une impression d'espace, d'ouverture, de modernité, en dépit du fait qu'elle assure plus de 20 % de la production totale du pays et abrite plus de 20 000 sociétés. Des arbres, des voies d'eau et des affleurements rocheux s'allient pour offrir un environnement naturel agréable à cette ville moderne florissante et confortable.

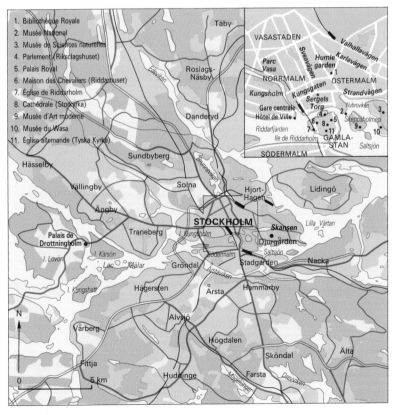

1. Bibliothèque Royale
2. Musée National
3. Musée de Sciences naturelles
4. Parlement (Riksdagshuset)
5. Palais Royal
6. Maison des Chevaliers (Riddarhuset)
7. Église de Riddarholm
8. Cathédrale (Storkyrka)
9. Musée d'Art moderne
10. Musée du Wasa
11. Église allemande (Tyska Kyrka)

L'économie

Basée sur de vastes ressources naturelles la prospère économie suédoise associe l'entreprise privée à un strict contrôle gouvernemental, en un système qualifié de « juste milieu ». Plus de 80 % de l'industrie reste privée, mais l'État oriente son développement. Des pays dotés de structures économiques très distinctes ont admiré le système suédois. Les dirigeants soviétiques ont analysé en profondeur les relations particulières liant le gouvernement, la population active et les milieux d'affaires suédois, tandis que les économistes américains ont vanté « la réussite de la Suède qui a su maintenir sa compétitivité sur la scène internationale tout en maintenant un niveau de vie élevé pour ses citoyens ».

En matière de ressources naturelles, la Suède a beaucoup de chance. L'énergie hydro-électrique fournie par ses innombrables barrages, lui permet de bénéficier d'une source d'énergie bon marché. De nombreuses centrales hydro-électriques sont enfouies sous terre, ce qui leur permet d'opérer toute l'année.

Le minerai de fer figure au deuxième rang des ressources naturelles suédoises. De riches gisements de minerai à forte teneur, principalement situés dans le nord et le centre du pays, ont permis à la Suède de développer son industrie métallurgique depuis de nombreuses années. Ces produits et leurs dérivés jouent aujourd'hui encore un rôle clé dans l'économie suédoise : ils comprennent des biens de consommation courante en acier inoxydable, des outils de précision, des roulements à billes. Dans le secteur de l'ingénierie, l'acier sert notamment à la fabrication d'avions et d'automobiles (les voitures Volvo et Saab sont réputées dans le monde entier), sans oublier le domaine de la défense. Ces ressources locales contribuent aussi à la production de véhicules et d'équipement agricole, ainsi qu'à l'industrie navale ; la flotte marchande suédoise est l'une des plus importantes et des plus modernes du monde. Les grands centres industriels se situent à Stockholm, Linköping, Göteborg et Malmö. Le fer et l'acier représentent l'essentiel de la production industrielle du pays, et 40 % de la valeur de ses exportations.

Les secteurs de transformation qui se sont développés sur la base de l'industrie suédoise traditionnelle, sans y être directement associés, incluent l'équipement électronique et les télé-communications, les plastiques, les engrais et les explosifs. Par ailleurs, on extrait également de l'or, de l'argent, du cuivre et du plomb du sous-sol suédois.

Sylviculture, agriculture et pêche

Les forêts couvrent encore plus de la moitié de la superficie du pays, et 20 % des exportations nationales se composent de bois ou dérivés – pâte à papier ou papier. Le gouvernement contrôle l'abattage et l'exploitation des forêts

△ **L'ancienne ville minière** de Kiruna se flatte d'avoir une mairie moderne, conforme à son nouveau rôle de bastion de la recherche scientifique.

▷ **Les chutes de Rista** dégringolent dans l'Aralv, au cœur de la Suède. Tout en offrant un formidable défi aux sportifs, les innombrables fleuves suédois sont aménagés de manière à fournir de l'électricité couvrant une grande partie des besoins énergétiques du pays.

Culture et élevage
Forêt
Élevage
Espace non agricole
Centre industriel
Pêche
Rennes
Moutons
Élevage/lait
Exploitation forestière
Céréales
Pommes de terre
Foin
Minerai de fer
Hydroélectricité

Kiruna

STOCKHOLM
Västerås
Karlstad
Linköping
Göteborg
Malmö

◁ **La Suède** exploite ses forêts, l'énergie des chutes d'eau et ses ressources minérales. Les fermes prospèrent aux alentours des lacs du centre du pays et dans le Sud où le climat est plus clément.

de façon à en garantir le reboisement. L'essentiel du bois commercial provient des forêts de conifères du Nord. Les forêts de feuillus du Sud sont en grande partie protégées et servent aux loisirs des Suédois. Les pluies acides se sont multipliées au cours des années 1970, et pourraient avoir un impact important sur l'économie. La Suède produit approximativement un quatorzième de la pulpe de bois mondiale ; elle exporte également du bois pour la fabrication d'allumettes (inventées dans ce pays). Le bois suédois est aussi utilisé pour fabriquer du mobilier, des éléments de construction en préfabriqué et du contre-plaqué.

L'agriculture se concentre dans le sud du pays. La plupart des fermiers élèvent des vaches et, dans les îles, des moutons. Le lait, le bœuf et le porc figurent parmi les principales productions. Dans le Nord, on trouve encore quelques troupeaux de rennes gardés par des Lapons, mais la production de viande de renne fut officiellement restreinte, pour ne pas dire bannie, lorsque l'on s'aperçut que les troupeaux avaient été contaminés par les retombées de la catastrophe nucléaire de Tchernobyl, en 1986.

Parmi les produits récoltés dans le sud du pays, citons l'orge, le blé, l'avoine, la betterave à sucre et la pomme de terre. Des coopératives nationales organisent la collecte, le traitement et la commercialisation de la plupart de ces

denrées agricoles. Le poisson joue en outre un rôle prépondérant dans l'alimentation et l'économie nationales. Les principaux ports de pêche se situent sur le littoral méridional de la Baltique et sur l'île de Gotland.

Le secteur tertiaire – éducation, banque, soins médicaux et commerce – représente près des deux tiers de l'activité économique du pays. Les deux tiers de la population active travaillent dans ce secteur qui inclut aussi l'administration. Depuis les années 1970, le tourisme se développe rapidement et occupe une place importante dans l'économie, mais la Suède reste un pays coûteux pour ses visiteurs.

En dépit des ressources naturelles de la Suède, le commerce extérieur est en déficit, les importations dépassant la valeur des exportations. Ce fossé est comblé par les revenus provenant de sa vaste flotte marchande, et autres gains qualifiés d'« invisibles ».

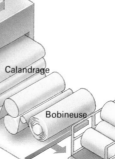

△ **Des filets de pêche,** étendus pour sécher dans un village de l'île de Gotland, reflètent le lien traditionnel de la Suède avec la mer. Ce pays possède aussi une importante flotte marchande.

△ **Des billes de bois** flottent sur le Klaralv, à destination de l'ancienne ville de Karlstad, grande ville de scieries, et capitale de la province de Värmland, au centre de la Suède.

< **La production de papier** est l'une des industries clés de la Suède. Ce dessin montre la façon dont des rondins précoupés sont réduits en pâte, qui est lavée puis épurée et raffinée. Dans la machine à papier, la pâte est égouttée puis pressée entre des rouleaux et séchée. Le calandrage permet de lisser ou de glacer le papier avant de le mettre en bobine avant l'expédition.

Rondins

Écorceur

Coupeuse

Épurateur

Lessiveur

Raffineur

Pulpe

Caisse d'arrivée

Pressage

Égouttage

Tunnel de séchage

Calandrage

Bobineuse

LA FINLANDE

La Finlande, appelée *Suomi* en finnois, est un pays réputé pour la beauté de ses lacs, de ses îles et de ses forêts. Plus de 60 000 lacs sont en effet répartis sur l'ensemble du pays, parsemés de plus de 30 000 îles. Plusieurs milliers d'autres îles émergent dans le golfe de Botnie et celui de Finlande, au large des côtes rocheuses occidentales et méridionales de la Finlande, dans la Baltique. Des forêts denses, de pins, de sapins et de bouleaux, couvrent près des deux tiers du pays.

Un tiers de la Finlande, y compris une partie de la Laponie, se trouve à l'intérieur du cercle arctique, où le court été compte environ soixante dix jours de lumière quasi continuelle. Pendant les longues nuits d'hiver, en revanche, seules les aurores boréales (« lumières septentrionales ») colorent le ciel.

Les Finnois diffèrent des autres peuples d'Europe du Nord et de l'Est, les Scandinaves et les Slaves, tant par leur langue que par leur culture. Pendant de nombreux siècles, la Finlande fut dominée par ses puissants voisins, la Suède, à l'ouest, et la Russie, à l'est, mais les Finnois ont toujours orgueilleusement préservé leur identité nationale. Leur contribution à la culture mondiale va de la poésie du *Kalevala* (« Terre des héros »), l'épopée nationale finnoise, à la musique du compositeur Jean Sibelius (1865-1957). De nos jours, ils sont particulièrement réputés pour la créativité de leurs designers et de leurs architectes, Eliel Saarinen (1873-1950) et Alvar Aalto (1898-1976), notamment. Les Finnois sont par ailleurs les inventeurs du sauna, un bain de vapeur qui nettoie et détend, en général suivi d'un plongeon dans l'eau glaciale.

Les gens de l'Est

Les Lapons, qui ne représentent plus aujourd'hui qu'une petite minorité au sein de la population, furent les premiers habitants connus de la Finlande. Les premiers Finnois venaient probablement d'une région située entre la Volga et les montagnes de l'Oural en Russie, et commencèrent à coloniser la région baltique vers l'an 1000 av. J.-C. Au début de l'ère chrétienne, ils ont forcé les Lapons nomades à se retirer à l'extrême Nord.

A partir de l'an 1000, la Suède comme la Russie essayèrent de dominer la Finlande. Vers 1200, la Suède imposa son contrôle, même si les Finnois conservaient des droits égaux à ceux de la plupart des colons suédois. Le suédois devint la langue officielle et le catholicisme la religion d'État. Au XVIe siècle, alors que la Finlande était devenue un duché suédois, le pays suivit la Suède en adoptant la religion luthérienne.

Redoutant l'expansion suédoise, la Russie chercha à dominer ce territoire stratégique situé sur sa frontière occidentale. Entre les XVIe et XVIIIe siècles, elle affronta la Suède à plusieurs reprises pour la possession de la Finlande. Au

cours de la Grande Guerre du Nord (1700-1721), et plus tard, durant le XVIIIe siècle, la Russie occupa toute la Finlande mais ne put s'y maintenir. En 1809, toutefois, la Russie envahit et conquit le pays, et le tsar Alexandre 1er (1777-1825) fut proclamé souverain du grand-duché autonome de Finlande.

Une nation indépendante

Le nationalisme finnois, qui a survécu à des siècles de domination suédoise, fut encore renforcé par les efforts déployés par les tsars pour « russifier » le pays. En 1905, une manifestation nationale, au cours de laquelle la population finnoise se mit en grève pendant six jours, força le tsar Nicolas II (sur le trône de 1894 à 1917) à renoncer à détruire l'indépendance finnoise. Lorsque la révolution bolchevique de 1917 déposa le tsar, la Finlande déclara son indépendance, qui fut reconnue par les bolcheviks. Une guerre civile finnoise éclata alors, opposant la Garde rouge socialiste, soutenue par le nouveau régime russe, et la Garde blanche antisocialiste, assistée par les troupes allemandes. Cette dernière triompha et son leader, Carl Gustav Mannerheim (1867-1951), régna en qualité de régent pendant une courte période, avant l'adoption d'une Constitution républicaine en 1919.

En 1921, une querelle opposa la Finlande et la Suède à propos de la possession des îles Aland ; elle fut réglée par la Société des nations en faveur de la Finlande. La Russie continua cependant à revendiquer la région orientale de Carélie. En novembre 1939, les troupes soviétiques envahirent la Finlande. Après une résistance héroïque, menée par Mannerheim, les Finnois furent finalement vaincus dans la « guerre d'Hiver » qui se prolongea quinze semaines. Un traité de paix, signé en mars 1940, les contraignit à céder la Carélie méridionale (environ 10 % de la superficie totale de la Finlande) à l'Union soviétique. En 1941, dans l'espoir de regagner ce territoire, la Finlande participa à l'attaque de l'Allemagne contre l'U.R.S.S. Elle récupéra brièvement la Carélie mais, en 1944, une contre-offensive soviétique chassa Finnois et Allemands, qui dévastèrent l'essentiel du territoire avant de le libérer.

La Finlande subit de très lourdes pertes pendant la Deuxième Guerre mondiale. Quelque 150 000 Finnois furent tués ou grièvement blessés ; la Carélie du Sud était perdue pour toujours. La Finlande dut en outre payer de lourds dommages de guerre à l'U.R.S.S. Toutefois, la période de l'après-guerre vit l'amélioration des relations avec l'U.R.S.S., qui possédait dorénavant le territoire qu'elle désirait. En évitant de s'opposer aux intérêts soviétiques, la Finlande put préserver son indépendance. Dans le même temps, elle fut en mesure de renforcer ses liens sociaux et économiques avec les pays scandinaves et les nations de la C.E.E.

La Finlande aujourd'hui

En juillet 1917, la République finlandaise proclama son indépendance. Deux ans plus tard, après une période de troubles, elle adopta une Constitution républicaine et démocratique qui reste pour ainsi dire inchangée de nos jours. Le pouvoir exécutif appartient au président, chef de l'État, élu pour six ans au suffrage universel. Jusqu'en 1988, toutefois, le président était choisi par les membres d'un collège électoral ; on fait encore appel à ce dernier si aucun candidat à la présidence n'obtient la majorité absolue.

Pays démocratique où tous les citoyens bénéficient de la liberté de parole et de droits égaux, la Finlande s'est nantie d'une Constitution qui octroit à son président des pouvoirs particulièrement étendus. Le chef d'État est en effet habilité à faire voter tous les décrets qu'il juge nécessaires dans la limite de la loi. Il dirige les relations étrangères, il est le chef suprême des armées et il dispose d'un droit de veto sur les décisions prises par le Parlement. On peut cependant passer outre au veto présidentiel si le Parlement se prononce à nouveau en faveur du projet de loi.

L'amplitude des pouvoirs du président finlandais tient à la nécessité pour le pays d'avoir un porte-parole puissant dans ses tractations avec l'Union soviétique, et notamment depuis la Deuxième Guerre mondiale. En 1948, Juho Paasikivi (1870-1956), à la tête de la Finlande de 1946 à 1956, fut enfin en mesure de conclure le pacte d'amitié, de coopération et d'assistance mutuelle finno-soviétique (renouvelé en 1955, 1970 et 1983). Celui-ci permit d'établir des liens de neutralité mais aussi d'amitié entre la Finlande et son puissant voisin de l'Est. Urho Kekkonen (1900-1986), président

finnois entre 1956 et 1981, et son successeur, Mauno Koivisto (né en 1923), qui tient les rênes du pays depuis 1982, ont poursuivi la politique de neutralité instaurée par Paasikivi.

Le gouvernement

L'unique chambre parlementaire finlandaise, l'*Eduskunta* ou Diète, compte 200 membres élus au suffrage universel. Le président a le pouvoir de la dissoudre et de convoquer de nouvelles élections à tout moment. Le Premier ministre, chef du gouvernement, est choisi par le président qui doit aussi approuver les membres du cabinet sélectionnés par le Premier ministre pour diriger les différents ministères.

Les élections parlementaires s'effectuent selon un système de représentation proportionnelle. Le nombre de sièges obtenus par un parti politique dépend de la proportion de votes dont il a bénéficié. Il est souvent difficile pour un seul parti de s'assurer une majorité absolue, aussi le pays a-t-il presque toujours été gouverné par une coalition. Si cela signifie que des orientations politiques distinctes sont représentées au niveau législatif, il en découle aussi des crises politiques fréquentes, nécessitant de nouvelles élections lorsque les partis de la coalition ne parviennent plus à se mettre d'accord.

La Finlande est administrativement divisée en 12 comtés *(lääni)*. A leur tête, le président nomme un gouverneur qui exerce ses pouvoirs par le biais de représentants locaux. Ces provinces sont subdivisées en quelque 500 villes, municipalités ou districts. Les citoyens élisent des conseils locaux chargés de gouverner leur région. Ces conseils sont habilités à collecter des impôts afin de pourvoir à l'entretien des

REPÈRES

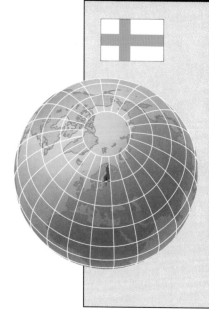

LE PAYS
Nom officiel :
République de Finlande
Capitale : Helsinki
Régions :
Plaines côtières, région des lacs au centre, plateau au nord ; îles le long du littoral
Superficie : 338 145 km²
Climat :
Étés courts et chauds, hivers froids (se prolongeant environ 6 mois dans le Nord, moins rudes dans le Sud/Sud-Ouest). Peu de précipitations ; pluies concentrées pendant les mois d'été
Principaux fleuves :
Kemijoki, Ounasjoki, Muonio
Alt. max. :
Mont Haltia
(1 324 m)

LE GOUVERNEMENT
Forme de gouvernement :
République parlementaire
Chef de l'État :
Le président
Chef du gouvernement :
Le Premier ministre
Régions administratives :
12 comtés (lääni), divisés en communes, îles Aland (statut particulier)
Pouvoir législatif :
Parlement (Eduskunta, 200 députés)
Pouvoir judiciaire :
Cour suprême, Tribunal administratif suprême, cours d'appel régionales, tribunaux de district
Forces armées : 31 000
Service obligatoire, de 8-11 mois, à partir de l'âge de 17 ans

LE PEUPLE
Population (1988) :
4 929 000
Langues :
Finnois, suédois (officielles), dialecte lapon
Religions :
Protestants (luthériens), env. 95 %, orthodoxes

L'ÉCONOMIE
Monnaie :
Markka
P.N.B./Hab. (1987) :
14 370 $ US
Taux de croissance annuel (1980-1986) :
2,7 %
Balance commerciale en $ US (1988) :
308 millions
Importations :
Pétrole et autres combustibles,

LA FINLANDE

< **La statue équestre** du maréchal et homme d'État, Carl Gustav Mannerheim, monte la garde devant le Parlement. Mannerheim a défendu le pays pendant la dernière guerre et a été président de 1944 à 1946.

∨ **La Finlande,** le pays des mille lacs, est entourée par deux bras de la mer Baltique. La population vit surtout dans le sud du pays, le Nord s'étendant au-delà du cercle arctique.

services publics et de mener à bien des projets à l'échelle régionale.

Les minorités

Les habitants des îles Aland, au large du littoral sud-ouest, sont en majorité d'origine suédoise. Ces îles sont sous le contrôle de la Finlande depuis 1921, mais elles bénéficient d'une certaine autonomie, puisqu'elles disposent notamment d'un Parlement qui peut voter des lois touchant aux affaires internes des îles. Le suédois a le statut de langue officielle au même titre que le finnois, bien que 5 % seulement de la population finnoise soit d'origine suédoise.

A côté de cette minorité suédoise, la Finlande regroupe un certain nombre de Lapons, peuplant le nord du pays, ainsi que 6 000 Tsiganes.

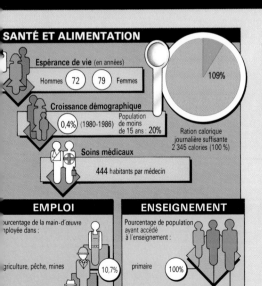

SANTÉ ET ALIMENTATION

Espérance de vie (en années)
Hommes 72 79 Femmes

Croissance démographique
0,4% (1980-1986)
Population de moins de 15 ans : 20%

109%

Ration calorique journalière suffisante 2 345 calories (100 %)

Soins médicaux
444 habitants par médecin

EMPLOI

Pourcentage de la main-d'œuvre employée dans :

Agriculture, pêche, mines — 10,7%
Industrie et bâtiment — 30,8%
Banque et services — 58,5%

ENSEIGNEMENT

Pourcentage de population ayant accédé à l'enseignement :

primaire 100%
secondaire 100%
supérieur 37,6%

machineries, produits chimiques, fruits, légumes, matières premières industrielles, produits manufacturés
Exportations :
Papier, pâte à papier, dérivés du bois, produits métallurgiques, machinerie, bateaux, textiles

Partenaires commerciaux :
ex-U.R.S.S., Suède, Allemagne, États-Unis, Grande-Bretagne, France
Transport :
Voies ferrées (1985) :
8 934 km
Km/voyageurs (1985) :
3 224 millions
Presse :
Nombre de quotidiens (1986) : 66
Tirage (1986) : 2 665 000

Panoramas

Magnifique pays que l'industrialisation a encore très peu défiguré, la Finlande se caractérise par d'immenses forêts parsemées d'une multitude de lacs. De l'Arctique, au nord, à la mer Baltique, au sud, le pays s'étend sur plus de 1 000 km. Un plateau situé à une altitude moyenne de 150 m couvre la majeure partie du territoire.

Les paysages finlandais furent modelés sous l'effet de la glaciation. Pendant plus d'un million d'années, une épaisse couche de glace recouvrit en effet toute cette région. A mesure de leur progression, les glaciers érodèrent la roche, creusant ainsi des bassins aujourd'hui occupés par des lacs peu profonds et accumulant des monticules rocheux. La fonte de cette couche de glace qui s'est achevée il y a moins de dix mille ans laissa des chaînes parallèles de graviers et de sables des moraines, qui marquaient le retrait graduel de la glace.

Les principales régions

Les côtes finlandaises s'étendent sur 2 353 km, le long des deux golfes de la Baltique, celui de Botnie, à l'ouest, et celui de Finlande, au sud. Ce littoral, rocheux et peu élevé dans l'ensemble, est découpé par une multitude de petites baies. Pendant presque tout l'hiver, les eaux côtières sont gelées, et il faut faire appel à des brise-glace pour ouvrir l'accès aux ports. Plusieurs milliers d'îles sont éparpillées au large des côtes, notamment l'archipel d'Aland, au sud-ouest, qui regroupe surtout une population de langue suédoise et qui fut attribuée à la Finlande par la Société des Nations en 1921. Les Aland et diverses îles sont des lieux de villégiature réputés. Quelques-unes sont habitées par des communautés de pêcheurs, mais la plupart d'entre elles sont inhabitées.

Les plaines côtières du Sud regroupent une population particulièrement dense. La grande majorité des citadins (68 % de l'ensemble de la population) vit dans cette région, notamment à Helsinki, la capitale, Tampere, Turku, Lahti et Pori. On y trouve également les meilleures terres agricoles du pays où une profonde couche d'humus a comblé des dépressions formées par la glace.

Deux chaînes parallèles de la grande moraine terminale appelée Salpausselkä forment une courbe sud-ouest/nord-est, de la péninsule d'Hango jusqu'au nord de Lahti, traversant le pays de part en part. Elles constituent la frontière méridionale de la région des Lacs. Près de la moitié de cette zone magnifique est recouverte d'eau. Des milliers de lacs s'éparpillent dans les forêts denses, où l'ours brun, le loup et le lynx sont désormais protégés dans des réserves naturelles. Un grand nombre de lacs sont divisés par des *eskers*, de longues crêtes de débris rocheux déposés par les glaciers. Le plus grand lac, le lac Saimaa, couvre 1 760 km². Des vapeurs font régulièrement la navette entre les

> **Ce lac** proche de Kuopio témoigne de la magie des paysages du centre de la Finlande, associant lacs, îles, baies et forêts. Près de la moitié de la superficie de la région des Lacs est recouverte d'eau.

△ **Une Lapone** emmène son enfant en promenade dans un landau monté sur des patins.

> **L'archipel Aland** fut rattaché à la Finlande en 1921. Ses habitants parlent le suédois ; ils bénéficient d'une grande autonomie et ne tiennent pas à être considérés comme des Finnois. La plupart d'entre eux sont des pêcheurs, ou vivent du tourisme.

>> **De basses collines** s'élèvent au-dessus des forêts du plateau finlandais qui cèdent progressivement le pas à la toundra. Cette région est le domaine de nombreux animaux singuliers, notamment des élans.

>> **Une cabane de trappeurs** contraste avec ce traîneau à moteur, emblème de la technologie moderne. Peu de gens vivent dans les contrées septentrionales inhospitalières de la Finlande, la majorité des Finnois se concentrant en effet dans les plaines côtières méridionales.

villes qui s'échelonnent le long des 298 km que compte le système du lac Saimaa. Un réseau de canaux relie les lacs les uns aux autres pour aboutir finalement à travers le territoire russe au golfe de Finlande, à Saint-Pétersbourg.

Marécages et montagnes

Au nord de la région des Lacs s'étend la région des Plateaux, fréquemment couverts de marécages qui sont le domaine du plus gros mammifère finlandais, l'élan. Ces splendides créatures ont été décimées jadis par la chasse et la sylviculture ; de nos jours, toutefois, elles sont soigneusement protégées et l'on estime leur nombre à quelque 120 000. Dans l'extrême Nord du pays, marécages et forêts cèdent le pas à la vaste plaine désolée de la toundra arctique, où des bergers lapons gardent des troupeaux de rennes semi-domestiqués.

Les seules montagnes finlandaises se situent à l'extrême nord-ouest du pays, à proximité de la frontière avec la Norvège, où l'Haltiatunturi culmine à 1 324 m. Le plus long fleuve finlandais, le Kemijoki, alimente d'importantes centrales hydro-électriques mais aussi de riches élevages de saumons ; il prend sa source près de la frontière soviétique, puis s'écoule vers le sud-ouest sur quelque 547 km à travers la région des plateaux, pour aller finalement se jeter dans le golfe de Botnie.

Le climat

En dépit de sa situation septentrionale, la Finlande bénéficie d'un climat adouci par la proximité du Gulf Stream dont les effets se font sentir jusqu'au littoral occidental de la Norvège. Les hivers sont longs, bien sûr, et souvent rudes, les brise-glace œuvrant en permanence pour permettre l'accès aux ports des passagers et des marchandises. La plupart des Finnois accueillent la neige avec bonheur, car elle leur donne la possibilité de s'adonner à leurs sports favoris : patinage, saut à skis et ski de fond. Le nord de la Finlande, à l'intérieur du cercle arctique, connaît des périodes de jour continuel pendant les mois d'été. A l'extrême nord du pays, cette clarté permanente peut se prolonger deux mois, avec, bien évidemment, en hiver une phase d'obscurité d'une durée équivalente.

Le sauna finlandais

Les saunas sont devenus un agrément relativement courant, quoique coûteux. En Finlande, où ils furent inventés il y a plus d'un millénaire, c'est une véritable institution. Les baigneurs s'immergent dans une atmosphère de chaleur intense qui émane de pierres chauffées dans un four, que l'on asperge pour produire de la vapeur. Ils se fouettent parfois le corps avec des baguettes de bouleau afin d'accélérer la circulation sanguine. Pour finir, la tradition voulait que l'on se roule dans la neige, mais on se contente désormais d'une douche froide.

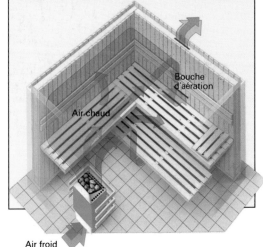

Bouche d'aération

Air chaud

Air froid

Helsinki

Le florissant port maritime d'Helsinki, capitale de la Finlande, est aussi une vitrine de l'architecture moderne sous son meilleur jour. Cette « cité blanche du Nord » regroupe en effet l'œuvre d'architectes tels que Alvar Aalto (1898-1976) et Eliel Saarinen (1873-1950), dont les édifices ornent plusieurs autres grandes villes du monde. A l'origine, Helsinki ne semblait pourtant guère destinée à être une capitale. Fondé en 1550, ce port connut au cours des siècles qui suivirent une série d'incendies, d'épidémies et de famines qui menacèrent à plusieurs reprises de mettre un terme à son existence.

La nouvelle capitale

Le grand incendie de 1808 détruisit ainsi plus des deux tiers de la vieille ville. Ce désastre fut en fait à l'origine de la transformation d'un simple bourg de maisons en bois blotties le long de ruelles étroites en une élégante ville moderne. Le coup d'envoi de ce vaste projet de reconstruction fut donné en 1812, date à laquelle les souverains russes qui régnaient alors sur la Finlande transférèrent la capitale de Turku à Helsinki. Les plans de réaménagement furent conçus de manière à refléter le nouveau statut de la ville, avec une architecture innovatrice et une disposition spacieuse des lieux, agrémentés de larges avenues et de nombreux parcs et espaces verts. Un architecte d'origine allemande, Carl Ludwig Engel (1778-1840), fut chargé de ces travaux de reconstruction, et l'on voit aujourd'hui encore l'empreinte qu'il laissa sur la ville.

Engel s'inspira principalement de l'architecture néo-classique de Saint-Pétersbourg dont l'influence est évidente dans l'imposante place des Sénateurs *(Senaatintori)*, entourée par le palais du Gouvernement, l'université et la cathédrale luthérienne, avec ses colonnes blanches étincelantes et son dôme miroitant.

Les réalisations architecturales d'Engel à Helsinki ne furent en définitive qu'une première étape. La sévérité néo-classique des édifices bâtis par Engel contraste aujourd'hui avec la cathédrale Uspensky de Gornostayev, achevée en 1868, une imposante structure byzantine en brique rouge, aux coupoles dorées et à l'intérieur somptueusement décoré. La gare monumentale, conçue par Eliel Saarinen, en 1916, semblait d'une innovation presque choquante avec son granit rose et son style Art déco dépouillé. Dans presque chaque rue, l'on trouve des exemples d'œuvres conçues par les grands maîtres de l'architecture finnoise, Saarinen, Alvar Aalto et Herman Gesellius. Parmi les édifices les plus récents, notons le Finlandia Hall, création d'Aalto en marbre blanc, qui fut inauguré en 1971.

L'exemple le plus surprenant d'architecture finnoise moderne est sans doute l'église du Rocher *(Temppeliaukion Kirkko)*, dessinée par Timo et Tuomo Suomalainen, et achevée en 1967. Cet exploit architectural consista en effet à creuser un immense affleurement naturel, dominant la rue d'une douzaine de mètres, pour former une rotonde pareille à une grotte, surmontée d'un vaste dôme en cuivre, unique partie de l'édifice visible de la rue. A l'intérieur, les panneaux de verre verticaux du toit laissent entrer des rais de lumière naturelle. Par ailleurs, le roc donne lieu à des effets acoustiques exceptionnels qui fascinent les visiteurs.

Des arbres et la mer

Outre sa richesse architecturale, Helsinki est célèbre pour la beauté de ses parcs et de ses jardins, que ce soit des sites naturels, comme le parc Sibelius, ou des espaces verts aménagés, tels les jardins botaniques de Kaisaniemi. Toutefois, Helsinki est avant tout une ville maritime, fière de son surnom de « Fille de la Baltique ». C'est le principal port du pays et un important centre de construction navale. Entourée par la mer sur trois faces, la ville s'étend sur plusieurs îles du golfe de Finlande. De nombreux bateaux de pêche y ont leur port d'attache, et leur cargaison de *silakka* ou harengs de la Baltique est vendue chaque matin directement à bord de ces embarcations.

La place du Marché

Compte tenu de cette relation intime avec la

> **Une vue de la rue principale** d'Helsinki rend compte du caractère aéré de la ville, avec la mer toujours à proximité. Helsinki est le principal centre industriel, scientifique et culturel du pays et permet un accès facile aux districts voisins.

>> **La cathédrale luthérienne,** dont les travaux commencèrent en 1830, domine la place du Sénat, centre administratif de la ville, entre l'université et le palais du Gouvernement. **La place du Marché** est particulièrement animée. Situé au nord du port du Sud, il ouvre de bonne heure le matin, tous les jours sauf le dimanche. En plus des fruits et des légumes, les bateaux, qui font office d'étals, offrent aux acheteurs des poissons frais, notamment du hareng.

< **Le Finlandia Hall,** œuvre magistrale exécutée en marbre à partir de 1971 sous la direction de l'achitecte finnois de réputation internationale, Alvar Aalto, se situe sur la rive sud du Töölönlahti. En arrière-plan, l'imposante flèche du Musée national. Finlandia Hall fut achevé en 1976.

∨ **Helsinki** regroupe une pléthore d'édifices remarquables. Citons notamment la place du Sénat, située entre la cathédrale luthérienne et l'université (C.L. Engel, 1832) ; l'imposant édifice en brique rouge de la cathédrale d'Uspensky (Gornostayev, 1868) ; l'Ateneum (Hoijer, 1884) ; la gare centrale (E. Saarinen, 1916) ; l'église du Rocher (T. et T. Suomalainen, 1967) ; et le Finlandia Hall (A. Aalto, 1971-1976).

mer, il n'est guère étonnant que l'emblème de la ville soit la nymphe marine, Havis Amanda. Sa statue en bronze domine la place du Marché (*Kauppatori*), située à proximité du port du Sud. Le soir du 1er mai, cette effigie est au centre d'une grande fête destinée à célébrer l'arrivée du printemps. Les festivités sont traditionnellement menées par une bande d'étudiants chahuteurs qui rivalisent pour se hisser dans la fontaine d'Havis Amanda et couronner la nymphe de leurs casquettes blanches.

Tout au long de l'année, la place du Marché est envahie dès l'aube par de pittoresques étalages de fleurs et de légumes. Très apprécié des touristes, ce site répond à leur enthousiasme pendant la période estivale en rouvrant ses portes l'après-midi pour leur offrir toutes sortes d'objets de l'artisanat local : sculptures en bois, bijoux aux motifs traditionnels, textiles tissés main et bougies joliment colorées. Pendant les mois d'été, également, les étals des maraîchers abondent de baies sauvages délicieusement parfumées, mûries par le soleil de minuit – airelles, myrtilles, sorbes et mûres de l'Arctique.

Non loin de là, le marché couvert fournit de la viande et des produits laitiers, outre certaines spécialités finnoises telles que les langues de rennes fumées, du fromage, du lait caillé et une gamme extraordinaire de harengs frais de la Baltique.

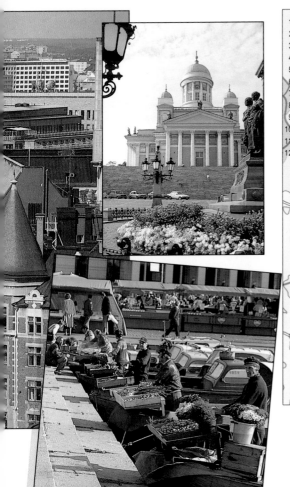

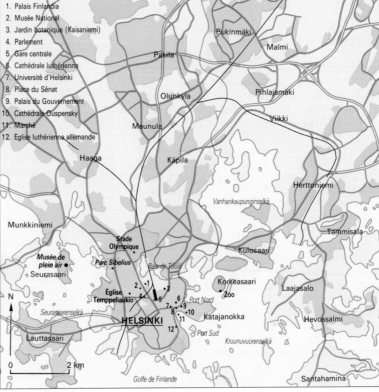

1. Palais Finlandia
2. Musée National
3. Jardin botanique (Kaisaniemi)
4. Parlement
5. Gare centrale
6. Cathédrale luthérienne
7. Université d'Helsinki
8. Place du Sénat
9. Palais du Gouvernement
10. Cathédrale Ouspensky
11. Marché
12. Église luthérienne allemande

L'économie

Jusqu'à la Deuxième Guerre mondiale, l'économie de la jeune république de Finlande dépendait principalement de l'agriculture, de la sylviculture et de la pêche. A partir de 1947, la nécessité de payer à l'Union soviétique des dommages de guerre importants incita le pays à s'industrialiser rapidement. De nos jours, bien que le P.N.B. finnois soit inférieur à celui des autres pays scandinaves, la Finlande est une nation prospère dont la population bénéficie d'un niveau de vie élevé.

Au cours des années 1980, le P.N.B. de la Finlande a augmenté au rythme de 3 % par an environ. L'essor du pays est lié en grande partie au commerce international. Ses principaux secteurs d'exportation sont le bois et le papier, la métallurgie, les bateaux et autres équipements de transports, et les machines industrielles. La Finlande est contrainte d'importer des denrées alimentaires, ainsi que du pétrole et des matières premières. En 1985, la Finlande s'intégra à l'AELE (Association européenne de libre-échange), qui affranchit ses membres de la nécessité de payer des droits de douane entre eux. Les liens économiques étroits qui associent depuis longtemps la Finlande et l'ex-U.R.S.S., son principal marché d'exportation, ont été renforcés par un accord commercial portant sur 1991-1995. Des négociations récentes avec la Communauté européenne devraient en principe assurer à la Finlande un accès au « marché européen » de 1992. Faute de quoi, il faut craindre un ralentissement du taux de croissance économique finlandais.

Agriculture et sylviculture

Seulement 10 % du territoire de la Finlande sont cultivables. La majorité des exploitations agricoles, regroupées dans les plaines côtières du Sud et de l'Ouest, sont relativement petites, puisqu'elles couvrent une superficie moyenne de 12 ha. L'élevage domine le secteur agricole, les fermiers finnois produisant suffisamment de viande, de produits laitiers et de volailles pour couvrir les besoins de la nation. Ils élèvent aussi des animaux pour la fourrure, comme le vison et le renard argenté. Ils cultivent par ailleurs de l'avoine, de l'orge et du blé, ainsi que de la betterave à sucre et des pommes de terre ; fruits et légumes doivent cependant être importés.

La Finlande est le pays le plus boisé de toute l'Europe. Des forêts denses, de conifères et de bouleaux, tapissent près des deux tiers du pays ; elles constituèrent pendant des années l'une des ressources naturelles les plus précieuses de la Finlande. Un tiers environ des domaines forestiers appartiennent à l'État, et ceux-ci se situent principalement dans le Nord. Au sud, où la saison de croissance est plus longue et où le bois peut être transporté aisément et à bon prix, grâce à un vaste réseau de lacs et de voies d'eau, la sylviculture est plus rentable. Des mesures de conservation prudentes et un reboi-

> **D'immenses trains de bois** sont amenés par flottage jusqu'au lac Saimaa, à l'extrémité sud du complexe réseau de lacs du pays. Le bois et ses produits dérivés représentent environ 65 % des exportations de la Finlande.

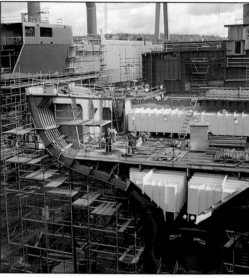

∧ **La construction navale** est un secteur industriel important en Finlande, notamment à Turku. Turku, le port finlandais le plus actif en hiver, car toujours libre des glaces, regroupe plusieurs chantiers de construction navale et diverses industries.

> **L'exploitation** du patrimoine forestier commence par l'abattage. Les troncs sont ensuite tirés par un tracteur jusqu'à un processeur qui les débite en tronçons. En flottant les rondins au fil du courant, on les transporte à bon marché jusqu'à la scierie. La sylviculture finlandaise produit du bois d'œuvre, du bois de charpente, du contre-plaqué, du bois de placage et de l'aggloméré (matériau fait de copeaux de bois agrégés avec un liant et comprimés).

> > **Le foin** est ramassé pour le fourrage du bétail. Moins de 10 % de la superficie du pays est cultivable.

> > **La fabrication de papier** figure parmi les principales activités économiques de la Finlande.

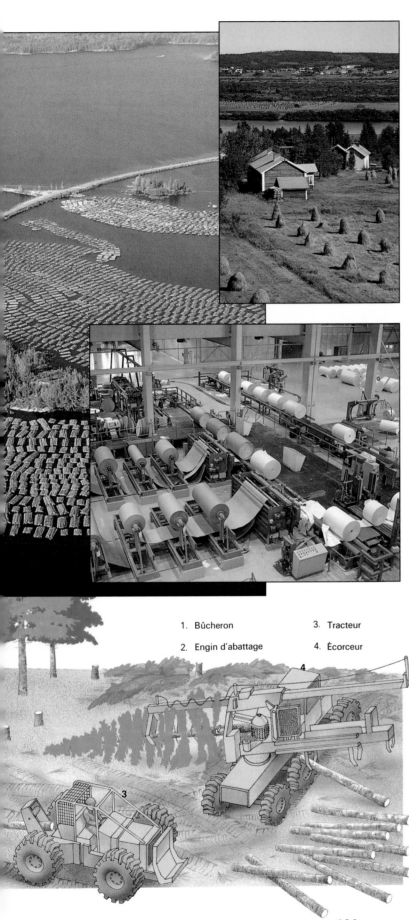

1. Bûcheron
2. Engin d'abattage
3. Tracteur
4. Écorceur

sement attentif ont permis de combler en grande partie la perte des forêts caréliennes, récupérées par l'U.R.S.S. après la Deuxième Guerre mondiale.

Si l'agriculture, la sylviculture et la pêche ne représentent à elles trois que 8 % du P.N.B., les produits de la forêt correspondent tout de même à 35 % des revenus de l'exportation. La Finlande est le premier producteur mondial de contre-plaqué, et la fabrication de papier, de carton, de cellulose, de panneaux de bois et de meubles occupe une place importante dans l'industrie nationale.

Services et industrie

Les services (programmes gouvernementaux, infrastructures publiques, commerce, finances, transports et communications) représentent 57 % du P.N.B. de la Finlande. L'essentiel du réseau ferroviaire finnois de même qu'une part majoritaire de la compagnie aérienne internationale, Finnair, sont entre les mains du gouvernement.

L'industrie et la mine correspondent à environ 26 % du P.N.B. et emploient 23 % de la main-d'œuvre. En dehors du bois, la plupart des matières premières industrielles doivent cependant être importées, car la Finlande a peu de gisements minéraux importants. On trouve du minerai de zinc en quantités non négligeables et des mines de cuivre sont exploitées depuis longtemps à Outokumpu, à l'ouest de la région des Lacs. Les gisements de fer découverts à Otanmaki, au sud du lac Oulujarvi, en 1953, occupent une place de plus en plus importante. On extrait aussi du sous-sol finnois du cobalt, du plomb, de l'or et de l'argent, en petites quantités. En revanche, la Finlande n'a pas de pétrole, ni de charbon, ni de gaz naturel, et un tiers de ses besoins énergétiques doit être couvert par des importations. L'énergie produite localement provient d'usines hydro-électriques ainsi que de centrales nucléaires. Quatre centrales construites dans les années 1970 et 1980 couvrent actuellement plus d'un tiers de ces besoins énergétiques.

Les industries métallurgiques finnoises, qui ont connu un essor rapide depuis la Deuxième Guerre mondiale, tiennent aujourd'hui une place aussi importante dans l'économie que les secteurs liés à la sylviculture. L'équipement sous toutes ses formes, de l'industrie lourde aux articles ménagers, en passant par l'informatique la plus performante ou les véhicules, représente désormais une portion conséquente des exportations. Les chantiers navals, spécialisés dans la construction d'embarcations destinées à naviguer dans les eaux froides, sont réputés pour la robustesse de leurs ferries et de leurs brise-glace.

Le style finlandais dans les domaines de l'habillement, du verre et de la porcelaine ont été largement exportés.

Le Danemark aujourd'hui

Le royaume du Danemark est un petit pays situé au nord de l'Europe. Il s'étend sur la péninsule du Jütland, qui fait saillie au nord de l'Allemagne, ainsi que sur 482 îles, baignées par le Skagerrak et le Kattegat, deux bras de mer qui relient la mer du Nord et la Baltique. Ces îles, dont une centaine seulement sont habitées, forment un archipel dense, aggluttiné autour de la péninsule. Le Jütland représente environ 70 % de la superficie du pays mais la majorité de la population vit dans les îles, en particulier Sjaelland, la Fionie, surnommée le « Jardin du Danemark », Mön et Lolland.

S'il s'agit d'un des plus petits États d'Europe, tant par sa superficie que par sa population, le Danemark fait aujourd'hui partie des nations les plus prospères de la planète. Au cours des siècles, il a joui d'un ascendant considérable sur ses voisins et a possédé quelques colonies dans les Caraïbes, en Afrique occidentale et en Inde. L'immense île du Groenland et les îles Féroé, dans l'Atlantique Nord, restent danoises, même si ces territoires insulaires disposent d'une large autonomie.

Le Danemark est un pays de plaines, propices à l'agriculture. Cependant, depuis son entrée dans le Marché commun, en janvier 1973, sa production industrielle a presque doublé, entraînant un important exode rural. La capitale, Copenhague, principal centre économique du pays, regroupe avec sa périphérie plus d'un quart de la population. Elle se situe principalement sur l'île de Sjaelland, la plus grande île du pays, une petite portion de la ville se situant sur l'île adjacente d'Amager.

Gouvernement national et autorités locales

La reine Margrethe II gouverne le Danemark depuis 1972. Si ses fonctions sont surtout protocolaires, elle jouit néanmoins d'une grande popularité et d'un profond respect de la part de son peuple. Le gouvernement danois est dirigé par le Premier ministre, chef du parti majoritaire au Parlement, qui nomme un Conseil d'État (cabinet). L'unique Chambre parlementaire, le *Folketing*, compte 179 membres : 139 représentants – dont deux pour le Groenland et deux pour les îles Feroé – sont élus au suffrage universel par les Danois de plus de 18 ans. Les 40 autres membres sont issus des rangs des différents partis politiques, au prorata du nombre de sièges que leur ont attribués les élections. La plupart des gouvernements de l'après-guerre ont été des coalitions de centre gauche ou de centre droit. La décision finale concernant les propositions de lois est laissée au peuple, selon l'usage, sous la forme d'un référendum.

Le Danemark est divisé en 14 comtés et deux grandes municipalités : Copenhague et Frederiksberg (un faubourg de la capitale). Les comtés sont eux-mêmes subdivisés en municipalités, chacune ayant à sa tête un conseil municipal élu, dirigé par un maire.

Les hommes

Les Danois ont beaucoup de points communs avec leurs voisins suédois et norvégiens. La similitude de leurs langues et leur héritage scandinave les rapprochent sur le plan culturel et historique. D'ailleurs, pendant 130 ans, les trois nations firent partie de l'Union de Kalmar, jusqu'à ce que la Suède s'en détache, en 1523.

Comme dans l'ensemble de la Scandinavie, les programmes sociaux sont très développés. De nombreuses allocations financées par l'État

REPÈRES

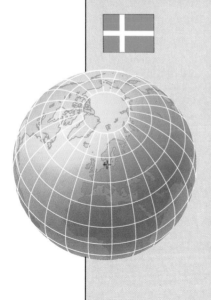

LE PAYS
Nom officiel :
Royaume du Danemark
Capitale : Copenhague
Régions :
La péninsule du Jütland : chapelet de dunes et de plaines de sable à l'ouest, plaines au nord. Collines à l'est et dans les îles. Nombreuses îles dont île de Bornholm, au large du littoral suédois.
Possessions : le Groenland, les îles Féroé
Superficie : 43 077 km²
Climat :
Tempéré. Régions occidentales, plus douces. Moins de précipitations. Étés doux ; hivers parfois froids à l'est
Principaux fleuves :
Guden, Skjern

Alt. max. :
Yding Skovhoj (173 m)

LE GOUVERNEMENT
Forme de gouvernement :
Monarchie constitutionnelle
Chef de l'État :
La reine
Chef du gouvernement :
Le Premier ministre
Régions administratives :
14 comtés subdivisés, plus 2 municipalités
Pouvoir législatif :
Parlement (Folketing), 179 membres, dont 2 pour le Groenland et 2 pour les îles Féroé, élus pour 4 ans
Pouvoir judiciaire :
Cour suprême, 2 Hautes Cours, tribunaux inférieurs, tribunaux d'instance
Forces armées :
Environ 31 000
Service militaire :
entre 9 et 12 mois

LE PEUPLE
Population (1988) :
5 129 000
Langue : Danois
Religion :
Protestants (luthériens), env. 97 %

L'ÉCONOMIE
Monnaie :
Couronne
P.N.B./hab. (1987) :
15 010 $ US
Taux de croissance annuel (1980-1986) :
2,8 %
Balance commerciale en $ US (1988) :
1 365 millions

> **Le Danemark** se compose de la péninsule du Jütland et de centaines d'îles dont la plupart se situent dans le Kattegat (« la Gorge du chat » en danois), qui sépare le Danemark de la Suède. Le Groenland et les îles Féroé appatiennent au Danemark mais bénéficient d'une grande autonomie.

MER DU NORD

SUÈDE

ALLEMAGNE

POLOGNE

MER BALTIQUE

N

0   100 km

< **Un soldat** de la Garde royale fait les cent pas devant le palais Amalienborg à Copenhague. La cérémonie de la relève de la garde a lieu chaque jour à midi.

sont en effet offertes à la population. Les impôts sont élevés de manière à couvrir ces dépenses sociales, mais le niveau de vie l'est tout autant.

L'enseignement est gratuit et obligatoire entre 7 et 16 ans. Le Danemark compte trois universités, dont celle de Copenhague, la plus vaste et la plus ancienne du pays, puisqu'elle fut fondée en 1479.

Le Danemark est réputé pour ses arts, sa musique et sa littérature. La culture danoise s'inspire toujours largement des anciennes légendes nordiques. Autre influence culturelle importante, celle de l'Église luthérienne à laquelle appartiennent 97 % des Danois. Bien que le Parlement danois contrôle l'Église, il n'influence pas le culte.

L'unique minorité danoise importante est d'origine germanique, et compte environ 30 000 personnes dans le sud du pays, près de la frontière allemande. Le Danemark gouvernait jadis la région du Schleswig-Holstein, située au nord de l'Allemagne, qu'il perdit en 1864.

A l'instar d'un grand nombre de Suédois et de Norvégiens, beaucoup de Danois ont émigré dans d'autres parties du monde. Entre 1870 et 1920, quelque 350 000 Danois partirent vivre aux États-Unis, emportant avec eux leur amour de la bonne chère, en particulier les fameuses pâtisseries et les traditionnels *smörrebröd* (canapés garnis de viande, de charcuterie ou de poisson).

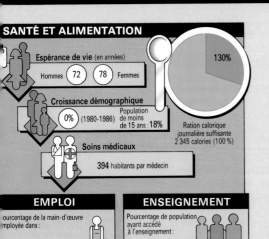

SANTÉ ET ALIMENTATION

Espérance de vie (en années)
Hommes 72   78 Femmes

Croissance démographique
0% (1980-1986)   Population de moins de 15 ans : 18%

130%

Ration calorique journalière suffisante 2 345 calories (100 %)

Soins médicaux
394 habitants par médecin

EMPLOI
Pourcentage de la main-d'œuvre employée dans :
agriculture, pêche, mines   15,4%
industrie et bâtiment   25,2%
banque et services   59,4%

ENSEIGNEMENT
Pourcentage de population ayant accédé à l'enseignement :
primaire   99%
secondaire   100%
supérieur   29,6%

Importations : Machinerie, pétrole et dérivés, véhicules, fer, acier, laines, textiles, papier
Exportations : Viande et produits laitiers, machinerie, textiles, médicaments, poissons
Partenaires commerciaux : Allemagne, Grande-Bretagne et autres pays de la C.E.E., Suède, Norvège, Finlande, États-Unis
Transports : Voies ferrées (1985) : 2 471 km
Km/voyageurs (1985) : 4 508 millions
Presse : Nombre de quotidiens (1986) : 47
Tirage (1986) : 1 880 000

Panoramas et économie

Le relief du Danemark fut largement façonné pendant la période glaciaire, durant laquelle d'immenses plaques de glace progressèrent par étapes vers le sud depuis la Scandinavie, poussant et charriant des masses de roches et de cailloux, réduits peu à peu en gravier. Partout où la glace arrêtait son avance, ces débris s'accumulaient pour former des moraines. Des dépôts glaciaires couvrent ainsi presque la totalité des couches de calcaire plates qui composent le sous-sol de la péninsule du Jütland et des îles danoises.

Les douces courbes du littoral occidental, couvert de dunes, sont faites de bancs de sable laissés à la fin de la période glaciaire. A l'intérieur des terres, les plaines occidentales sablonneuses sont couvertes de landes en partie conquises sur la mer et de tourbières, asséchées par l'homme. L'est du Jütland est plus accidenté et la côte est découpée de fjords profonds. Le sol fertile en fait la région agricole la plus productive du pays.

A l'ouest, les vents de l'Atlantique sont puissants mais le Gulf Stream adoucit le climat alors qu'à l'est ou dans les îles le climat est plus continental. Les vents d'ouest dominent sur l'ensemble du pays, et les précipitations sont relativement élevées pendant toute l'année (610 mm en moyenne). Le relief modéré n'est jamais assez accidenté pour empêcher les vents, les pluies et les brouillards marins d'étendre leur influence sur tout le pays. Le Yding Skovhoj, point culminant du Danemark, à mi-chemin du littoral oriental de la péninsule, n'atteint que 173 m. Les hivers sont généralement rigoureux, en particulier lorsque les vents virent à l'est, et les températures se maintiennent souvent en dessous de 0 °C pendant tout un mois.

L'économie

La géographie et le climat favorisent l'agriculture : environ 75 % de la superficie du pays sont exploités. La plupart des fermes sont petites : une quinzaine d'hectares en moyenne. Des bâtiments de ferme, isolés, blanchis à la chaux, entourés de champs fertiles, émaillent la campagne danoise. L'élevage des bovins et des porcs occupe la majeure partie de la population rurale. Les fermiers produisent aussi beaucoup de céréales (en particulier de l'orge) et des légumes. Il s'agit surtout de fourrages destinés au cheptel local mais les excédents sont suffisants pour que l'on puisse en exporter une bonne partie : environ 60 %. Par ailleurs, les fromages, le beurre et le bacon danois sont réputés dans le monde entier.

La forêt ne couvre que 10 % de la superficie du Danemark et la moitié seulement des besoins du pays en bois. Les eaux côtières sont riches en poisson – morue, harengs, sprats et merlans ; l'industrie de la pêche danoise, moderne, tient une place importante dans l'économie. Esbjerg, le principal centre de pêche danois, est un port artificiel, aménagé sur le littoral de la mer du Nord qui n'offre pas d'abri naturel.

Le Danemark a peu d'autres ressources naturelles. Les puits dont le pays dispose en mer du Nord produisent une certaine quantité de pétrole et de gaz naturel, mais des importations couvrent tout de même la moitié de la consommation du pays en la matière. Les seuls autres minéraux extraits du sous-sol danois sont la craie et des argiles utilisées industriellement. Les fleuves qui drainent les plaines ont un débit trop lent pour permettre la production d'énergie hydro-électrique.

Industrie et tourisme

Les industries de transformation, modernes et spécialisées, emploient aujourd'hui trois fois plus de main-d'œuvre que l'agriculture, la sylviculture, la pêche et le secteur minier réunis. Beaucoup de ces industries traitent des produits agricoles ; d'autres utilisent des matières premières importées. La production industrielle danoise va de l'agro-alimentaire aux textiles, en passant par les moteurs Diesel, le mobilier, l'acier, la porcelaine, les produits chimiques, les machines, l'équipement électronique et l'argenterie. Les chantiers navals du littoral réparent ou équipent des bateaux. Le gouvernement a déployé des efforts considérables pour encourager la modernisation et l'expansion de l'ensemble du secteur secondaire.

Depuis les années 1970, le tourisme a également rapporté au Danemark des revenus considérables. Copenhague, la plus grande ville de l'Europe du Nord, a de nombreux attraits. Campeurs et touristes en provenance des pays voisins sont de plus en plus nombreux dans la campagne danoise ; beaucoup arrivent par la mer à bord de ferries modernes de fabrication danoise.

Les principaux partenaires commerciaux du Danemark incluent les autres membres de la C.E.E., notamment l'Allemagne et la Grande-Bretagne, ainsi que les pays du Conseil nordique, en particulier la Suède. Si l'économie danoise est forte, certains facteurs n'en exercent pas moins une influence néfaste. Au début des années 1990, en effet, le gouvernement a subi de fortes pressions visant à modifier le système fiscal. On l'enjoignit également à réduire le volume de sa dette vis-à-vis des institutions financières internationales, dont les intérêts représentaient alors quelque 19 % des dépenses budgétaires annuelles globales.

L'inflation est certes plus faible au Danemark que dans les autres pays de la C.E.E. mais, en 1988, le chômage touchait déjà 8,7 % de la main-d'œuvre nationale. Quoi qu'il en soit, le P.N.B. danois demeure l'un des plus élevés de l'ensemble des pays industrialisés, par rapport à la population.

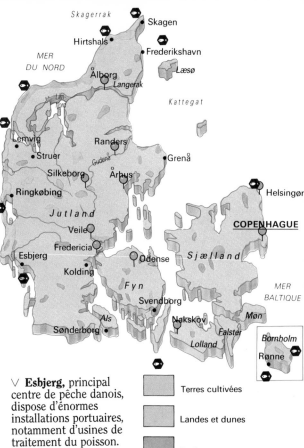

> **L'économie danoise** est fondée sur l'agro-alimentaire et les industries de transformation : machines agricoles, équipement électrique, moteurs et bateaux.

< **Les bateaux de pêche** sont tirés au sec pour la nuit sur une plage bordée de dunes, typique de l'ouest de la péninsule du Jütland.

∨ **L'industrie de la pêche** tire parti des richesses de la mer du Nord, la production étant exportée en grande partie.

∨ **Esbjerg,** principal centre de pêche danois, dispose d'énormes installations portuaires, notamment d'usines de traitement du poisson. Ce port est également le bastion de l'exploration pétrolière danoise en mer du Nord.

	Terres cultivées
	Landes et dunes
	Forêts
Pêche	
Centres industriels	

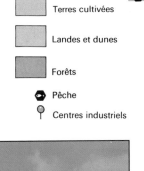

<< **Ces falaises à pic,** sculptées par la mer dans la craie, sont un des sites célèbres de l'île de Mön. Elles s'élèvent à 122 m au-dessus d'une plage que l'on atteint en empruntant des gradins escarpés.

< **Sur l'île d'Aero,** une ferme blanchie à la chaux, au milieu de champs verdoyants. La terre danoise tire sa fertilité des dépôts de sable et d'argiles fines accumulés à la fin de la dernière période glaciaire.

Copenhague

Copenhague, capitale du Danemark et principale ville du pays, vit le jour au milieu du XIe siècle ; ce n'était alors qu'un petit village de pêcheurs. La position géographique idéale de ce joli petit port, point de départ des ferries entre le Danemark et la Suède, fut à l'origine de son expansion progressive. Mais cette communauté de marchands attira à son tour des pirates ; en 1167, l'évêque de Roskilde, Absalon, fit bâtir un château pour protéger le port. Dès lors, la petite ville put se développer sans encombre. Elle ne tarda pas à prendre le nom de Köbenhavn (« Centre des marchands ») et, en 1254, une charte lui octroya le statut de cité.

La ville continua à s'étendre et à acquérir de l'importance, attirant de ce fait les foudres des marchands hanséatiques, principalement allemands, qui finirent par raser le fameux château en 1369. En 1416, Copenhague reconstruite devint la résidence des rois danois. Dès 1443, elle remplaçait Roskilde au rang de capitale.

Au XVIIe siècle, la ville fut attaquée et mise à sac par les forces suédoises. Au cours du siècle suivant, plusieurs épidémies et de graves incendies décimèrent la population. Au début du XIXe siècle, pendant les guerres napoléoniennes, des navires britanniques firent le blocus de Copenhague, qu'ils bombardèrent impitoyablement, mettant ainsi la ville à feu et à sang. Il fallut attendre les années 1850 pour que Copenhague connaisse à nouveau des temps plus prospères. Cette période vit l'expansion de la ville vers le nord et l'ouest, ainsi que son essor économique avec le développement de plusieurs secteurs industriels, notamment la construction navale, l'équipement lourd et les brasseries.

La Copenhague moderne

De nos jours, Copenhague reste le principal centre portuaire et commercial du Danemark et abrite une forte proportion de la population nationale. La ville compte en effet 473 000 habitants, mais le double vit dans l'ensemble de l'agglomération, notamment la municipalité de Frederiksburg et ses faubourgs. Copenhague, construite à l'origine sur la rive est de l'île de Sjaelland, a progressivement envahi l'île voisine d'Amager, absorbant ainsi la banlieue de Christianshavn, jadis distincte.

C'est au roi Christian IV (1530-1648) que Copenhague doit une grande partie de ses plus beaux édifices, notamment la Bourse, la plus ancienne institution du genre qui soit encore en fonctionnement de nos jours, célèbre en particulier à cause de sa flèche ornée de queues de dragons entrelacées. L'église d'Holmens Kirke, entourée de douves, fut aussi construite sur l'ordre de Christian IV, ainsi que le palais de Rosenborg, jadis résidence de printemps et d'automne du roi, aujourd'hui transformé en musée historique. On peut notamment y admirer les bijoux de la Couronne. Le palais se

> **La place de l'Hôtel-de-Ville,** près du centre de Copenhague, est bordée de terrasses de café et d'édifices imposants. L'Hôtel de Ville lui-même, avec sa haute tour, date de la fin du XIXe siècle. La magnifique fontaine aux Dragons, au centre de la place, est dédiée à Hans Christian Andersen (1805-1875), le célèbre auteur de contes pour enfants.

△ **La « Petite Sirène »,** une statue en bronze d'un des personnages les plus aimés d'Andersen, semble surveiller le port de Copenhague. Non loin de là sont amarrés les yachts de la famille royale danoise.

△ **Le parc d'attractions** des Jardins de Tivoli est un site très populaire. La pagode chinoise, éclairée la nuit par des centaines de lumières minuscules, est l'une de ces innombrables attractions.

trouve au cœur du parc du Roi *(Kongens Have)*, le plus ancien de la ville.

Autre espace vert célèbre, les jardins de Tivoli sont l'un des plus anciens et des plus fameux parcs d'attractions du monde. Ces jardins furent aménagés en 1843 sur le modèle des Vauxhall Gardens de Londres, disparus depuis lors. Quelque 4.5 millions de visiteurs se pressent chaque année de mai à septembre pour jouir des innombrables spectacles, jeux et promenades de ce remarquable site, qui comporte aussi 22 restaurants, des musées, des salles de concerts, un théâtre de marionnettes, de vastes jardins fleuris et où l'on organise régulièrement des manifestations et des spectacles.

A l'est de Tivoli se trouve le palais Christiansborg, l'imposant siège du Parlement danois (Folketing) depuis 1918. Ce bâtiment abrite également la Cour suprême et les salles d'audience où la Reine rencontre ses ministres au sein du Conseil d'État et reçoit ses invités. Achevé en 1928, ce palais occupe le site du château édifié à l'origine par l'évêque Absalon, château dont on peut encore voir les ruines sous l'édifice actuel.

Le Palais royal

Encore un peu plus à l'est, de l'autre côté de ce qui était autrefois le pittoresque Nyhavn (le « Nouveau Port », jadis un joli canal reliant la place des Rois à la mer), on découvre le palais Amalienborg. Ce dernier, composé de quatre demeures de style rococo disposées en carré, est la résidence des souverains danois depuis 1794. Lorsque la reine Margrethe et sa famille y séjournent, le drapeau royal flotte au-dessus d'Amalienborg, et chaque jour, à midi, les sentinelles exécutent le pittoresque rituel de la relève de la garde.

Copenhague possède par ailleurs un grand nombre de musées. Citons notamment le Musée municipal, consacré à l'histoire de la ville, le Musée national, spécialisé dans l'histoire danoise depuis la préhistoire et qui contient de remarquables collections d'outils de l'âge de pierre, d'instruments de musique datant de l'âge du bronze et de pierres vikings couvertes de runes (ancien alphabet). La ville compte de nombreuses églises, dont certaines s'ornent de statues ou de peintures magnifiques : de l'austère cathédrale néo-classique à l'église russe aux dômes bulbeux. Des canaux sinueux ajoutent encore au caractère pittoresque de la ville ; ils sont encore très actifs aujourd'hui. Sur le canal de Nyhavn, un bateau-phare datant de 1853 (transformé en musée flottant) est amarré près du lieu d'embarquement de l'hydroglisseur à destination de la Suède. Sur la promenade le long du port trône la statue de la Petite Sirène, emblème bien approprié de cette ville maritime.

< **Ces maisons à pignons** aux façades pimpantes bordant le Nyhavn, le vieux port de la capitale, témoignent de la prospérité du commerce danois au XVIIIe et à la fin du XIXe siècle. Ce quartier animé et pittoresque attire les touristes car on y trouve toute une variété de restaurants ; c'est aussi de là que part le ferry à destination de la Suède.

> **Copenhague** se situe à l'est du Danemark, à proximité de la Suède sur la rive est de l'île Sjaelland et la petite île Amager. 25 % de la population danoise vivent dans la capitale ou sa banlieue. Parmi les autres attractions populaires de la ville : le palais d'Amalienborg, le château de Charlottenborg et le Ballet royal danois.

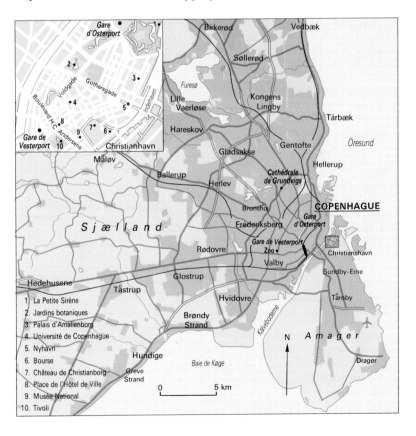

1. La Petite Sirène
2. Jardins botaniques
3. Palais d'Amalienborg
4. Université de Copenhague
5. Nyhavn
6. Bourse
7. Château de Christianborg
8. Place de l'Hôtel de Ville
9. Musée National
10. Tivoli

La mer Baltique

La mer Baltique, cernée par les terres, ressemble davantage à un lac qu'à une mer ; ses eaux sont d'ailleurs beaucoup moins salées que celles de la plupart des océans. Elle se situe entre la péninsule Scandinave et la côte nord de l'Europe, et baigne la Suède, la Finlande, les pays Baltes, la Pologne, l'Allemagne et le Danemark. D'étroits bras de mer la relie à la mer du Nord, à l'ouest. Au Moyen Age, le commerce y était contrôlé par la Hanse, ou Ligue hanséatique, regroupant les ports marchands du nord de l'Europe et de nombreuses nationalités s'y côtoyaient. Elle ne tient plus aujourd'hui un rôle économique aussi important même si elle est encore bordée par plusieurs grands ports tels que Stockholm, Helsinki, Saint-Pétersbourg, Riga, Gdansk et Kiel.

Écologie

La mer Baltique, de forme allongée, mesure 1 530 km de long sur 190 km de large en moyenne, et se prolonge par les golfes de Botnie et de Finlande. Cet ancien lac d'eau douce, formé à la fin de l'ère glaciaire, est alimenté par plusieurs fleuves. L'eau salée qui arrive par ses étroites ouvertures sur la mer du Nord est froide et riche en sel, ce qui la rend très lourde ; elle se mélange par conséquent difficilement avec l'eau de surface, qui reste remarquablement douce.

Le mer Baltique constitue un environnement peu favorable à la vie organique. Du fait de sa teneur en sel et de l'élévation progressive de sa température, le pourcentage d'oxygène indispensable à la vie décroît naturellement. Les polluants utilisés par les pays riverains constituent une menace plus grave encore. Des déchets industriels nuisibles y sont en effet déversés en vastes quantités. Les nitrates et les phosphates provenant des engrais entraînent pour leur part une multiplication excessive du plancton. Lorsque le plancton meurt, il tombe au fond de la mer et se décompose ; il absorbe alors une grande partie de l'oxygène contenu dans l'eau, produisant simultanément un gaz toxique appelé acide sulfhydrique. En conséquence, certaines zones de la Baltique sont déjà qualifiées de « mer morte ». Cependant les pays riverains se sont finalement mis d'accord pour instaurer une politique écologique commune.

Activité humaine

A l'abri des puissantes marées de la mer du Nord, la Baltique facilite la navigation, liant ainsi, depuis plus d'un millénaire, les nations qui l'entourent en un solide réseau commercial. Ses eaux relativement douces, en réduisant le nombre d'organismes marins dévoreurs de bois, ont préservé de nombreuses épaves de la destruction systématique de sorte que les archéologues sont en mesure de reconstituer l'histoire des navigateurs de la Baltique avec une précision incroyable.

△ **Gdansk** est un port important et un grand centre de construction navale. Cette ville polonaise regroupe plusieurs édifices magnifiques qui reflètent sa prospérité au Moyen Age.

▷ **La mer Baltique** n'a qu'une ouverture étroite sur la mer du Nord, ce qui l'apparente presque à un lac. Les peuples riverains l'ont sillonnée en tous sens, en particulier depuis le Moyen Age, avec l'émergence des puissantes villes commerciales de la Hanse. Aujourd'hui, environ 18 millions de personnes vivent sur les côtes de la Baltique et de nombreuses industries s'y sont développées. Des usines chimiques, métallurgiques, des fabriques de papier et de pâte à papier déversent régulièrement leurs déchets dans ses eaux. Presque totalement enclavée, cette mer souffre de graves problèmes de pollution.

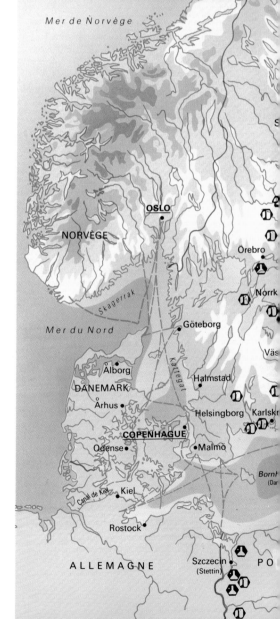

🔵 Chimie

🔵 Pâte et papier

♻ Acier et métaux

• Ville principale

-- Route de ferry

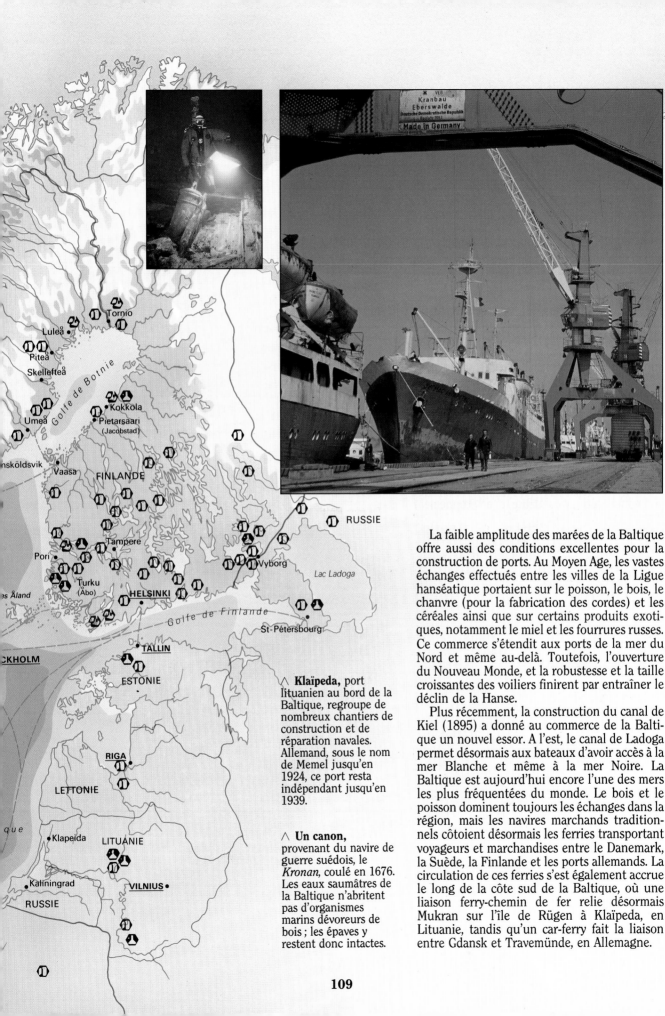

Klaïpeda, Tornío, Luleå, Piteå, Skellefteå, Kokkola, Umeå, Pietarsaari (Jacobstad), nsköldsvik, Vaasa, FINLANDE, Tampere, Pori, Turku (Åbo), HELSINKI, es Åland, RUSSIE, Vyborg, Lac Ladoga, Golfe de Botnie, Golfe de Finlande, St-Pétersbourg, CKHOLM, TALLIN, ESTONIE, RIGA, LETTONIE, Klapeida, LITUANIE, Kaliningrad, VILNIUS, RUSSIE, que

▲ **Klaïpeda,** port lituanien au bord de la Baltique, regroupe de nombreux chantiers de construction et de réparation navales. Allemand, sous le nom de Memel jusqu'en 1924, ce port resta indépendant jusqu'en 1939.

△ **Un canon,** provenant du navire de guerre suédois, le *Kronan,* coulé en 1676. Les eaux saumâtres de la Baltique n'abritent pas d'organismes marins dévoreurs de bois ; les épaves y restent donc intactes.

La faible amplitude des marées de la Baltique offre aussi des conditions excellentes pour la construction de ports. Au Moyen Âge, les vastes échanges effectués entre les villes de la Ligue hanséatique portaient sur le poisson, le bois, le chanvre (pour la fabrication des cordes) et les céréales ainsi que sur certains produits exotiques, notamment le miel et les fourrures russes. Ce commerce s'étendit aux ports de la mer du Nord et même au-delà. Toutefois, l'ouverture du Nouveau Monde, et la robustesse et la taille croissantes des voiliers finirent par entraîner le déclin de la Hanse.

Plus récemment, la construction du canal de Kiel (1895) a donné au commerce de la Baltique un nouvel essor. A l'est, le canal de Ladoga permet désormais aux bateaux d'avoir accès à la mer Blanche et même à la mer Noire. La Baltique est aujourd'hui encore l'une des mers les plus fréquentées du monde. Le bois et le poisson dominent toujours les échanges dans la région, mais les navires marchands traditionnels côtoient désormais les ferries transportant voyageurs et marchandises entre le Danemark, la Suède, la Finlande et les ports allemands. La circulation de ces ferries s'est également accrue le long de la côte sud de la Baltique, où une liaison ferry-chemin de fer relie désormais Mukran sur l'île de Rügen à Klaïpeda, en Lituanie, tandis qu'un car-ferry fait la liaison entre Gdansk et Travemünde, en Allemagne.

L'Estonie

L'Estonie est la plus septentrionale et la plus petite des trois républiques Baltes. A son territoire se rattachent plus de 70 îles situées au large de la côte orientale fortement découpée. L'Estonie est une région de plaines formée à l'ère glaciaire, parsemée de nombreux lacs, marécages et tourbières.

La population se compose de 65 % d'Estoniens. On dénombre une large minorité de Russes (27 %), ainsi que 2,5 % d'Ukrainiens et à peine 2 % de Bélarusses et de Finnois. Jusqu'à l'interdiction de la manifestation du culte par le pouvoir communiste, la grande majorité de la population était protestante luthérienne.

L'économie estonienne se base sur une industrie diversifiée (textile, bois, électronique) et sur l'extraction de schistes bitumeux. L'agriculture et la pêche sont aussi des secteurs importants.

L'histoire

Au XIIIe siècle, l'Estonie passa sous contrôle des chevaliers Teutoniques. Jusqu'au XIXe siècle, les bourgeois des cités ainsi que les propriétaires terriens allemands y constituent une élite aisée, patriarcale, s'exprimant dans une langue étrangère et qui, dès la Réforme, et comme les paysans du pays, adopte la religion protestante. En 1779, Pierre le Grand sort victorieux de la guerre contre la Suède et conquiert l'Estonie ; ce territoire ainsi que toute la Baltique demeu-

rent alors sous la coupe de la Russie jusqu'à la fin de la Première Guerre mondiale. L'Estonie accède à l'indépendance en 1920 quand éclate l'Empire russe.

Par le pacte germano-soviétique de 1939, qui permet aux deux dictateurs de se partager l'Europe orientale, l'Estonie devient un pôle d'attraction pour les intérêts soviétiques et, en 1940, elle est occupée par l'Armée rouge. Le gouvernement d'occupation procéda à un « référendum » et l'Estonie fut officiellement rattachée à l'Union soviétique le 6 août 1940.

Le processus de nationalisation de l'industrie et de l'agriculture se met alors en place et quelque 60 000 Estoniens sont déportés. En 1941, l'arrivée victorieuse des troupes allemandes fut perçue par une part non négligeable de la population comme la libération du joug soviétique.

A partir de 1944, l'Estonie passa de nouveau sous le contrôle de l'Union soviétique, qui gère son économie et son organisation sociale. La collectivisation forcée de l'agriculture alliée à l'industrialisation du pays modifia les fondements de l'économie estonienne. Un nombre croissant de Russes s'y fixèrent pour occuper des postes dans l'industrie et de hautes fonctions dans l'administration.

A l'automne 1989, le Soviet suprême estonien annonça la primauté des lois estoniennes sur les lois de l'Union soviétique qui désormais

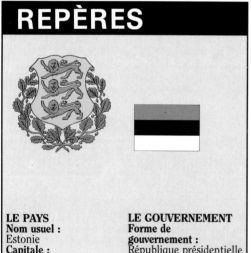

REPÈRES

LE PAYS
Nom usuel :
Estonie
Capitale :
Tallin
Superficie :
45 100 km²
Régions :
Plaine formée à l'ère glaciaire, émaillée de lacs, de marais et de tourbières. Nombreuses îles
Climat :
Tempéré, avec des flux océaniques et continentaux
Altitude max. :
Munamägi (318 m)

LE GOUVERNEMENT
Forme de gouvernement :
République présidentielle
Chef de l'État :
Le président du Parlement

LE PEUPLE
Population : 1 600 000 (en 1991)
Langues : Estonien (langue nationale), russe
Religions :
Protestants (luthériens) majoritaires, orthodoxes russes
Monnaie : Le rouble
P.I.B./hab. :
2 590 roubles (en 1988)

∧ **A Tallin,** la capitale de l'Estonie, les fleuristes privés font de bonnes affaires. Comme dans les deux autres États baltes, l'économie privatisée prend de plus en plus d'importance en matière d'approvisionnement.

> **Le grand festival de musique** folklorique se déroule tous les 5 ans à Tallin. Les Estoniens chérissent leurs traditions ancestrales. Le sentiment national s'est renforcé à la fin des années 1980 en réaction contre l'emprise soviétique.

ne seront adoptées par le Parlement estonien qu'après approbation ou amendement.

L'indépendance

Le printemps 1990 marqua le passage à l'indépendance. Après l'échec du putsch conservateur de Moscou contre la politique réformatrice de Gorbatchev, l'Estonie proclama définitivement son indépendance le 21 août 1991 ; celle-ci fut ratifiée le 6 septembre par le nouveau Conseil soviétique.

A Tallin, l'apparition du drapeau national estonien bleu-blanc-noir fut l'un des moments forts dans la longue et difficile route vers l'indépendance.

< **Les bois,** les plaines et les lacs composent le paysage estonien. Avant 1940, on estimait à 60 % la population agricole estonienne. Le développement rapide de l'industrie depuis la Seconde Guerre mondiale fut la cause de graves problèmes d'environnement.

∨ **Les tours en pointe** de Tallin (ci-dessous) sont le reflet du passé de cette cité de la Hanse, une confédération de villes allemandes commerçantes fondée au XIIe siècle. La ville portuaire reste importante sur le plan commercial.

La Lettonie

La Lettonie est formée de zones de moraines d'origine glaciaire au relief très accidenté. Le point le plus élevé est le Gaising à 310 m d'altitude situé dans l'est du pays dans les hauteurs de Livonie. Les quelque mille lacs, les innombrables marais et les vastes forêts qui couvrent pratiquement un tiers du territoire sont caractéristiques de la région.

Les Lettons ne représentent qu'une bonne moitié de la population. Après la Seconde Guerre mondiale, dans le cadre du plan de russification, un grand nombre de Russes s'y fixèrent. Ils représentent aujourd'hui un tiers de la population. On dénombre par ailleurs 4,5 % de Bélarusses, 3 % d'Ukrainiens et 2,5 % de Polonais.

L'agriculture lettone, qui fut autrefois à la base de l'économie du pays, n'a plus aujourd'hui qu'un rôle de second ordre.

L'histoire

Les chevaliers Teutoniques dominèrent le pays au début du XIIIᵉ siècle et se coalisèrent au Moyen Age contre la Russie et la Pologne. Alors que les « territoires livoniens d'outre-Dvina » furent rattachés tout d'abord au royaume lituano-polonais puis à la Suède, les régions situées au sud de la Dvina telles que le Lehen, le duché de Courlande et de Semgallen s'en trouvèrent préservées. Le tsar Pierre le Grand battit l'ordre des chevaliers Livoniens et la

∨ **Un élégant pont suspendu** enjambe la partie occidentale de la Dvina à Riga. Cette ville est la capitale lettone depuis le XIIIᵉ siècle. Ce port important faisait partie de la Hanse.

> **Un enfant** devant un « envahisseur » dans la campagne lettone ; il s'agit d'un forage de pétrole. Depuis la Seconde Guerre mondiale, l'essentiel de l'industrie lettone est passé de l'agricole à l'industrie de production.

tsarine Catherine II s'empara de la Courlande, qui faisait partie de la Pologne. Une partie de la Lettonie passa dès 1772 sous la domination russe après le premier partage de la Pologne et bientôt ce fut l'ensemble de la Lettonie qui tomba tout entière sous sa coupe.

La population lettone resta jusqu'au XIXᵉ siècle à l'écart des changements de pouvoirs et continua de dépendre des chevaliers Teutoniques germano-baltes. Les villes subirent elles

REPÈRES

LE PAYS
Nom usuel :
Lettonie
Capitale :
Riga
Superficie : 64 500 km²
Région :
Plaine d'origine glaciaire au relief accidenté, parsemée de lacs et de tourbières. Plages et dunes de sable sur la côte
Climat : Tempéré, d'influence océanique, à tendance plus continentale vers l'est
Principaux fleuves :
Dvina occidentale
Altitude max. : Mont Gaising (310 m)

LE GOUVERNEMENT
Forme de gouvernement :
République présidentielle
Chef du gouvernement :
Le président du Parlement

LE PEUPLE
Population : 2 680 000 habitants (en 1991)
Langues : Letton (langue nationale) et russe
Religions : Majorité protestante (Église luthérienne), minorité orthodoxe
Monnaie : Le rouble
P.I.B./hab. : 2 630 roubles (en 1988)

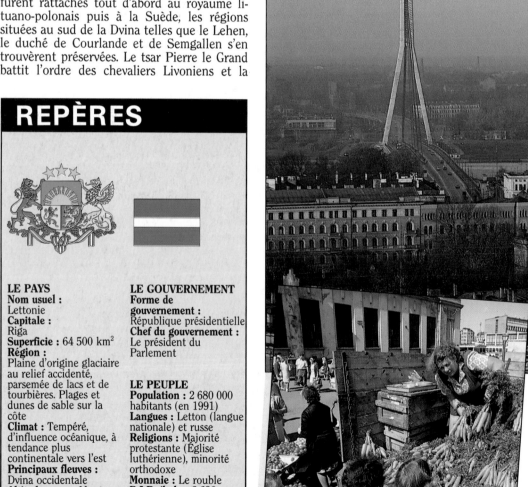

< **Sur un marché en plein air,** un marchand trouve de nombreux preneurs pour ses carottes. La part de l'économie privée dans l'approvisionnement alimentaire a régulièrement augmenté ces dernières années.

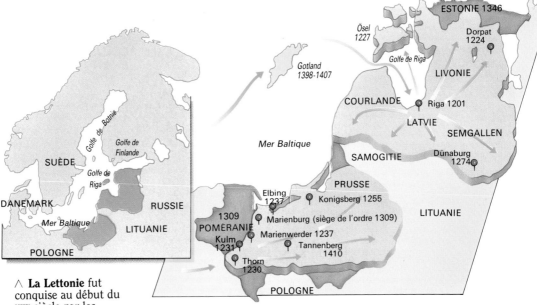

△ **La Lettonie** fut conquise au début du XIIIᵉ siècle par les chevaliers Teutoniques qui combattaient les païens. Les Chevaliers contraignirent les populations des territoires prussiens comme la Livonie (l'Estonie et la Lettonie d'aujourd'hui) à se convertir au christianisme.

→ Progression des chevaliers Teutoniques

☐ Territoires occupés avant 1309

☐ Territoires occupés de 1309-1382

⚲ Villes fondées par les chevaliers Teutoniques

▷ **Une pinède** borde les plages proches de la ville balnéaire de Jürmala, près de Riga. Ce littoral prisé est malheureusement pollué par les déchets des industries de cellulose toutes proches.

aussi l'influence germanique. A la fin du XIXᵉ siècle, avec le début de l'industrialisation, l'identité lettone se dessina de plus en plus. Le pouvoir des tsars et les injustices sociales créées par les grands propriétaires fonciers conduisirent une partie des Lettons à rallier le camp des révolutionnaires lors de la première Révolution russe de 1905.

En 1917, à la chute de l'Empire tsariste, les Lettons commencèrent à revendiquer leur indépendance. En 1920, ils obtinrent, après un long combat, une indépendance qui fut de courte durée car le pays fut rattaché à l'Union soviétique en 1940 en conséquence du pacte germano-soviétique.

L'industrie

L'économie lettone est en pleine mutation depuis 1945 et le pays, qui était autrefois agricole, s'est transformé en une région industrielle moderne. Ainsi le degré d'industrialisation, les transports, le développement industriel tout comme les rendements y furent-ils beaucoup plus élevés que la moyenne soviétique.

Les Lettons ne profitèrent pourtant pas de la prospérité du pays ; l'essentiel de ses produits manufacturés était destiné à l'« exportation » dans les autres Républiques soviétiques dans le cadre du plan.

La voie de l'indépendance

La politique de réforme menée par Gorbatchev à la fin des années 1980 permit l'expression des revendications nationales lettones.

Depuis 1989, les actions renouvelées visant à l'indépendance aboutirent à une confrontation avec Moscou. Pourtant, après l'échec du putsch, l'indépendance de la Lettonie fut définitivement proclamée le 21 août 1991 et ratifiée par le Parlement soviétique le 6 septembre.

La Lituanie

La Lituanie est la plus méridionale et la plus vaste des trois républiques Baltes. Le terrain d'origine glaciaire est accidenté dans les zones de moraines ; le pays est couvert de forêts et l'on compte plus de trois mille lacs ainsi que d'innombrables tourbières. Le Niémen est le cours d'eau le plus important du pays, son embouchure forme un delta très ramifié qui se jette dans le golfe de Kourski.

La population lituanienne est sensiblement plus homogène que dans les deux autres républiques Baltes d'Estonie et de Lettonie. Elle est constituée d'une forte majorité de Lituaniens (80 %) et 9 % de Russes, 7 % de Polonais et 2 % de Bélarusses. La majorité des Lituaniens est catholique en raison des liens historiques ancestraux avec la Pologne.

Sur le plan économique, le pays était essentiellement agricole jusqu'en 1940. L'agriculture et l'élevage pour la production laitière et la viande de boucherie ont encore aujourd'hui une grande importance.

L'histoire

Contrairement à l'Estonie et à la Lettonie, la Lituanie résista aux chevaliers Teutoniques et demeura païenne. Les grands-princes lituaniens régnèrent dès la moitié du XIVe siècle sur un territoire qui s'étendait de la mer Baltique à Moscou et qui alla même un temps jusqu'à la mer Noire. En 1384, le mariage du prince

> **En lituanien,** le nom de la capitale, Vilnius, signifie « le pays de l'ambre ». Aujourd'hui, la ville compte 500 000 habitants ; c'est un centre industriel important.

Jagellon et de Jadwiga, reine de Pologne, eut de multiples conséquences ; la maison princière ainsi que le peuple de Lituanie se convertirent au catholicisme, scellant ainsi l'union avec la Pologne pour plus de quatre cents ans. Au fil des siècles, l'enclave lituanienne devint une province polonaise et fut finalement occupée par la Russie en 1795 après un troisième partage de la Pologne.

Pendant la Première Guerre mondiale, l'armée allemande envahit la Lituanie. Le haut commandement allemand voulut la séparer de la Russie et de la Pologne pour des raisons stratégiques. Après une courte période, en tant que République socialiste soviétique de Lituanie/Biélorussie, les troupes polonaises commandées par Pilsudski chassèrent l'Armée rouge de Vilnius et des régions environnantes. La capitale historique de Lituanie se défendit à plusieurs reprises pour demeurer polonaise jusqu'en 1939. Une disposition du pacte germano-soviétique permit aux troupes soviétiques de stationner en Lituanie à compter de 1939 et de « participer » à la constitution du gouvernement. En août 1940, le pays devint une République soviétique.

La séparation d'avec l'Union soviétique

Le regroupement des populations eut pour conséquence l'émergence de revendications autonomistes qui purent enfin s'exprimer dans le cadre de la nouvelle politique de *perestroïka*. Le front populaire lituanien Sajudis (mouvement pour la *perestroïka*) fut fondé en octobre 1988. Ses objectifs ne visaient pas, au départ, la séparation d'avec l'Union soviétique mais allaient plutôt dans le sens d'une volonté de dialogue sur la base de la reconnaissance culturelle mutuelle et de l'indépendance économique.

Le mouvement Sajudis s'assura ainsi le soutien de la population. En août 1987, le mouvement ne comptait qu'un petit groupe de membres qui gardaient en mémoire le pacte germano-soviétique de 1939 ; il devint rapidement un mouvement de masse regroupant près de 250 000 personnes. Le processus vers l'autonomie s'accéléra et en mars 1990 la Lituanie proclama son indépendance.

Gorbatchev hésita quelque peu avant de répliquer par l'annonce du boycott des matières premières lituaniennes. En juin 1990, la Lituanie suspendit temporairement sa déclaration d'indépendance le temps de négocier avec Moscou, ce qui mit fin au blocus économique. Après le putsch manqué de Moscou, le Parlement soviétique ratifia l'indépendance de la Lituanie le 6 septembre 1991.

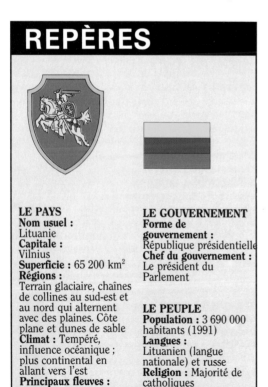

REPÈRES

LE PAYS
Nom usuel : Lituanie
Capitale : Vilnius
Superficie : 65 200 km²
Régions : Terrain glaciaire, chaînes de collines au sud-est et au nord qui alternent avec des plaines. Côte plane et dunes de sable
Climat : Tempéré, influence océanique ; plus continental en allant vers l'est
Principaux fleuves : Niémen
Altitude max. : 285 m dans les contreforts baltes

LE GOUVERNEMENT
Forme de gouvernement : République présidentielle
Chef du gouvernement : Le président du Parlement

LE PEUPLE
Population : 3 690 000 habitants (1991)
Langues : Lituanien (langue nationale) et russe
Religion : Majorité de catholiques
Monnaie : Le rouble
P.I.B./hab. : 2 427 roubles (en 1988)

L'ambre

L'ambre de Lituanie est une résine fossilisée provenant des forêts de conifères qui s'est élaborée dans la Baltique il y a quarante à soixante millions d'années. L'ambre a l'aspect d'une substance dure de couleur brun clair et renferme fréquemment un insecte. L'ambre est souvent transparent,

il est utilisé en joaillerie ainsi que pour la confection artisanale de pipes ou de porte-cigarettes.

Connu dans la Grèce antique sous le nom d'*elektron*,

l'ambre était une denrée précieuse qui était exportée il y a plus de quatre mille ans. On l'utilisait en médecine, en tant qu'ornement ou que monnaie d'échange.

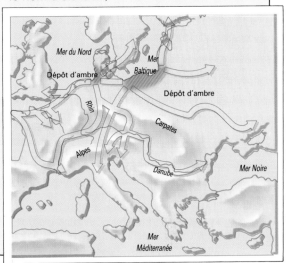

< **La Lituanie** est couverte de forêts et compte plus de 3 000 lacs. De grandes étendues de pâturages permettent l'élevage de vaches laitières et de bovins pour la boucherie.

∧ **Un couple de jeunes mariés** visite le cimetière de Siauliai. Les lieux funéraires renvoient l'image du patriotisme lituanien et de la foi catholique.

∨ **Une manifestation** à Vilnius. Les drapeaux rouge et or de la Lituanie d'avant 1940 sont bien le signe de l'adhésion populaire aux idées indépendantistes. Dès 1990, la Lituanie avait proclamé unilatéralement son indépendance.

LA POLOGNE

La Pologne se situe au cœur de l'Europe ; son histoire mouvementée est le reflet de cette position géographique centrale. A part au sud, le pays n'a pas de frontière naturelle bien marquée. A l'ouest, l'Oder la sépare de l'Allemagne, tandis qu'à l'est la grande plaine de l'Europe du Nord se prolonge jusqu'en Ukraine. Au sud des Carpates et des Sudètes se trouve la Tchécoslovaquie. La Pologne offre donc un relief assez uniforme avec des collines peu élevées. De longues plages de sable frangent son littoral, le long de la Baltique, où se situe notamment le port historique de Gdansk, près de l'embouchure de la Vistule.

Au XVIᵉ siècle, le royaume de Pologne était la plus grande puissance politique et militaire de l'Europe de l'Est. **La forteresse du Wawel à Cracovie** *(ci-contre)* était la résidence des rois à cette époque. Puis le royaume connut une longue période de déclin au cours des deux siècles qui suivirent. La Pologne cessa d'exister en tant qu'État en 1795, lorsque la Russie, la Prusse et l'Autriche se partagèrent son territoire, effaçant ainsi son nom de la carte de l'Europe. Ce qui n'empêcha pas les Polonais de rester profondément fidèles à leurs traditions, à leur culture, à leur langue et à leur foi catholique.

« La Pologne n'est pas encore perdue... » clamait une chanson polonaise de 1796, appelée à devenir l'hymne national. Les Polonais s'obstinèrent à rejeter toute domination étrangère. Le XIXᵉ siècle vit naître plusieurs rébellions nationalistes, qui se soldèrent toutes par un échec tragique. La Pologne reprit vie après la Première Guerre mondiale, mais cette nouvelle indépendance dura une vingtaine d'années à peine. En 1939, en effet, Hitler et Staline signaient un traité de non-agression contenant un accord secret aux termes duquel ils se partageaient la Pologne. En septembre 1939, les armées hitlériennes envahissaient la Pologne. Au même moment, l'U.R.S.S. s'emparait de la portion de la Pologne censée lui revenir. En 1941, Hitler envahissait l'U.R.S.S. à son tour, l'ensemble de la Pologne passant ainsi sous le joug allemand. Le pays souffrit terriblement de cette occupation. Les Polonais opposèrent néanmois à l'envahisseur une résistance acharnée.

Après la défaite de l'Allemagne, un nouvel État polonais vit le jour, mais à partir de 1948, la société et l'économie polonaises furent totalement contrôlées par un gouvernement communiste, obéissant docilement à l'U.R.S.S.

Religion et culture
Les Polonais réussirent pourtant à sauvegarder leur identité nationale notamment à travers leur adhésion au catholicisme. Dès l'an 966, ils embrassaient le christianisme auquel ils sont restés fidèles depuis lors. Pendant des siècles, ils se sont considérés comme les gardiens de

l'Occident chrétien. En 1656, la célèbre Vierge noire de Czestochowa fut élevée, par décret royal, au statut de « Reine de la couronne de Pologne » après que la Pologne eut remporté une importante victoire sur la Suède. En 1683, le roi polonais Jean III Sobieski sauva Vienne des mains des Turcs de l'Empire ottoman.

Pendant les années 1795-1918, au cours desquelles la Pologne cessa d'exister, les Allemands, protestants, et les Russes, orthodoxes, s'efforcèrent de convertir les Polonais. Leur foi catholique distinguant les Polonais des uns et des autres, l'Église devint en quelque sorte le bastion de leur nationalisme obstiné.

L'Église catholique polonaise joua ainsi un rôle de plus en plus important au cours des années d'occupation allemande puis sous le régime communiste. Après la guerre, le gouvernement communiste essaya d'annihiler l'influence de l'Église. Aux yeux des autorités, le fait même de se rendre à l'église constituait un acte de résistance et de foi en la résurrection future de la Pologne. En 1978, l'élection de l'archevêque de Cracovie, le cardinal Karol Wojtyla (né en 1920), à la papauté, renforça considérablement ce sentiment. Même après l'instauration de la loi martiale en 1981, lorsque le tout jeune syndicat libre Solidarité fut banni, de nombreux Polonais portaient encore sur eux l'effigie de la Vierge noire, à défaut de pouvoir arborer leur badge de *Solidarnosc*. A la fin des années 1980, l'accession au pouvoir d'un gouvernement non communiste signala enfin la victoire de la résistance polonaise.

Leur langue aida également les Polonais à préserver leur identité nationale. Au cours du XIXᵉ siècle, les autorités prussiennes et russes en interdirent l'usage dans tous les lieux d'enseignement, de l'école primaire à l'université. Le polonais survécut néanmoins en tant que moyen de communication entre les Polonais eux-mêmes, ainsi que dans les chansons, les livres de prières et la littérature.

Au XVIᵉ siècle apparurent les premiers grands poètes polonais Mikolaj Rej et Jan Kochanowski. Depuis cette époque, les Polonais ont fait d'importantes contributions à la littérature et aux arts du monde. Parmi les grands auteurs polonais du XIXᵉ siècle, citons le poète Adam Mickiewicz, l'auteur dramatique Wyspianski et le romancier Sienkiewicz, auteur de *Quo Vadis ?* et lauréat du prix Nobel de littérature en 1905. Le poète Czeslaw Milosz remporta ce prix en 1980. Les polonaises et les mazurkas étaient à l'origine des danses populaires que Chopin (1810-1849) raffina et fit connaître au monde entier. Des metteurs en scène polonais, comme Andrzej Wajda, Krystof Zanussi, Andrzej Zulawski et Roman Polanski, ont produit un grand nombre d'œuvres d'envergure. Aujourd'hui, la culture polonaise tire une force nouvelle du retour d'un gouvernement démocratique à la tête du pays.

La Pologne aujourd'hui

La Pologne est un pays en pleine transition, passant d'un État à parti unique à la démocratie et au multipartisme, du socialisme à l'économie de marché. Jusqu'en 1989, sous la bannière du Parti ouvrier unifié polonais (POUP), les communistes dirigeaient le pays avec l'appui de petits partis, tels que le Parti des paysans unis et le Parti démocrate. Dans les années 1980, toutefois, la Pologne connut une véritable métamorphose politique.

La naissance de Solidarité

En 1980, une vague de protestations et d'émeutes accueillit l'annonce par les autorités d'une hausse des prix des denrées alimentaires. Cette rébellion eut notamment pour effet d'humilier le gouvernement d'Edward Gierek. Les ouvriers du gigantesque chantier naval de Lénine, à Gdansk, se mirent en grève et revendiquèrent le droit de former un syndicat indépendant. Sous la conduite de l'électricien Lech Walesa et l'égide d'un certain nombre d'intellectuels, dont Jacek Kuron, et du Comité d'autodéfense sociale, les grévistes occupèrent leur lieu de travail, forçant les autorités à négocier. Pour finir, Gierek donna sa démission et le Comité central du POUP élit Stanislaw Kania à sa place. En novembre, le gouvernement reconnaissait l'existence de Solidarité, la nouvelle organisation syndicale libre.

Les effectifs de Solidarité s'accrurent rapidement. Au début de 1981, l'organisation réclamait un plébiscite sur la crédibilité du gouvernement. A la fin de cette même année, les militaires intervenaient et décrétaient la loi martiale. Un Conseil militaire de salut national, dirigé par le général Wojciech Jaruzelski (né en 1923), prit alors en main les rênes du pays. Le recours à la loi martiale par Jaruzelski prévint sans doute le risque d'une invasion soviétique mais entraîna l'arrestation et l'incarcération de la plupart des leaders de Solidarité. Quoique bannie, l'organisation continua à exister. Un précieux soutien moral lui parvint de l'étranger en 1983, lorsque Walesa se vit attribuer le prix Nobel de la paix. Au milieu des années 1980, des vagues d'arrestations alternèrent avec des mesures d'amnistie. En 1984, des membres de la police secrète enlevèrent puis assassinèrent le père Jerzy Popielusko, qui défendait ouvertement Solidarité. Ce meurtre provoqua une nouvelle phase d'agitation. Dès la fin de 1986, toutefois, la plupart des prisonniers politiques avaient été libérés.

A la fin des années 1980, le vent tourna en Pologne dans le sens de la libéralisation. Mikhaïl Gorbatchev avait fait clairement savoir que l'U.R.S.S. entendait ne plus imposer sa volonté aux pays satellites d'Europe de l'Est. Le gouvernement polonais se servit de l'Église catholique pour négocier avec Solidarité, toujours en disgrâce. Les visites du pape, reçu en triomphe dans son pays en 1979, 1983 et 1987, renforcèrent encore l'influence de l'Église.

En 1988, une hausse de l'inflation provoqua de nouvelles grèves. Solidarité sortit de la clandestinité et reprit son action sur les lieux de travail. Le gouvernement proposa des « tables rondes » avec les comités du peuple en vue de l'établissement d'une économie de libre-échange et annonça des élections, autorisant les candidats non communistes.

Lors de ces élections, les Polonais votèrent en masse en faveur des candidats soutenus par Solidarité. Aussi un gouvernement de coalition fut-il mis en place. Au sein du nouveau Sénat,

REPÈRES

LE PAYS
Nom officiel :
République de Pologne
Capitale :
Varsovie
Régions :
Plaines côtières, région des lacs de la Baltique, plaines centrales, plateaux, contreforts des Carpates, Carpates occidentales, monts de Sudètes
Superficie :
312 683 km²
Climat :
Ouest et littoral : tempéré. Est et intérieur des terres : continental avec des étés courts et des hivers froids et enneigés
Principaux fleuves :
Vistule, Warta, Oder
Alt. max. :
Mont Rysy (2 499 m)

LE GOUVERNEMENT
Forme de gouvernement :
Démocratie parlementaire
Chef de l'État :
Le président
Chef du gouvernement :
Premier ministre
Régions administratives :
49 voïvodies (provinces)
Pouvoir législatif :
Assemblée nationale : Chambre basse (Sejm) (460 membres) et Chambre haute (Sénat) (100 membres)
Pouvoir judiciaire :
Cour suprême, Tribunal administratif suprême, tribunaux de province et de comtés
Forces armées : 400 000
Service obligatoire après 19 ans

LE PEUPLE
Population (1988) :
37 775 000
Langue :
Polonais
Religions :
Catholiques (environ 90 %), protestants, juifs, minorités orthodoxes dans l'Est

L'ÉCONOMIE
Monnaie :
Zloty
P.N.B./hab. (1987) :
1920 $ US
Taux de croissance annuel (1980-1986) :
1,5 %
Balance commerciale en $ US (1988) :
1 716 millions
Importations :
Machines, véhicules, pétrole et dérivés,

les partisans de Solidarité reçurent 99 sièges sur 100. Dans l'autre chambre, le *Sejm*, regroupant 460 membres, 65 % des sièges étaient réservés au POUP et à ses alliés. Ces derniers retirèrent cependant leur soutien aux communistes, donnant du même coup aux partisans de Solidarité la majorité à la Chambre basse. Tadeusz Mazowiecki devint le premier Premier ministre non communiste de la Pologne depuis la Deuxième Guerre mondiale. Quant au général Jaruzelski, il prit la présidence, armé de nouveaux pouvoirs d'envergure. En 1990, le gouvernement fit passer des mesures d'austérité draconiennes afin de faire face à la grave crise économique dont souffrait le pays. En décembre 1990, Lech Walesa était élu président de la Pologne.

∧ **La Pologne** occupe une vaste zone de la plaine de l'Europe du Nord, limitée au sud par des chaînes de montagnes. Les frontières de la Pologne actuelle furent établies en 1945. En 1948, les communistes prirent le contrôle du pays. Dans les années 1980, la montée du syndicat libre de Solidarité fut le point de départ d'importants changements politiques. En 1990, la Pologne accédait à la démocratie.

> **Un prêtre catholique** confessant un fidèle à Czestochowa, où se trouve la vénérée icône de la Vierge noire. Les Polonais sont en grande majorité catholiques. L'Église joue un rôle politique clé.

Administration et éducation

Le Sénat et le Sejm composent l'Assemblée nationale, le parlement polonais. L'Assemblée vote les lois, supervise les différentes branches du gouvernement et élit le président. Le Sejm est responsable du choix des membres du Conseil des ministres. Le président est le chef de l'État ; la politique étrangère et la dissolution de l'Assemblée nationale font notamment partie de ses attributions. La Pologne est constituée de 49 provinces, les *voïvodies*, chacune divisée en communautés urbaines et rurales. Un Conseil du peuple, élu et dirigé par un Présidium, gouverne chacune de ces provinces.

L'enseignement est gratuit et obligatoire pour les enfants de 7 à 15 ans. Le premier ministère de l'Éducation polonais fut établi en 1773 ; aujourd'hui encore, le gouvernement gère le système pédagogique. Avant de s'inscrire dans l'une des dix universités du pays ou l'un de ses nombreux collèges techniques, les élèves du secondaire doivent d'abord passer un examen. La plus ancienne université polonaise, celle de Cracovie, ouvrit ses portes en 1364.

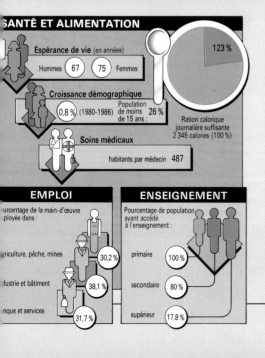

SANTÉ ET ALIMENTATION

Espérance de vie (en années)

Hommes 67 — 75 Femmes

Croissance démographique

(0,8 %) (1980-1986)

Population de moins de 15 ans : 26 %

123 %

Ration calorique journalière suffisante 2 345 calories (100 %)

Soins médicaux

habitants par médecin 487

EMPLOI

Pourcentage de la main-d'œuvre employée dans :

Agriculture, pêche, mines 30,2 %

Industrie et bâtiment 38,1 %

Banque et services 31,7 %

ENSEIGNEMENT

Pourcentage de population ayant accédé à l'enseignement :

primaire 100 %

secondaire 80 %

supérieur 17,8 %

produits chimiques, produits alimentaires, céréales, laine, coton, minerai de fer

Exportations :
Machines, charbon, produits alimentaires, bateaux, équipement de transport, soufre, produits chimiques, fer, acier, textiles, bois

Partenaires commerciaux :
ex-U.R.S.S., Allemagne, Tchécoslovaquie, Grande-Bretagne

Transport :
Voies ferrées (1987) : 23 637 km
Km/voyageurs (1987) : 48,3 milliards

Presse :
Nombre de quotidiens (1986) : 45
Tirage (1986) : 7 480 000

L'histoire

Des tribus slaves peuplaient probablement déjà le territoire qu'occupe aujourd'hui la Pologne il y a 4 000 ans. Au IXe siècle, ces tribus s'unirent sous l'hégémonie des princes polanes, les Piast. L'apogée de cette dynastie est atteint en 1025, lorsque Boleslas Ier est couronné roi de Pologne après avoir conquis l'essentiel de la Russie, de la Bohême et de l'Allemagne de l'Est.

Moins de cent ans plus tard, la nation polonaise commençait à se fractionner. Au cours du XIIIe siècle, d'autres États conquirent ou reprirent possession de la quasi-totalité du territoire polonais. Le dernier des Piast, Casimir le Grand, parvint cependant à réunifier la Pologne. A sa mort, en 1370, le pays pouvait à nouveau se prévaloir d'un gouvernement fort, bien qu'il eût beaucoup rétréci.

La dynastie des Jagellon

En 1386, Hedwige d'Anjou reine de Pologne épousait Ladislas II Jagellon, grand-prince de Lituanie, et fondait ainsi la dynastie des Jagellon. Au cours des deux siècles qui suivirent, les deux pays, tout en conservant leur autonomie, partagèrent une frontière et le même souverain. En 1569, la Pologne et la Lituanie furent unies sous l'autorité d'un Parlement unique.

Sous la dynastie des Jagellon, la Pologne prospéra et agrandit à nouveau son territoire. Au XVIe siècle, elle dominait presque toute l'Europe de l'Est, y compris l'Ukraine. A la mort du dernier Jagellon, en 1572, la Pologne adopta un système de monarchie élective. Tous les nobles polonais bénéficiaient du droit de vote et l'on prit l'habitude de placer des étrangers sur le trône. Mais l'adoption d'une monarchie élective eut pour effet d'affaiblir l'autorité centrale. La situation ne fit qu'empirer après 1652, avec l'introduction du veto libre, qui autorisait tout noble à s'opposer à la mise en vigueur des mesures qu'il réprouvait. La fin du XVIIe siècle vit le déclin du protestantisme en Pologne, à la suite d'un renouveau général du catholicisme, baptisé Contre-Réforme. Le pays sombra alors dans le chaos, qui ne profita qu'aux seuls *szlachta*, les nobles propriétaires terriens.

Les voisins de la Pologne s'empressèrent de tirer parti de cet affaiblissement. En 1648, l'Ukraine se rebella avec succès. En 1655, la Suède s'emparait des provinces de la Baltique. Au cours du XVIIIe siècle, le territoire polonais diminua comme une peau de chagrin, la Prusse, la Russie, l'Autriche se partageant en définitive environ un tiers de sa superficie. Il faudra attendre 1794 pour que les Polonais réagissent, sous l'égide de Tadeusz Kosciuszko (1746-1817). Sans grand succès puisqu'en 1795 les puissants voisins du royaume achevèrent de se partager les derniers vestiges de la Pologne : Varsovie est prussienne, Cracovie autrichienne et Wilno russe.

> **Les ouvriers du chantier naval** Lénine à Gdansk firent grève en 1980, pour un meilleur salaire, des réformes politiques et la liberté syndicale, obligeant le gouvernement à reconnaître Solidarnosc.

IXe siècle Les tribus slaves s'unissent sous l'hégémonie des Polanes
966 Mieszko Ier se convertit au christianisme
1025 Boleslas Ier est couronné premier roi de Pologne
Milieu du XIIe siècle Division de la Pologne
XIVe siècle Réunification de la Pologne
1333-1370 Règne de Casimir le Grand
1386 Fondation de la dynastie des Jagellon
1493 Établissement du premier Parlement national
XVIe siècle Apogée de l'Empire polonais
1516 La Pologne perd la Bohême et la Hongrie au profit des Habsbourg
1596 Le roi Sigismond III déplace la capitale de Cracovie à Varsovie
1655 La Pologne perd les provinces baltes au profit de la Suède
1772 Premier partage de la Pologne
1793 Deuxième partage de la Pologne
1795 Troisième partage mettant fin à l'existence de la Pologne
1815 Le congrès de Vienne crée « le royaume de Pologne », gouverné par les tsars russes
1918 La Pologne devient une république indépendante
1919 La Pologne acquiert des territoires indépendants
1920 Conflit avec l'URSS à propos du territoire d'avant le partage
1926 Jozef Pilsudski renverse le gouvernement
1939 L'Allemagne envahit la Pologne et se partage le pays avec l'URSS
1944 Les Allemands détruisent Varsovie
1945 Formation d'un gouvernement communiste ; les frontières actuelles sont définies
1955 La Pologne devient membre du pacte de Varsovie
1956 Émeutes antigouvernementales dans les villes
Années 1970 Grèves et manifestations contre la précarité des conditions de vie des Polonais
1978 Le cardinal polonais, Karol Wojtyla, devient pape
1980 Naissance du syndicat Solidarité
1981 Le général Jaruzelski impose la loi martiale et bannit Solidarité
1983 Lech Walesa reçoit le prix Nobel de la paix
1989 Solidarité légalisée soutient le gouvernement suffrage universel
1990 Imposition d'un plan d'austérité économique

1. Tadeusz Kosciuszko (1746-1817)

2. Frédéric Chopin (1810-1849)

3. Lech Walesa (né en 1943)

△ **Tableau** représentant la Vierge noire, vénérée par les catholiques polonais depuis 1656.

◁ **La ville historique de Cracovie,** au sud de la Pologne, fut la capitale du royaume jusqu'en 1596. Pivot de la culture polonaise, elle abrite la plus ancienne université du pays, fondée en 1364.

Quelques années plus tard, on put croire que Napoléon allait faire revivre un nouvel État polonais, au demeurant restreint, lorsqu'il créa le grand-duché de Varsovie. En 1815 toutefois, au congrès de Vienne, les monarchies européennes victorieuses décidèrent d'un commun accord que la Pologne occidentale resterait intégrée à la Prusse, la partie orientale du pays devenant une nation nominalement indépendante, sous la protection du tsar de Russie. Les Polonais se rebellèrent plusieurs fois contre les Prussiens et les Autrichiens, puis à nouveau contre les Russes en 1830 et 1863.

La IIᵉ République

La Pologne reprit vie après la Première Guerre mondiale et la défaite des Empires germanique et austro-hongrois et le renversement du tsar de Russie en 1917. L'année suivante, le Comité national polonais, constitué à Paris en 1917,

◁ **En 1795, la Pologne** fut partagée entre ses voisins. Elle retrouva son autonomie en 1918, mais ses frontières actuelles furent définies lors de la conférence de Yalta après la Deuxième Guerre mondiale.

1795

1 Vers la Prusse
2 Vers l'Autriche
3 Vers la Russie

1918

1 D'Allemagne 1919
2 De Russie 1921
3 D'Autriche 1919
4 De Lituanie 1920

proclamait l'indépendance de la Pologne. Les Alliés victorieux décidèrent d'affaiblir l'Allemagne en renforçant la Pologne : le traité de Versailles, signé en 1919, accordait en effet à cette dernière de larges portions du territoire allemand, lui donnant notamment accès à la Baltique. Sous le gouvernement de Jozef Pilsudski (1867-1935), la nouvelle République polonaise parvint, non sans peine, à définir sa frontière orientale avec la Russie soviétique. D'autre part, le processus d'unification ne fut pas chose facile, car un tiers de la population n'était pas polonaise. Le gouvernement démocratique dura cinq ans avant d'être renversé, en 1926, par le coup d'État de Pilsudski, qui instaura une dictature.

En 1939, Hitler et Staline signaient un traité de non-agression contenant une clause secrète visant à diviser la Pologne. Après la conquête du pays par l'Allemagne en 1939, les Soviétiques s'emparèrent de l'est de la Pologne. En 1941, Hitler attaqua l'U.R.S.S. et occupa l'ensemble de la Pologne. Sous la domination allemande, plus de six millions de Polonais, dont trois millions de juifs, furent assassinés.

A la conférence de Yalta en 1945, au cours de laquelle les Alliés devaient se mettre d'accord sur la configuration de l'Europe de l'après-guerre, il fut décidé que le futur gouvernement polonais inclurait à la fois des communistes polonais basés à Moscou et des membres du gouvernement polonais en exil, réfugié à Londres. La nouvelle Pologne perdait le territoire acquis par l'Union soviétique en 1939. A l'ouest, elle s'étendait désormais jusqu'à l'Oder et incluait presque toute la Prusse orientale. Ce redécoupage entraîna des transferts de population : des Allemands quittèrent la Prusse et des Polonais les territoires cédés à l'U.R.S.S.

La nouvelle Pologne ne tarda pas à passer sous le contrôle de l'Union soviétique qui dura jusqu'à la fin des années 1980.

Panoramas

Au centre de l'Europe de l'Est, la Pologne a pour ainsi dire la forme d'un carré d'une superficie de 312 683 km^2. Au nord du pays, la mer Baltique exerce une forte influence sur le climat. Le paysage est plat, à l'exception du Sud, où s'élèvent d'imposantes montagnes.

Le littoral de la Baltique est bordé de longues plages de sable interrompues par les deltas de l'Oder et de la Vistule. L'Oder forme la frontière de la Pologne avec l'Allemagne ; le port de Szczecin se situe près de son embouchure. Au débouché de la Vistule, sur le golfe de Gdansk, se trouvent les grands ports de Gdansk et de Gdynia. Ces trois villes sont les seules grandes métropoles des plaines côtières polonaises.

Derrière l'étroit littoral, le terrain s'élève progressivement vers les régions de Poméranie et de Mazurie, une zone de collines boisées émaillée de petits lacs. La tourbière couvre presque toute cette partie du pays inapte à l'exploitation agricole, qui ne produit pas grand-chose à part du bois. La beauté de ses paysages en fait cependant un site de villégiature populaire, notamment pour les amateurs de marche, de pêche et de camping. Dans ces contrées désertes, des cygnes sauvages traversent le silence de la nuit avec de gracieux battements d'ailes, et de grands nids de cigognes ébouriffés couronnent les clochers et les cheminées.

Au sud des lacs s'étend la grande plaine centrale. Elle occupe près de la moitié de la superficie du pays et constitue la principale zone agricole. En dépit de sols pauvres et sablonneux, les fermiers produisent ici des pommes de terre, de la betterave à sucre, du seigle et d'autres céréales. Cette région regroupe aussi plusieurs grandes villes polonaises, notamment Bydgoszcz, Poznan, ainsi que la capitale, Varsovie. A l'est de la Vistule s'étendent de vastes forêts naturelles, abritant des arbres centenaires. Dans la réserve de Puszcza Kampinoska, près de Varsovie, élans, loups et sangliers mènent une existence protégée. Il est pourtant impossible de préserver cette faune des méfaits des effluents charriés par la Vistule depuis les zones industrielles du sud de la Pologne qui détiennent le triste record de pollution européen.

Au sud et à l'est de la grande plaine centrale s'élèvent les plateaux de Silésie, riches en ressources agricoles et industrielles. La terre y est fertile et l'on trouve aux alentours de Katowice l'un des plus vastes bassins de charbon du monde. Cette zone regroupe aussi de nombreux gisements de cuivre, de plomb et de zinc.

Au sud des plateaux, le terrain s'élève à nouveau vers les contreforts des Carpates situés entre la Vistule et la San. C'est l'une des régions les plus peuplées de la Pologne, à cause de la fertilité de ses sols et des importantes industries sidérurgiques regroupées autour de la ville ancienne de Cracovie.

A la lisière sud-ouest de la Pologne se dressent les monts Sudètes dont la crête la plus élevée forme une partie de la frontière polonaise avec la Tchécoslovaquie. A l'extrémité ouest se trouve la chaîne de Karkonosze, ou monts des Géants, culminant à 1 602 m d'altitude, au pic Sniezka. A l'est, cette chaîne s'abaisse progressivement vers l'Oder, les cimes cédant la place à des sommets plus arrondis tapissés de forêts et dépassant rarement 1 500 m. Ici, des mouflons et diverses espèces sont protégés dans des réserves naturelles. Au fond des larges vallées séparant ces montagnes, on pratique l'agriculture et l'élevage ; les villes et bourgades locales se spécialisent dans la fabrication de textiles.

A la pointe sud-est de la Pologne, s'élèvent les hauteurs des Carpates occidentales, composées des massifs des Tatras et des Beskides. Des forêts denses couvrent les dômes arrondis des Beskides. Seuls quelques pics dépassent la ligne des arbres mais Babia Gora, à l'ouest des Hautes Beskides, atteint une altitude de 1 725 m. Cette montagne était, selon la légende, le site de grands rassemblements de sorcières. Les forêts sauvages qui couvrent les contreforts des Beskides, à l'extrémité sud-est de la Pologne, sont encore le domaine des ours, des loups, des lynx et des bisons européens.

< **Elk** est une ville de Mazurie, une région boisée au nord-est de la Pologne. Le retrait des glaciers a laissé de nombreux lacs et marécages. C'est une zone de villégiature très prisée.

∨ **De longues plages de sable** bordent le littoral polonais de la Baltique. Gdansk figure parmi les principales villes de cette région côtière. La Baltique modère le climat du nord de la Pologne.

< **Les pics des monts Tatras**, près de Zakopane, font partie de la chaîne des Carpates occidentales qui définit la frontière méridionale de la Pologne. Les forêts de cette région abritent une faune abondante.

∧ **De nombreuses petites communautés fermières** sont éparpillées dans les plaines centrales de la Pologne. Cette région agricole est la source d'approvisionnement du pays qui souffre de pénuries fréquentes.

Au-delà des Beskides s'élèvent les massifs des Tatras, composant un panorama d'anciens pics rocheux et de vallées profondes, parsemé d'innombrables chutes d'eau spectaculaires. On trouve aussi ici des lacs d'une limpidité cristalline, des forêts denses de pins et de mélèzes, et des champs verdoyants. A 2 499 m d'altitude, le pic de Rysy, à la frontière tchécoslovaque, est le point culminant de la Pologne.

Le climat

La Pologne occupe une position intermédiaire entre la zone climatique humide, influencée par l'Atlantique, de l'Europe centrale et celle, plus continentale de l'Europe orientale. En dehors des montagnes situées à l'extrémité sud du pays, il n'existe aucun obstacle naturel au mouvement des masses d'air, d'où des changements de temps soudains. Bien que la Pologne ne couvre que 600 km du nord au sud et d'est en ouest, son climat varie considérablement d'une région à l'autre. D'une manière générale, le Nord bénéficie de conditions plus clémentes que les zones montagneuses méridionales soumises à un climat plus âpre. Les hivers polonais sont soit doux et humides, soit secs et très froids. Les températures hivernales oscillent autour de − 3 °C, mais sont sujettes à d'importantes variations. En juillet, les températures tournent autour de 23 °C, même si le thermomètre monte souvent jusqu'à 30 °C.

Varsovie

Si le pont Slasko-Dabrowski sur la Vistule relie les secteurs est et ouest de Varsovie, c'est aussi, et peut-être avant tout, un lien entre les réalités quelquefois troublées de la ville actuelle et les gloires de son passé.

Visibles depuis le pont, dans le quartier de Praga, sur la rive droite de la Vistule, se dressent les immenses blocs de béton gris, construits après la Deuxième Guerre mondiale afin d'apporter une solution partielle à la pénurie de logements. A l'ouest s'élève la tour rose surmontée d'un dôme du Palais royal (*Zamek Krolewski*), qui domine la « vieille ville » (*Stare Miasto*). Dès que l'on accède à la rive gauche, on a l'impression de remonter dans le temps.

La « vieille ville »

Bien que l'édifice actuel soit dans le style baroque des XVIIe et XVIIIe siècles, le palais fut une résidence royale dès la fin du XIIIe siècle, à l'époque où Varsovie était la capitale du duché de Mazovie. Il abrite actuellement une magnifique collection de tapisseries et de tableaux, y compris des vues de Varsovie peintes entre 1767 et 1780 par l'artiste vénitien Bellotto.

Devant le château royal, la colonne du roi Sigismond III, érigée en 1644 pour commémorer le monarque qui déplaça la capitale polonaise de Cracovie à Varsovie en 1596, domine la place Zamkowy. Non loin de là se trouve le palais *Pod Blacha*, célèbre pour les panneaux décoratifs ornant les mansardes. Des mansardes similaires, surnommées « lanternes de Varsovie », surmontent la plupart des bâtiments de quatre ou cinq étages entourant la place du Vieux Marché (*Rynek*) qui est l'une des plus belles d'Europe. Toutefois, comme la plupart des monuments de l'ancienne Varsovie, sa splendeur médiévale remonte en fait à moins de quarante ans.

Le Musée historique de Varsovie, sur le flanc nord de la place Rynek, apporte une réponse à ce mystère. Il montre en effet comment le passé de la ville justifie amplement sa devise latine, *Contemnit procellas*, « Qui défie les tempêtes ». A trois reprises en l'espace d'un millénaire, des envahisseurs essayèrent de rayer Varsovie de la carte. Une armée suédoise dévasta la ville en 1656 ; en 1794, la résistance des habitants à l'occupation prussienne la détruisit presque complètement. La Deuxième Guerre mondiale causa des dégâts considérables. Sous l'assaut impitoyable des bombes et des obus allemands dès 1939, Varsovie subit des dommages encore plus dévastateurs lors du soulèvement juif de 1943, date à laquelle le ghetto, muré par les nazis, à l'est de la ville, fut rasé. En 1944, l'Armée intérieure polonaise se souleva contre les Allemands à Varsovie. Au bout de trois mois de combats acharnés, la rébellion fut finalement étouffée. Les forces nazies déterminées à se venger entreprirent alors d'anéantir

toute la ville avant l'arrivée des troupes soviétiques.

La reconstruction

Pendant la Deuxième Guerre mondiale, quand leur pays devint une province allemande, environ 85 % des habitants de Varsovie périrent ou furent chassés de leur ville. En 1945, lorsque Varsovie retrouva un relatif degré de liberté en tant que capitale de la République populaire polonaise, dominée par les Soviétiques, les exilés de retour se mirent en devoir de rebâtir leur cité. Des immeubles d'habitation élevés et massifs, d'immenses usines et des bâtiments officiels oppressants dominèrent bientôt le paysage urbain. En 1954, Staline, fit don à la ville d'un palais de la Culture et des Sciences.

Pourtant, à l'instar de la Pologne historique, la vieille ville de Varsovie ne cessa jamais de vivre dans le cœur de ses citoyens. En une remarquable manifestation d'amour, ces derniers s'attelèrent à lui rendre sa beauté d'antan. Les rares vestiges de monuments et d'édifices anciens furent soigneusement incorporés à des projets de reconstruction minutieux, basés sur les plans des rues et de l'architecture que l'on avait pu conserver, sur de vieilles photographies et les toiles et croquis de Bellotto et d'autres artistes. Cette gigantesque tâche devait s'achever avec la reconstruction complète du Palais royal en 1981.

$\wedge$ **Le palais de la Culture et des Sciences,** don de l'Union soviétique, domine les immeubles de la Varsovie moderne. Presque totalement détruite pendant la Deuxième Guerre mondiale, la capitale polonaise allie aujourd'hui l'ancien et le moderne.

$>$ **La colonne du roi Sigismond III** s'élève sur la place Zamkowy, devant le Palais royal de Varsovie. Érigé en 1644, ce monument honore le roi polonais qui déplaça la capitale de Cracovie à Varsovie.

$>>$ **La Varsovie** historique, capitale de la Pologne, se situe sur les rives de la Vistule, au centre-est du pays. Avec une population de plus de 1 659 000 habitants, c'est la plus grande ville polonaise, et un centre industriel important.

La place du Vieux Marché de Varsovie regroupe quelques-uns des plus beaux édifices de la ville, des boutiques et des cafés élégants. Reconstruites après les ravages de la guerre, les ruelles de la vieille ville ont un charme un peu suranné.

De nos jours, Varsovie est un grand centre culturel et le pivot de l'industrie et du commerce polonais. Maintenant que l'économie polonaise se libère enfin de l'influence du communisme, des biens de consommation occidentaux apparaissent dans les magasins de la rue Marszalkowska. Un grand nombre de citadins aiment se promener le long de la large avenue vers les ravissants jardins qui entourent le palais Lazienki, magnifiquement restauré. Jadis résidence d'été de la famille royale polonaise, il fut construit sur une île au XVIIIᵉ siècle. Parmi les nombreux monuments du parc Lazienki, notons celui dédié au compositeur Frédéric Chopin (1810-1849), né à Varsovie. En son honneur, Varsovie organise d'ailleurs tous les cinq ans un concours international de piano.

Une effigie de la déesse guerrière Syrena, patronne de la ville, commémorant les héros de la Deuxième Guerre mondiale, trône devant le théâtre Wielki, l'un des innombrables lieux de spectacles et de concerts de la ville. Des chants religieux emplissent régulièrement la cathédrale Saint-Jean, restaurée comme une multitude d'autres églises en ville ; on peut s'y recueillir devant la tombe du grand romancier patriotique polonais, Henryk Sienkiewicz (1846-1916). Le roi Sigismond III a enfin retrouvé sa place sur sa colonne au cœur de la vieille ville, protégée par les remparts reconstruits et la forteresse, symbole de l'invincibilité de la ville.

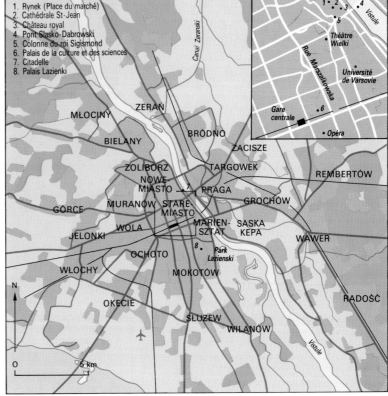

1. Rynek (Place du marché)
2. Cathédrale St-Jean
3. Château royal
4. Pont Slasko-Dabrowski
5. Colonne du roi Sigismond
6. Palais de la culture et des sciences
7. Citadelle
8. Palais Lazienki

L'économie

La Pologne possède une abondance de ressources agricoles et minières, et peut se flatter d'avoir une population éduquée, énergique et qualifiée. En termes de production industrielle, elle occupe la deuxième place parmi les nations d'Europe de l'Est, après l'ex-U.R.S.S. Au début des années 1990, toutefois, son économie était en ruine et cela à cause de la mauvaise gestion communiste et du colossal endettement de la Pologne vis-à-vis de l'étranger, qui atteignait déjà 29 milliards de dollars en 1983 pour passer à 43 milliards en 1987. Les secteurs primaire et secondaire, qui emploient une main-d'œuvre trop nombreuse, ne sont pas rentables et les usines utilisent un matériel totalement dépassé de sorte que les Polonais doivent se soumettre aujourd'hui à de douloureux sacrifices pour permettre à leur pays de passer à une économie de marché.

Avant la Deuxième Guerre mondiale, la Pologne était essentiellement agricole. Le régime communiste imposa une transformation radicale. La Pologne s'intégra au COMECON (Conseil d'assistance économique mutuelle), organe de coopération commerciale des pays de l'Est sous le contrôle de l'U.R.S.S. Pour satisfaire à ses engagements vis-à-vis du COMECON, la Pologne fit d'énormes investissements dans le secteur minier et celui des biens d'équipement. Le pays s'industrialisa rapidement. De nos jours, l'agriculture n'absorbe plus que 29 % de la main-d'œuvre, 34 % étant employé dans le secteur industriel. Cet accent mis sur l'industrie lourde entraîna la négligence d'autres domaines de production tels que les biens de consommation, les infrastructures routières et les télécommunications, et de graves conséquences sur l'environnement : la pollution industrielle en Pologne est l'une des pires en Europe de l'Est.

Subventions des denrées alimentaires

Au départ, le gouvernement communiste choisit de subventionner dans une large mesure la production de denrées alimentaires dans le but de stabiliser les prix et de s'assurer le soutien de la population. Cette politique, qui se voulait temporaire, fut difficile à inverser et le prix de la nourriture fut maintenu à des niveaux artificiellement bas. Il en résulta une pénurie des aliments de base – viande, fruits et légumes –, dans la mesure où les prix bas n'incitaient guère les fermiers à accroître leur production.

Au début des années 1970, le gouvernement d'Edward Gierek s'efforça de résoudre ces problèmes en s'endettant vis-à-vis de l'Ouest. Ces emprunts massifs permirent à la Pologne d'étendre sa production de biens de consommation et de moderniser dans une certaine mesure son industrie. Le gouvernement espérait qu'en augmentant ses exportations le pays serait finalement en mesure de rembourser les banques occidentales. Toutefois, l'augmentation

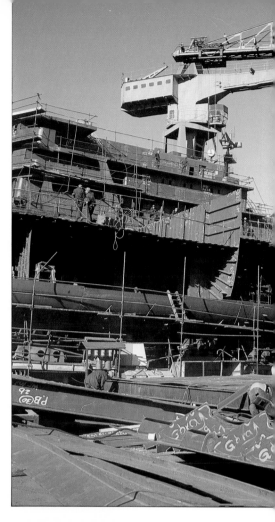

> **Les grands chantiers navals,** comme celui de Szczecin, connurent une période difficile au début des années 1990, au moment où la Pologne s'est efforcée de passer à une économie de marché.

∧ **Les produits fermiers** attirent une foule d'acheteurs sur ce marché rural, dans le nord-est de la Pologne. Le régime communiste était souvent synonyme de graves pénuries de denrées alimentaires.

∧ **Le gisement de charbon** situé près de Katowice est l'un des plus riches du monde. La Pologne possède aussi d'importantes réserves de cuivre, de plomb, d'argent, de soufre et de zinc.

> **L'agriculture polonaise** est principalement entre les mains de petites exploitations familiales. Près de 80 % des terres cultivables restèrent privées sous le régime communiste.

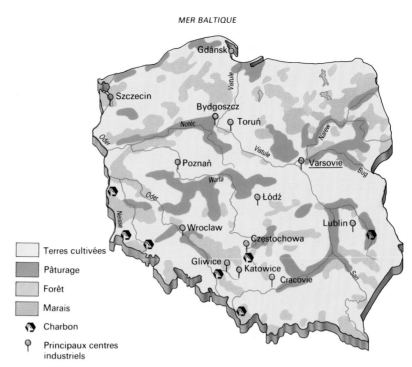

> **Les gisements de charbon** font vivre un vaste secteur industriel, mais les réformes devraient diversifier l'économie. L'agriculture emploie 28 % de la main-d'œuvre et produit de l'orge, des pommes de terre et du seigle.

∨ **Le propriétaire de cette usine** de confection fait partie d'une nouvelle génération d'hommes d'affaires polonais. En 1990, le plan d'austérité ouvrit la voie à de nouvelles structures financières.

Terres cultivées

Pâturage

Forêt

Marais

Charbon

Principaux centres industriels

des prix des matières premières et du pétrole et la réduction du nombre de marchés ouverts aux produits polonais empêchèrent l'essor tant attendu des exportations. La Pologne fut dans l'incapacité de rembourser ses dettes d'autant plus que son industrie et son agriculture n'étaient toujours pas rentables.

Réforme économique

Lorsque le premier gouvernement non communiste depuis la guerre prit en main les rênes de la Pologne, en 1989, il s'empressa d'élaborer un plan radical destiné à assurer la transition d'un système dirigiste à planification centralisée, à une économie de libre-échange. Cette « thérapie de choc » instaurée en 1990 sous-entendait l'élimination du contrôle des prix et des subventions. De stricts contrôles des salaires demeuraient cependant en place de manière à faire échec à l'inflation. Sous le système dirigiste, l'État était propriétaire de 90 % de l'industrie nationale, le reste étant entre les mains de coopératives ou de particuliers. La Pologne espérait restituer l'essentiel de ses industries au secteur privé et encourager la création de petites entreprises. En mettant l'accent sur l'industrie légère, le gouvernement entendait créer des emplois et profiter des faibles coûts de la main-d'œuvre polonaise pour attirer les investisseurs étrangers. La monnaie polonaise, le zloty, devait être convertible librement. Ce programme bénéficiait par ailleurs du soutien de F.M.I. (Fonds monétaire international).

Les effets de cette nouvelle politique se firent immédiatement sentir. Il devint plus aisé de se procurer des denrées alimentaires mais, dans le même temps, le chômage augmenta considérablement. Le gouvernement savait que ce programme d'austérité entraînerait une perte en revenus réels de 20 à 25 % pour l'ouvrier moyen. De nombreux Polonais ne pouvaient tout simplement pas se permettre d'acheter les nouvelles marchandises promises. Ceux qui n'avaient pas la chance d'avoir un deuxième emploi, ou de recevoir des devises de parents travaillant à l'étranger, durent par conséquent se résoudre à une nette dégradation de leur niveau de vie déjà peu élevé. Un rapport, établi par l'Église en 1990, estimait que près d'un quart de la population polonaise vivait dans le dénuement. A Varsovie, Lodz et dans d'autres villes, on ouvrit des « soupes populaires » afin de subvenir aux besoins des plus démunis. Contrairement au F.M.I., Solidarité refusa d'approuver le nouveau programme gouvernemental, dans la mesure où il imposait de dures épreuves aux Polonais. Lors de la campagne pour les élections présidentielles de 1990, on assista à de violents affrontements entre les leaders du pays en matière de politique économique.

LA TCHÉCOSLOVAQUIE

La Tchécoslovaquie est une nation enclavée au cœur de l'Europe, entre la Pologne, l'Allemagne, l'Autriche, la Hongrie et l'ex-Union soviétique. Elle offre un paysage de massifs et de collines entrecoupés de bassins et se divise en trois grandes régions : la Bohême, la Moravie et la Slovaquie. Situées dans la moitié occidentale du pays, la Bohême et la Moravie sont très industrialisées, tandis que la Slovaquie, à l'est, est principalement agricole.

La population tchèque fait remonter ses origines aux tribus slaves qui s'installèrent dans la région dès le VIᵉ siècle. Elle se compose de deux peuples slaves étroitement apparentés, les Tchèques, qui vivent en Bohême et en Moravie, et les Slovaques. Les deux langues officielles du pays, le tchèque et le slovaque, partagent de nombreuses caractéristiques avec les autres langues slaves, bien qu'elles utilisent l'une et l'autre l'alphabet romain et non l'alphabet cyrillique.

L'héritage

La Bohême et la Moravie exercèrent une grande influence culturelle sur l'Europe centrale, pendant plus d'un millénaire. La ville de Prague (*Praha* en tchèque et en slovaque), l'une des plus belles capitales européennes, occupe les deux rives de la Vltava, à l'ouest de la Tchécoslovaquie. La célèbre statue de saint Venceslas, sur **la place Venceslas** (*ci-contre*), commémore le dévot prince-duc de Bohême qui contribua à propager le christianisme à travers toute la région au Xᵉ siècle. Assassiné en 929, Venceslas devint bientôt le saint patron de la Bohême. A la fin du XIVᵉ siècle, Prague fut choisie pour être la capitale du Saint Empire romain sous le règne de Charles IV de Luxembourg, roi d'Allemagne et de Bohême. Cette ère vit la fondation, en 1348, de l'université Charles de Prague, l'une des cinq plus anciennes universités européennes.

L'une des premières révolutions européennes eut lieu sur le sol de la Bohême en 1415, lorsque des partisans du réformateur religieux Jan Hus (v. 1372-1415) se heurtèrent violemment aux membres de l'Église catholique romaine après que leur leader eut été brûlé vif comme hérétique. L'insurrection des hussites déboucha sur une période de guerre civile.

La deuxième révolution fut celle des protestants qui se révoltèrent contre l'autorité des Habsbourg, qui régnaient sur le pays depuis 1526. Elle débuta avec la « Défenestration de Prague », en 1618. En l'espace de quelques années, l'empereur Habsbourg et presque toutes les grandes puissances européennes s'engagèrent dans le conflit ; la guerre de Trente Ans ravagea l'Europe centrale et ruina la Bohême.

L'art et la culture tchèques et slovaques prospérèrent à l'époque impériale et étendirent leur influence jusqu'en Allemagne, en France et en Italie. De nos jours, les œuvres romanti-

ques de Bedrich Smetana (1824-1884) sont régulièrement inscrites aux programmes de concerts et d'opéras internationaux, de même que la musique d'Antonin Dvorak (1841-1904).

La puissante tradition littéraire de la Tchécoslovaquie doit beaucoup à des écrivains tels que Karel Capek (1890-1938) et Jaroslav Hasek (1883-1923), et par-dessus tout à Franz Kafka (1883-1924), dont les romans évoquent avec force la réaction de l'homme à un univers cauchemardesque. Parmi les auteurs contemporains, citons Pavel Kohout (né en 1928), Milan Kundera (né en 1929) et Vaclav Havel (né en 1936). Les œuvres d'un grand nombre d'écrivains, artistes et compositeurs tchèques, témoignent d'un sens puissant de la liberté nationale, souvent déguisé sous le couvert de la satire ou de l'imaginaire.

Le développement national

A partir de 1526, la Bohême et la Moravie firent partie d'un gigantesque empire multinational régi par la dynastie des Habsbourg. La patrie des Slovaques était intégrée au royaume de Hongrie depuis le XIᵉ siècle. En conséquence, les Slovaques eurent davantage de difficultés à établir et à conserver une identité nationale. Il faudra attendre le XIXᵉ siècle pour que l'on puisse véritablement faire état d'une langue slovaque écrite. L'un des plus grands écrivains slovaques, Alexander Petrovics (1823-1849), était connu dans les milieux littéraires sous le nom de Sandor Petöfi ; il mourut en luttant pour la liberté de la Hongrie.

Jusqu'en 1918, la Bohême, la Moravie et la Slovaquie demeurèrent incorporées à l'Empire austro-hongrois. Avant même l'effondrement de la grande dynastie à la fin de la Première Guerre mondiale, Tchèques et Slovaques s'étaient mis d'accord pour former un État commun. Les Alliés victorieux les y encouragèrent. Ainsi naquit la démocratie parlementaire tchèque. Malheureusement, cette indépendance cessa en 1938.

La nouvelle République regroupait aussi un grand nombre de minorités. Les trois millions d'Allemands qui vivaient dans la région des monts Sudètes, dans le nord et le nord-ouest du pays, offrirent à Hitler un prétexte facile pour annexer ce territoire en 1938. Six mois plus tard, les nazis occupaient tout le pays.

Après la Deuxième Guerre mondiale, la Tchécoslovaquie retrouva ses frontières d'avant 1938, à l'exclusion d'une petite zone cédée à l'Union soviétique. En 1948, le pays devenait une république populaire communiste. En 1968, une brève période de réforme libérale connue sous le nom de « Printemps de Prague » s'acheva brutalement lorsque les troupes du Pacte de Varsovie et les Soviétiques envahirent la Tchécoslovaquie. En 1989, le régime communiste s'effondrait, le pays se retrouvant enfin à l'aube d'une ère nouvelle.

La Tchécoslovaquie aujourd'hui

Après la Deuxième Guerre mondiale, la Tchécoslovaquie se munit d'un gouvernement d'unité nationale regroupant tous les partis. La pression exercée par les communistes conduisit cependant dès 1948 à la formation d'un gouvernement dominé par le P.C. Le pays devint alors un satellite économique et politique de l'Union soviétique. En 1968, un bref renouveau réformateur, connu sous le nom de « Printemps de Prague », se solda par l'invasion de la Tchécoslovaquie par les Soviétiques. La République socialiste tchécoslovaque unie devint alors un État fédéral composé des républiques socialistes tchèque et slovaque, chacune dotée d'une certaine autonomie et de son Parlement.

Pendant les années 1970 et 1980, le Parti communiste exerça un strict contrôle sur l'économie du pays et sur les activités de l'opposition. En dépit de mesures de persécution, en commençant par l'interdiction d'exercer certaines professions et de longues peines d'emprisonnement pour les dissidents, un courageux mouvement de défense des droits civiques prit de l'ampleur pendant les années 1970. Ce mouvement, baptisé « Charte 77 », s'appuyait sur les accords internationaux en faveur des droits de l'homme, notamment l'accord d'Helsinki de 1975, et exigeait que le gouvernement les mît en application.

« La révolution de velours »

L'année 1989 fut marquée par un véritable bouleversement en Europe de l'Est. Le gouvernement soviétique fit savoir que ses satellites devaient désormais décider eux-mêmes de leur avenir. En Tchécoslovaquie, grèves et manifestations se multiplièrent. A la fin de l'année, le régime communiste était contraint de passer la

∧ **La station thermale** de Marianské Lazne, en Bohême, était très réputée du temps de l'Empire austro-hongrois, lorsqu'elle était connue sous le nom de Marienbad. De nos jours, de nombreux Tchèques profitent encore de ses quelque 40 sources, populaires depuis le début du XIXᵉ siècle. La ville se situe dans une région très peuplée des monts de Bohême.

REPÈRES

LE PAYS
Nom officiel :
République fédérative tchèque et slovaque
Capitale :
Prague
Régions :
Monts de Bohême, monts Sudètes, bassin et hauts plateaux de Bohême et de Moravie, plaine du Danube, Carpates occidentales
Superficie :
127 876 km²
Climat :
Continental (étés chauds, hivers froids) ; plus froid et humide en montagne
Principaux fleuves :
Vltava, Morava, Elbe
Alt. max. :
Mont Gerlach (2 655 m)
Alt. min. :
94 m près de la frontière hongroise

LE GOUVERNEMENT
Forme de gouvernement :
Démocratie parlementaire
Chef de l'État :
Le président
Chef du gouvernement :
Le Premier ministre
Régions administratives :
10 régions, 2 municipalités
Pouvoir législatif :
Assemblée fédérale : Chambre des nations (150 membres) et Chambre du peuple (200 membres)
Pouvoir judiciaire :
Cour suprême, tribunaux régionaux et de districts
Forces armées :
env. 200 000
Service militaire à partir de 18 ans

LE PEUPLE
Population (1988) :
15 610 000
Langues :
Tchèque et slovaque (off.), langues des minorités
Religions :
Catholiques (env. 65 %), protestants (env. 8 %), minorités juive et orthodoxe

L'ÉCONOMIE
Monnaie :
Koruna (couronne)
P.N.B./hab. (1984) :
7 604 $ US
Taux de croissance annuel (1982) :
0 %
Balance commerciale en $ US (1988) :
695 millions

main. Le 28 décembre 1989, Alexander Dubcek, leader du Printemps de Prague vingt ans plus tôt, fut élu président parlementaire. Le lendemain, il nommait l'écrivain Vaclav Havel à la tête de la nation.

Au cours de cette « révolution de velours », le mot socialiste fut éliminé du nom de la nation tchécoslovaque. Par ailleurs, les Slovaques virent enfin reconnue leur existence à part entière, un souhait qu'ils émettaient depuis très longtemps. La Tchécoslovaquie devint officiellement la République fédérative tchèque et slovaque. Certains observateurs estimaient toutefois que les forces nationales de Slovaquie risquaient de se révéler dangereuses un jour ou l'autre pour la toute jeune démocratie.

Lors des élections parlementaires de juin 1990, Havel fut réélu pour une période transitoire de deux ans. Le Forum civique, groupe d'opposition qui avait été le fer de lance de la révolution de 1989, ainsi que son allié slovaque, appelé le Public contre la Violence, remportèrent une majorité substantielle au sein des deux assemblées parlementaires fédérales.

Le mandat de ce nouveau Parlement était de deux ans seulement. Au cours de cette période, ses membres avaient la charge de rédiger une nouvelle Constitution. Le Parlement tchécoslovaque, l'Assemblée fédérale, regroupe la Chambre des nations, comprenant 75 délégués tchèques et autant de délégués slovaques, et la Chambre du peuple, qui compte 200 membres.

En juillet 1990, Vaclav Havel prit officiellement ses fonctions de président. Peu de temps plus tard, l'Union soviétique s'engageait à retirer toutes ses troupes de la Tchécoslovaquie. Le pays entama alors le difficile processus qui consiste à se défaire des entraves du communisme pour se doter d'un gouvernement démocratique et d'une économie de marché.

> **La République fédérative tchèque et slovaque,** ou Tchécoslovaquie, se trouve au cœur de l'Europe. Montagnes et collines couvrent l'essentiel de sa superficie.

SANTÉ ET ALIMENTATION

Espérance de vie (en années)

Hommes (67) (75) Femmes

Croissance démographique

(0,2 %) (1980-1986)

Population de moins de 15 ans 24 %

141 %

Ration calorique journalière suffisante 2 345 calories (100 %)

Soins médicaux

274 habitants par médecin

EMPLOI

Pourcentage de la main-d'œuvre employée dans :

Agriculture, pêche, mines 12,6 %

Industrie et bâtiment 48,9 %

...que et services 38,5 %

ENSEIGNEMENT

Pourcentage de population ayant accédé à l'enseignement :

primaire 96 %

secondaire 38 %

supérieur 16,2 %

Importations :
Fer et autres minerais, pétrole, machines, gaz industriel
Exportations :
Charbon, fer et acier, machine, véhicules, verre, textiles, produits agricoles
Partenaires commerciaux :
Pays du COMECON, pays de la C.E.E., Autriche, Yougoslavie, Égypte
Transport :
Voies ferrées (1986) : 13 116 km
Km/voyageurs (1986) : 19 935 millions
Presse :
Nombre de quotidiens (1986) : 30
Tirage (1986) : 5 139 000

Les hommes

Les Tchèques sont à peu près deux fois plus nombreux que les Slovaques. Les deux langues sont suffisamment proches pour que les deux groupes linguistiques se comprennent sans difficulté. Pourtant, s'il n'y a pas véritablement de barrière de langue, de nombreux Slovaques s'offusquent de la mainmise des Tchèques sur le gouvernement et l'économie.

De nos jours, les Hongrois, au nombre de 600 000, constituent la plus importante minorité devant les 60 000 Allemands, ainsi que des Polonais, des Ukrainiens et des Russes, qui bénéficient tous de droits égaux sur le plan politique.

Depuis 1989, les Tchécoslovaques jouissent d'une entière liberté de culte. Les deux tiers d'entre eux appartiennent à l'Église catholique, le reste de la population se répartissant notamment entre les protestants hussites et l'Église nationale tchèque.

L'histoire

Les Tchèques et les Slovaques ont partagé la même histoire il y a très longtemps, puis, à nouveau, ces toutes dernières années. Ils connurent en effet un sort commun du temps de l'empire de Grande-Moravie, fondé au IXᵉ siècle et disparu en 908, ainsi que depuis 1918, au sein de la République tchécoslovaque.

A partir de 908, la Slovaquie passa sous le contrôle des Magyars (Hongrois). Plus tard, la noblesse hongroise s'y réfugia pour échapper aux Turcs. Toutefois, les Slovaques furent fort maltraités par les propriétaires terriens hongrois.

Les Slaves, ancêtres des Tchèques, s'établirent en Bohême vers l'an 500. Au cours du XIVᵉ siècle, Charles IV gouverna la Bohême et devint empereur du Saint Empire romain. En 1526, la Bohême passa sous la domination de la dynastie des Habsbourg, qui réprimèrent l'usage de la langue tchèque au sein du royaume de Bohême.

En 1618, un groupe de nobles protestants élirent un roi protestant à la tête de la Bohême. L'empereur catholique s'empressa alors d'envoyer sur place des troupes impériales. Cette initiative fut le point de départ de la guerre de Trente Ans (1618-1648), qui dévasta toute l'Europe centrale. Lors de la bataille de la montagne Blanche, en 1620, les armées des Habsbourg l'emportèrent sur la noblesse de Bohême. L'empereur décida alors de diviser la Bohême en trois provinces : la Bohême, la Moravie et la Silésie.

La Bohême entreprit de s'industrialiser dès la fin du XVIIIᵉ siècle ; ce nouvel essor donna naissance à une bourgeoisie tchèque. Cette bourgeoisie ainsi que les juifs qui, en 1785, se virent accorder les pleins droits civiques commencèrent à concurrencer les Allemands. La culture tchèque s'épanouit alors. A la fin du XIXᵉ siècle et au début du XXᵉ siècle, toutefois, de nombreux Tchèques et Slovaques émigrèrent à Vienne, dans l'espoir de bénéficier de meilleures conditions de vie dans la capitale impériale.

Un État artificiel

Pendant les longues années de domination hongroise, les Slovaques montrèrent peu d'empressement à développer leur propre nation. Une renaissance slave globale eut cependant lieu en Europe de l'Est à la fin du XIXᵉ siècle. A cette époque, les Tchèques se défendaient eux aussi contre l'influence et les privilèges accrus consentis aux Allemands et développèrent un sens profond de leur identité nationale. En 1867, les monarchies d'Autriche et de Hongrie s'unirent pour former l'Empire austro-hongrois. Pendant la Première Guerre mondiale, des hommes politiques tchèques exilés en Russie, en Europe occidentale et aux États-Unis œuvrèrent en faveur d'un État tchèque indépendant : Paris abritait alors le siège du Comité

> **En 1618, en Bohême,** des protestants jetèrent deux émissaires de l'empereur catholique Rudolf hors du château de Prague. Cette « Défenestration de Prague » fut à l'origine de la guerre de Trente Ans.

Der Fensterſturz zu Prag
Aus Gottfrieds Hiſtoriſcher Chron

500 Les ancêtres des Tchèques et des Slovaques s'installent sur le territoire occupé par la Tchécoslovaquie actuelle

IXᵉ siècle Les peuples slaves s'unissent pour former l'empire de Grande-Moravie

Xᵉ siècle Les Magyars conquièrent la Slovaquie. La Bohême devient une puissante nation d'Europe centrale

1347 Charles IV, roi de Bohême, devient empereur du Saint Empire romain

1348 Fondation de l'université de Prague

1415 Le réformateur Jan Hus déclaré coupable d'hérésie est brûlé vif

1419-1436 Les guerres hussites sèment le désordre en Bohême

1526 La Bohême passe sous le contrôle des Habsbourg

1618 Révolte des nobles protestants en Bohême à l'origine de la guerre de Trente Ans

1620 L'armée des Habsbourg bat les Tchèques lors de la bataille de la montagne Blanche. La Bohême passe sous le contrôle des Habsbourg

Milieu du XIXᵉ siècle Essor des sentiments nationalistes tchèques et slovaques

1867 L'Autriche et la Hongrie forment l'Empire austro-hongrois

1918 La Tchécoslovaquie accède à l'indépendance. Tomas Masaryk est élu président

1935 Edvard Benes lui succède

1938 L'accord de Munich octroie le territoire des Sudètes à l'Allemagne

1939 Hitler occupe le reste de la Tchécoslovaquie

1945 Les forces soviétiques libèrent le pays

1948 Les communistes s'emparent du gouvernement. Klement Gottwald devient Premier ministre

1968 « Printemps de Prague » – ère de réformes libérales – achevé par l'invasion des troupes du pacte de Varsovie

1977 Naissance de la « Charte 77 », mouvement en faveur des droits civiques

1989 Effondrement du régime communiste. Alexander Dubcek élu président du Parlement

1990 Élections démocratiques. Vaclav Havel président

1. Jan Hus
(v. 1372-1415)

2. Bedrich Smetana
(1824-1884)

3. Vaclav Havel
(né en 1936)

< **Un jeune Tchécoslovaque** frappe à coups de marteau un tank soviétique en un geste de protestation courageux mais inutile contre l'écrasement du « Printemps de Prague », en août 1968.

∨ **Cette fresque** représentant les grands penseurs de l'Antiquité décore la Salle philosophique de la bibliothèque Strahov, au château de Prague. Ce bâtiment historique situé sur la *Hradcany* (colline du Château) abrite aujourd'hui de nombreux trésors.

Tchèque	
Slovaque	
Hongrois	
Polonais	
Allemand	
Ukrainien	

< **Les Tchèques et les Slovaques** sont les deux principaux groupes ethniques en Tchécoslovaquie. Les Tchèques représentent les deux tiers de la population, qui comprend différentes minorités : les Hongrois, les Polonais, les Allemands, les Ukrainiens et les Tsiganes.

Prague

ALLEMAGNE

POLOGNE

Brno

TCHÉCOSLOVAQUIE

AUTRICHE

Bratislava

UKRAINE

HONGRIE

national tchèque.

En octobre 1918, l'indépendance tchèque était déclarée à Prague. Tomas G. Masaryk (1850-1937) devint ainsi le premier président de la République tchèque. La Slovaquie s'unit au nouvel État en 1920. La population regroupait d'importantes minorités ethniques : des Hongrois, des juifs, des Ukrainiens, des Polonais, des Russes et surtout des Allemands qui dépassaient en nombre les Slovaques.

La nouvelle nation établit une démocratie parlementaire et conclut des alliances avec la France, la Yougoslavie et la Roumanie. Pendant les années 1930, Adolf Hitler encouragea les Allemands sudètes à revendiquer leur autonomie. En 1938, les représentants de la Grande-Bretagne, de la France, de l'Italie et de l'Allemagne nazie signèrent l'accord de Munich qui contraignait la Tchécoslovaquie à céder la région des Sudètes à l'Allemagne. En 1939, le monde ne broncha pas lorsque Hitler occupa le reste du pays. La Slovaquie devint une république à part, sous le contrôle de l'Allemagne, la Bohême et la Moravie constituant désormais un protectorat allemand.

En 1942, des résistants tchèques assassinèrent Reinhard Heydrich, gouverneur nazi de la Bohême et de la Moravie. Par mesure de représailles, les nazis rasèrent le village tchèque de Lidice, massacrant ou déportant tous ses habitants. Après la guerre, les Tchèques se vengèrent en expulsant trois millions d'Allemands.

En 1945, les troupes soviétiques libérèrent presque toute la Tchécoslovaquie de l'emprise allemande. Les élections qui eurent lieu en 1946 donnèrent 38 % des voix au Parti communiste. En Bohême et en Moravie, on atteignit le chiffre de 43,3 %, le plus grand succès jamais enregistré par ce parti en Europe de l'Est à l'occasion d'élections libres. Un gouvernement d'unité nationale regroupant tous les partis en présence fut alors formé mais, en 1948, le P.C. força le président Edvard Benes à constituer un gouvernement composé exclusivement de communistes. Dans les années qui suivirent, la Tchécoslovaquie passa sous le contrôle des Soviétiques.

Le « Printemps de Prague »

Au début des années 1960, un certain nombre de victimes des purges antérieures furent réhabilitées et la situation politique se détendit quelque peu. Une politique plus libérale encouragea les intellectuels à réclamer la restauration des droits civiques. En janvier 1968, l'homme politique slovaque Alexander Dubcek (né en 1921) fut élu premier secrétaire du Parti. Il se promettait de faire de la Tchécoslovaquie une démocratie socialiste et s'efforça de démanteler l'économie planifiée du pays. En août 1968, alarmés, l'Union soviétique et ses satellites devaient cependant mettre une fin rapide et brutale au Printemps de Prague.

Prague

Capitale de la Tchécoslovaquie, Prague est aussi la plus grande métropole du pays. On parle souvent de la « Ville d'or », un nom qui évoque la splendeur de cette cité au décor de conte de fées. Le vieux centre de Prague a miraculeusement échappé aux violents bombardements de la Deuxième Guerre mondiale : il regroupe aujourd'hui un remarquable ensemble de monuments historiques sans égal en Europe. La ville, qui occupe des deux rives de la Vltava, compte une population de 1 189 828 habitants. Grand centre culturel, c'est aussi le principal bastion de l'industrie tchécoslovaque.

La naissance de la ville

Selon la légende, Prague fut fondée vers l'an 800 par la princesse Libuse, qui avait eu la vision d'une cité glorieuse alors qu'elle se tenait sur un affleurement rocheux surplombant la rive droite de la Vltava, à l'endroit précis où le Palais royal de Vysehrad fut bâti au IXᵉ siècle. Le premier village fut pourtant construit sur la rive opposée. Dès la fin du IXᵉ siècle, en effet, les premiers rois tchèques fondèrent la massive citadelle de *Hradcany* (cité du château) sur une hauteur qui domine toujours la ville.

En 1784, Prague comportait officiellement quatre quartiers distincts. Celui de *Stare Mesto* (la vieille ville) s'étendait sur la rive opposée au Hradcany, à l'intersection d'importantes routes commerciales. Sa population s'accrut à partir du XIIIᵉ siècle grâce à l'arrivée massive de colons allemands. Il regroupait aussi une importante et florissante communauté juive, confinée après le XIIIᵉ siècle au sein d'un ghetto cerné de murailles. Ces murs furent finalement abattus au XIXᵉ siècle, mais l'une des synagogues a survécu ; c'est la plus ancienne d'Europe.

Entre Hradcany et le fleuve, dans l'enceinte de la citadelle, le roi Otakar II fonda en 1257 la *Mala Strana*, mot à mot : le Petit Côté. Enfin, en 1348, Charles IV créa la *Nove Mesto*, ou Nouvelle Ville, s'étendant au sud de la Stare Mesto, jusqu'au Vysehrad. De nos jours, Nove Mesto est le quartier des affaires ; on y trouve notamment le large boulevard Venceslas, bordé d'hôtels et de magasins.

L'âge d'or

Sous Charles IV, roi de Bohême, puis empereur du Saint Empire romain, Prague prit un essor considérable. Elle devint une formidable puissance politique et économique et un centre culturel renommé. En 1348, Charles IV fonda l'université qui porte son nom et qui est aujourd'hui la plus ancienne d'Europe centrale. Il attira à sa cour les plus grands esprits de son siècle, notamment le poète italien Pétrarque (1304-1374). L'architecte allemand Peter Parler transforma la cathédrale Saint-Guy, dans l'enceinte du Hradcany, en un ouvrage de dimensions extraordinaires et d'une technique époustouflante. Il relia également les quartiers de

Mala Strana et de Stare Mesto, par un des ponts les plus connus d'Europe, le fameux pont Charles.

Prague conserva sa position privilégiée jusqu'au début du XVIIᵉ siècle. A la fin du XVIᵉ, l'empereur Habsbourg, Rudolf II, en fit un haut lieu de l'astronomie et de l'occulte, y rassemblant des astronomes de renom comme Johannes Kepler (1571-1630) et Tycho Brahe (1546-1601). La magie a joué un rôle important dans l'histoire de la ville. Le chef de la communauté juive du temps de Rudolf, le rabbin Lowe, y aurait en effet créé un être humain artificiel, un *Golem*. Ce fut à Prague, également, que le légendaire docteur Faust vendit son âme au diable, et que Mozart écrit plus tard son opéra, *la Flûte enchantée.*

Les guerres de Religion et les conflits entre les Habsbourg et la noblesse tchèque ont ravagé la ville au début du XVIIᵉ siècle. En 1618, l'affrontement entre l'aristocratie et les représentants de l'empereur Habsbourg à Prague fut le point de départ de la dévastatrice guerre de Trente Ans. Le triomphe final des Habsbourg et de l'Église catholique déclencha une campagne de reconstruction massive à la fin du XVIIᵉ siècle, qui donna à la ville son apparence actuelle.

Les Temps modernes

A la fin du XIXᵉ et au début du XXᵉ siècle, tandis que ses voisines, Vienne et Budapest, se do-

∧ **Dans une rue commerçante** de Prague, des maraîchers approvisionnent les citadins en légumes frais.

∨ **Si les maisons praguoises** reflètent l'âge d'or de la Bohême, les rues du quartier de *Mala Strana* sont mal entretenues. Les communistes ont bâti de nouvelles banlieues mais Prague souffre encore d'une grave pénurie de logements.

taient de grands boulevards et d'immeubles imposants, le vieux centre de Prague demeurait inchangé. La ville connut à cette période un puissant renouveau culturel. Dans une minuscule maison en location au sommet du Hradcany, le romancier Franz Kafka écrivit l'un de ses célèbres romans, débordants d'imagination, *le Château*.

Les grands événements de l'histoire tchécoslovaque moderne se déroulèrent également dans les rues de Prague. En 1968, des tanks soviétiques envahirent la ville, mettant brutalement fin au Printemps de Prague. En 1989, le peuple tchécoslovaque descendit en masse sur le boulevard Venceslas à l'annonce de l'abandon du pouvoir par le Parti communiste : la Tchécoslovaquie retrouvait enfin la démocratie.

∨ **Prague** se situe au bord de la Vltava, à l'ouest de la Tchécoslovaquie. Presque indemne après la guerre, cette ville magnifique recèle de véritables trésors architecturaux et artistiques. Le *Stare Mesto* (la vieille ville),

centre historique de Prague, regroupe l'ancien Hôtel de ville, avec sa fameuse horloge mécanique. Le boulevard Venceslas relie le Stare Mesto au *Nove Mesto* (la ville nouvelle), qui date du XIXᵉ siècle.

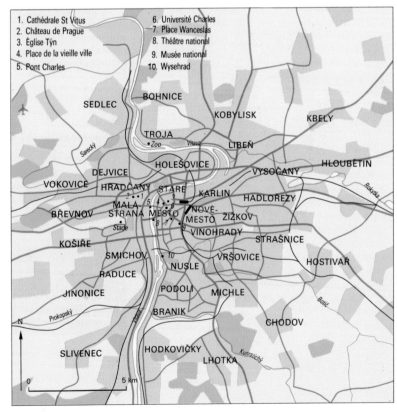

1. Cathédrale St Vitus
2. Château de Prague
3. Église Týn
4. Place de la vieille ville
5. Pont Charles
6. Université Charles
7. Place Wanceslas
8. Théâtre national
9. Musée national
10. Wysehrad

Panoramas

L'Elbe, l'Oder et le Danube relient ce pays enclavé à trois mers : la mer du Nord, la Baltique et la mer Noire. Le relief est montagneux dans l'ensemble, mais varie de façon spectaculaire d'ouest en est. La forêt couvre plus du tiers du pays.

La Morava, qui s'écoule du nord au sud à travers les plaines centrales, sépare la Bohême et la Moravie occidentale de la Slovaquie et de la Moravie orientale. Les monts de Bohême s'élèvent à l'extrémité ouest du pays ; ils incluent les monts Métallifères, avec leurs innombrables sources thermales. Plus d'une cinquantaine sont encore en activité comme Karlsbad et Marianské Lazne (l'ancienne Marienbad). Malheureusement, la pollution a endommagé une grande partie des forêts environnantes.

Plus au sud se situe la forêt de Bohême, où des collines boisées contenant d'abondantes réserves de charbon et d'uranium peuvent atteindre jusqu'à 1 400 mètres d'altitude.

Les monts Sudètes, plus élevés et plus escarpés, se trouvent au centre-nord de la Tchécoslovaquie et définissent la frontière du pays avec la Pologne. C'est une région très peuplée où villes industrielles, sites de villégiature et fermes s'éparpillent dans les vallées. Des plaines et des collines vallonnées couvrent le bassin de Bohême occupant le centre-nord de cette région. De nombreux ruisseaux et fleuves qui prennent leur source dans les collines avoisinantes irriguent cette zone agricole fertile et notamment la Vltava, qui s'écoule vers le nord en direction de Prague.

Le sud de la Bohême regroupe principalement les hauts plateaux de la Bohême et de la Moravie, parsemés de collines basses. Cette région essentiellement agricole, émaillée de petites villes et de villages, s'étend jusqu'au sud-ouest de la Moravie. Les brasseries de Plzen (Pilsen) produisent des bières de renommée internationale.

Le centre du pays est occupé par les plaines de Moravie, fertiles et très peuplées, que traverse la Morava. Il regroupe plusieurs zones industrielles importantes, notamment Ostrava et Brno, la deuxième ville du pays.

La Slovaquie du Sud-Ouest est séparée de la Hongrie par la vallée du Danube. Bratislava est le pivot de l'industrie locale. Toutefois, comme dans les plaines de Moravie, au nord-ouest, l'agriculture occupe ici la majeure partie de la population. En dépit des marécages qui couvrent presque tout le Sud, les fermiers produisent du maïs, du blé et élèvent des porcs.

Le reste de la Slovaquie est principalement occupé par des montagnes boisées au relief accidenté, les Carpates occidentales. Les Carpates font partie du grand système montagneux de l'Europe centrale, qui s'étend jusqu'aux Alpes. Moins élevée que les Alpes dans l'ensemble, la portion tchécoslovaque des Carpates

> **La ville de Plzen,** (Pilsen), à l'ouest de la Bohême, est l'un des principaux centres industriels de la Tchécoslovaquie. On y produit du matériel de transport, ainsi que de la bière, réputée dans le monde entier.

△ **Un artisan de Karlovy Vary** gravant un motif floral sur une coupe. L'industrie du verre de Bohême remonte au XVIIe siècle.

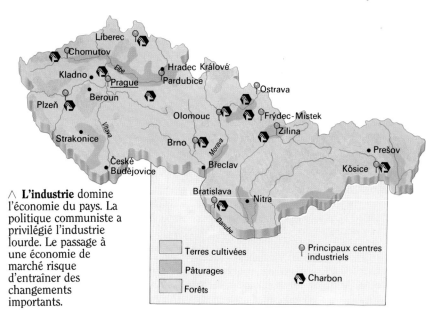

< **La pittoresque ville de Mikulov** se trouve à la lisière des plaines vallonnées de la Moravie, au centre de la Tchécoslovaquie. Cette région très peuplée sépare les plateaux de la Bohême des Carpates occidentales.

∨ **Ces deux femmes sur le marché de Bratislava** arborent des foulards comme le font encore les paysannes slovaques. Située au bord du Danube, Bratislava est la capitale de la République slovaque.

∧ **L'industrie** domine l'économie du pays. La politique communiste a privilégié l'industrie lourde. Le passage à une économie de marché risque d'entraîner des changements importants.

Terres cultivées

Pâturages

Forêts

Principaux centres industriels

Charbon

regroupe les Hautes Tatras, à l'extrémité nord de la Slovaquie, les Basses Tatras, et les monts Métallifères slovaques. Le point culminant du pays, le mont Gerlach situé dans les Hautes Tatras, atteint une altitude de 2 655 m. Jurai Jonosik, le « bon voleur », héros d'une chanson folklorique slovaque fit de ces montagnes son domaine. Ces forêts font vivre l'industrie nationale du bois et du papier. Sertis entre les sommets des Hautes Tatras se trouvent de petits lacs limpides, retenus par des falaises à pic, que l'on a surnommés « les Yeux de la mer ». La plaine slovaque s'étend au pied des contreforts des Carpates ; ses vastes champs de maïs en font le grenier de la Slovaquie.

L'économie
L'essor industriel de la Tchécoslovaquie débuta à la fin du XVIIIᵉ siècle. Dès le milieu du XIXᵉ siè-cle, la Bohême et la Moravie étaient d'impor-

tantes zones de manufacture. L'industrie se développa considérablement entre les deux guerres mondiales, faisant de la Tchécoslova-quie l'un des pays les plus fortement industria-lisés d'Europe. Le secteur secondaire domine aujourd'hui l'économie. Prague, Plzen, Brno et Ostrava figurent parmi les principaux centres industriels du pays. L'industrie lourde se concentre sur l'acier, le matériel de transport et les biens d'équipements. Dans le domaine de l'industrie légère, l'agro-alimentaire, la cérami-que, le papier, les chaussures et les textiles tiennent une place prépondérante. L'industrie du verre de Bohême est encore très réputée, autant que les bières des maîtres brasseurs du pays.

A partir de 1945, le gouvernement socialiste dirigea l'économie et choisit de mettre l'accent sur l'industrie lourde. A partir de 1960, toute-fois, l'économie tchécoslovaque stagnait.

Si les terres cultivables représentent 55 % de la superficie du pays, l'agriculture n'emploie que 8 % de la main-d'œuvre nationale. Sous le régime socialiste, les fermes d'État et les coopé-ratives couvraient presque la totalité des be-soins alimentaires du pays, même si elles étaient nettement à la traîne par rapport aux fermiers occidentaux en termes de productivité. Toutefois, de petites exploitations et entrepri-ses privées ont heureusement contribué à ren-forcer les approvisionnements.

Jusqu'en 1989, la Tchécoslovaquie dépendait en grande partie de son commerce avec l'Union soviétique et les autres membres du COME-CON. Au lendemain de l'ère socialiste, l'écono-mie tchécoslovaque en mauvaise passe s'est lancée dans des réformes économiques forte-ment nécessaires. Le nouveau gouvernement démocratique comptait privatiser certaines in-dustries et attirer les investisseurs étrangers, tout en s'attaquant au grave problème de la pollution industrielle.

Arts et politique

L'art a souvent été étroitement lié à la vie en Tchécoslovaquie à telle enseigne que les élections de 1990 portèrent à la présidence l'auteur dramatique Vaclav Havel. Un puissant courant libéral et humaniste imprègne la culture tchécoslovaque. De nombreuses grandes figures intellectuelles des Temps modernes ont montré leur souci pour la condition humaine en s'appliquant à dépeindre les petits faits du quotidien. A cela ces auteurs associent souvent un penchant caractéristique pour l'absurde et une satire aigre-douce des institutions.

Le héros type de la littérature tchèque moderne est le « brave soldat Chveïk », issu de l'imagination de l'écrivain Jaroslav Hasek (1883-1923). Après avoir été évincé des rangs de l'armée, et qualifié d'imbécile certifié, Chveïk, vêtu de haillons, en est réduit à vendre des chiens, jusqu'au jour où il est réincorporé dans l'armée à la veille de la Première Guerre mondiale. Bien que stupide en apparence, il parvient malgré tout à ridiculiser et à mettre dans l'embarras l'ensemble de l'état-major militaire. Aux yeux de Hasek, les humbles accomplissements d'un homme comme Chveïk comptaient en définitive bien davantage que ceux d'Alexandre le Grand. Hasek lui-même était une personnalité qui ne manquait pas de piquant ; ses écrits sont en réalité une subtile attaque du joug autrichien sur la Tchécoslovaquie. Il faisait constamment des farces spectaculaires, comme le jour où il s'inscrivit comme « espion » sur le registre d'un grand hôtel praguois. En un rien de temps, des soldats encerclèrent l'hôtel pour s'apercevoir en définitive que le dangereux espion n'était autre que le grand mystificateur Hasek. Interrogé sur les motifs de son acte, Hasek répondit qu'il cherchait simplement à mettre à l'épreuve l'efficacité des services secrets autrichiens.

Après la Première Guerre mondiale, le philosophe et historien Tomas Masaryk (1850-1937) fut élu président du nouvel État tchécoslovaque. Le gouvernement de Masaryk encouragea énormément les arts qui sous l'occupation nazie d'abord, puis sous le stalinisme, recouvrèrent une fois de plus leur mission discrètement subversive. Les inepties de la bureaucratie socialiste offrirent une riche source d'inspiration aux écrivains tchèques, le sens de l'humour devenant le meilleur moyen de faire face aux autorités qui en étaient elles-mêmes tellement dépourvues.

Parmi les écrivains tchèques qui se firent connaître dans les années 1950, Bohumil Hrabal est sans doute celui qui s'apparente le plus à Hasek. Ses œuvres extraordinairement imaginatives et drôles allaient évidemment à l'encontre de la politique officielle et furent par conséquent rarement publiées. Comme bien d'autres auteurs, Hrabal fit toutes sortes de métiers – de balayeur à porteur – qui lui permirent de plonger dans la réalité quoti-

La tradition tchèque

Philosophe et professeur, Tomas Masaryk devint le premier président du nouvel État indépendant en 1918. Son passé et les encouragements qu'il donna à l'art témoignent des liens unissant traditionnellement politique et culture en Tchécoslovaquie. Parmi les écrivains qui ridiculisèrent les faiblesses du gouvernement, il faut avant tout citer Jaroslav Hasek. Son personnage, le brave soldat Chveïk, dama le pion aux autorités militaires sans âme de la Première Guerre mondiale. Lorsque les communistes s'emparèrent du pouvoir en 1948, cette tradition de tourner l'État en dérision se poursuivit. Dans les années 1950, metteurs en scène, auteurs dramatiques et musiciens s'associèrent aux romanciers pour défier la domination communiste.

∧> **Les films tchèques** allient humour et satire sociale comme dans *Trains étroitement surveillés* de Menzel et *Au feu, les pompiers* de Forman.

∧ **En novembre 1989,** une foule d'étudiants descendit dans les rues de Prague et d'autres villes, déclenchant ainsi le mouvement connu sous le nom de « Révolution de velours ». Artistes, écrivains et musiciens de rock jouèrent un rôle clé dans l'émergence d'un soulèvement de masse qui resta pacifique dans l'ensemble. Le célèbre établissement de la Lanterne magique à Prague fut littéralement le théâtre de cette révolution réussie.

∧ **L'écrasement du Printemps de Prague,** en août 1968, mit brusquement fin à une remarquable ère d'épanouissement de la vie intellectuelle et culturelle tchèque.

∧ **Le nouveau président** de la nation, l'auteur dramatique Vaclav Havel, fête l'événement avec Alexander Dubcek, héros de 1968.

dienne. En 1959, Hrabal fut finalement en mesure de publier l'un de ses plus grands romans, *J'ai servi le roi d'Angleterre.* Cet ouvrage parut sous l'égide de la section jazz du Syndicat des musiciens tchécoslovaques et fut dédié aux « Lecteurs de la section jazz pour qu'ils puissent s'amuser un peu ».

Le jazz, la fiction, le théâtre et le cinéma s'allièrent ainsi dans les années 1960 pour créer une atmosphère d'optimisme et de vitalité, qui déboucha finalement sur ce que l'on a appelé le Printemps de Prague. Le jazz, considéré comme décadent tant par les nazis que par les staliniens, devint symbole de liberté, et inspira notamment à Josef Skvorecky, une nouvelle très influente, *Saxophone Bass* (1963), célébration de la résistance de l'individualité à la norme. Dans les années 1960, le Théâtre de la Balustrade, à Prague, où les premières pièces de Havel furent jouées, devint le centre de ralliement des dissidents tchécoslovaques.

Ce fut surtout par le biais du cinéma que le regain culturel tchécoslovaque attira l'attention du monde entier. L'un des plus grands metteurs en scène tchécoslovaques de cette période, Jiri Menzel, trouva l'inspiration de ses meilleurs films dans les œuvres de Hrabal. *Trains étroitement surveillés,* basé sur une nouvelle de ce dernier, remporta un Academy Award en 1966, en tant que meilleur film étranger. Le plus célèbre contemporain de Menzel, Milos Forman, mit notamment en scène *les Amours d'une blonde* (1965) et *Au feu, les pompiers* (1967). Ces deux films sont une satire désopilante de la vie dans une petite ville, et des tentatives faites par les autorités pour essayer d'imposer une solution rationnelle aux problèmes humains.

Forman, Skvorecky et une pléiade d'autres talents tchécoslovaques furent forcés de quitter la Tchécoslovaquie après l'invasion soviétique de 1968. Bien que muselés officiellement, les arts n'en continuèrent pas moins de jouer un rôle majeur en politique. La Charte 77, en faveur des libertés individuelles, signée par presque tous les intellectuels et figures culturelles du pays, vit le jour après l'emprisonnement d'un groupe de rock antigouvernemental.

La Révolution de velours

En 1989, le Théâtre de la Lanterne magique de Prague fut littéralement la scène de la révolution démocratique de Tchécoslovaquie. Ce théâtre, fondé en 1958, était réputé pour ses spectacles innovateurs mêlant acteurs et projections de films et il attira de nombreux rassemblements d'artistes et écrivains dissidents. Ce fut de là qu'en décembre 1989 Vaclav Havel et l'ancien leader du parti, Alexander Dubcek, sortirent dans les rues de Prague pour proclamer le succès de ce qu'il fut convenu d'appeler, avec une subtilité toute tchécoslovaque, « la Révolution de velours ».

Le Danube

Depuis la Forêt-Noire jusqu'à la mer Noire, le Danube, deuxième plus long fleuve d'Europe, coule pendant 2 860 km à travers huit pays, traversant au passage 35 grands ports.

Le Danube est depuis toujours l'une des voies fluviales les plus actives d'Europe. Les Celtes, qui vécurent le long de ses rives dès le VIIIe siècle av. J.-C., le baptisèrent *Danu*, d'où l'on a tiré les nombreux noms qui lui sont aujourd'hui attribués. Il y a environ huit mille ans, les régions avoisinantes furent peuplées par des bergers et des fermiers originaires d'Asie Mineure. Ils apportèrent avec eux leurs cultures, notamment le blé et l'orge, ainsi que leurs vaches, leurs chèvres et leurs moutons. La frontière naturelle constituée par le Danube offrit aux Romains une protection salutaire contre leurs ennemis du Nord. Ils ne tardèrent pas à bâtir sur ses rives des villes et des colonies fortifiées. Certaines d'entre elles devinrent par la suite des capitales : Vienne, Budapest, Belgrade.

Le Saint Empire romain germanique puis l'Empire turc ottoman se servirent eux aussi du Danube pour faciliter leurs conquêtes et leur défense. Plus tard, le fleuve passait en plein cœur de l'Empire austro-hongrois, qui s'épanouit à la fin du XIXe siècle et au début du XXe.

Le cours du Danube

Le bassin du Danube draine 816 000 km². Il reçoit quelque 300 affluents, dont la Sava, la Tisza et la Drave. Le Danube prend sa source au confluent de deux petits ruisseaux dans les montagnes de la Forêt-Noire en Allemagne d'où il s'écoule vers le nord-est, en direction de Regensburg, avant de virer vers le sud-est et l'Autriche, à Passau. Les eaux d'un autre affluent important, l'Inn, augmentent son débit à cet endroit. En Allemagne comme en Autriche, il est connu sous le nom de *Donau*.

Le fleuve poursuit son parcours vers l'est pour former une partie de la frontière entre la Tchécoslovaquie et la Hongrie, puis s'oriente vers le sud, à travers la Hongrie, dont il arrose la capitale, Budapest. En Hongrie, le Danube est appelé *Duna*, tandis que les Tchécoslovaques l'appellent *Dunaj*. Il traverse ensuite la Yougoslavie, sous le nom de *Dunav*, et arrose Belgrade avant de continuer son chemin en Roumanie où il pénètre à travers la spectaculaire gorge des Portes de Fer. Après avoir drainé les plaines de Hongrie et de Yougoslavie, et profité de l'apport de plusieurs autres grands affluents, le fleuve se faufile à travers la gorge avant de s'étendre dans la plaine de Roumanie et de Bulgarie. Il forme presque toute la frontière entre ces deux pays.

En Roumanie, le fleuve, baptisé ici *Dunarea*, s'oriente vers le nord-est avant de virer vers l'est et de former un delta. Ce delta avance en permanence dans la mer Noire, au rythme de 30 m par an, grâce à l'apport en quantité de

> **Loin des villes** et des métropoles qui jalonnent son cours, le Danube retrouve toute sa tranquillité. Les réserves naturelles offrent de vastes et paisibles zones d'habitat aux innombrables espèces d'oiseaux, de mamifères et de poissons.

limon charrié par le fleuve. La partie septentrionale du delta forme la frontière entre la Roumanie et la Moldavie où le Danube change une fois encore de nom pour devenir le *Dunay*. Le delta est presque entièrement envahi de roseaux et le canal central doit être dragué régulièrement pour l'empêcher de s'ensabler.

Tout au long de son cours, le Danube sert au transport de marchandises, et de nombreux ports importants occupent ses rives. Le canal Rhin-Main-Danube, dont la construction doit s'achever au début des années 1990, permettra une liaison ininterrompue entre la mer Noire et la mer du Nord. On a également mis à profit le potentiel hydro-électrique du Danube, le plus célèbre exemple en la matière étant le barrage des Portes de Fer qui fournit de l'électricité à la Yougoslavie ainsi qu'à la Roumanie.

Traités et litiges

Compte tenu du nombre de nations qui bénéficient des avantages commerciaux offerts par le Danube, il a toujours été difficile d'établir des accords ou des règlements quant à son exploitation. Pendant plusieurs centaines d'années, on a tenté de signer un traité du Danube liant tous les pays traversés. La Convention du Danube de 1948 est aujourd'hui encore controversée, beaucoup considérant qu'elle attribue un pouvoir trop grand à l'ex-Union soviétique.

Le plus célèbre tribut à la beauté et à la noblesse du Danube est indéniablement la valse écrite par Johann Strauss, intitulée *le Beau Danube bleu*. Par temps clair, lorsque le ciel est dégagé, le Danube se teinte en effet de bleu, quoique la pollution commence à faire de graves méfaits. Étant donné la multiplication des agglomérations et l'ampleur du développement industriel le long de ses rives, le fleuve est en effet devenu un dépotoir pour les déchets de notre société moderne. Le problème est reconnu par tout le monde mais l'on se contente le plus souvent d'accuser les autres. Les pays voisins devront prendre des mesures internationales draconiennes si l'on veut remédier à cette situation qui ne cesse d'empirer, avant qu'il ne soit trop tard.

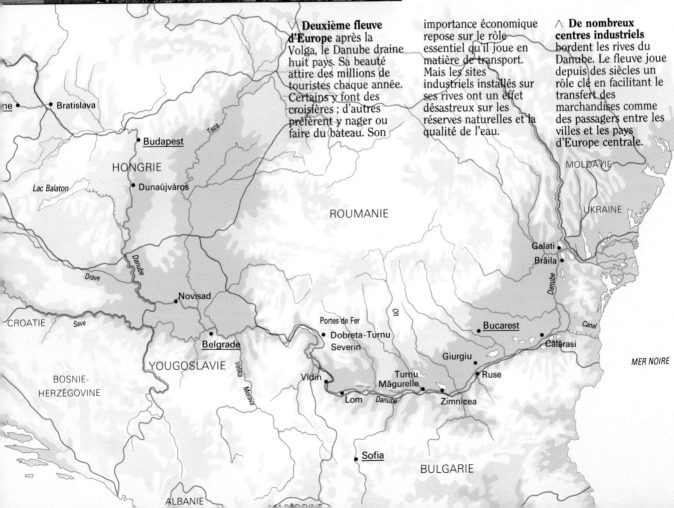

∧ **Deuxième fleuve d'Europe** après la Volga, le Danube draine huit pays. Sa beauté attire des millions de touristes chaque année. Certains y font des croisières ; d'autres préfèrent y nager ou faire du bateau. Son importance économique repose sur le rôle essentiel qu'il joue en matière de transport. Mais les sites industriels installés sur ses rives ont un effet désastreux sur les réserves naturelles et la qualité de l'eau.

∧ **De nombreux centres industriels** bordent les rives du Danube. Le fleuve joue depuis des siècles un rôle clé en facilitant le transfert des marchandises comme des passagers entre les villes et les pays d'Europe centrale.

LA HONGRIE

La Hongrie, une petite nation de moins de 11 millions d'habitants, se situe au cœur de l'Europe centrale. Son nom évoque l'époque où le pays appartenait à l'Empire bulgare onogur, qui occupait la région située au nord de la mer Noire. Dans la langue de leurs voisins slaves, « Onogur » devint « Hongrie ». De nos jours, les Hongrois composent environ 95 % de la population du pays et parlent encore une langue ancienne apparentée à l'estonien et au finnois. Les Hongrois se considèrent souvent comme le peuple le plus isolé d'Europe car ils n'ont guère de liens linguistiques, culturels ou raciaux avec leurs voisins.

Les Hongrois se qualifient eux-mêmes de « Magyars ». Ce nom provient de la tribu des *Megyeri*, ancêtres des Hongrois d'aujourd'hui. Leur influence est comparativement récente puisqu'ils colonisèrent le pays à la fin du IXe siècle seulement. A l'origine, ces cavaliers nomades limitaient leurs expéditions aux plaines situées entre la Volga et l'Oural. En l'espace de plusieurs décennies, ils émigrèrent progressivement vers l'ouest, se mêlant ainsi à différents autres groupes ethniques. Bien que le territoire pour lequel ils optèrent en définitive fût entouré de peuples slaves et germaniques, les Magyars conservèrent leur langue, toujours en usage aujourd'hui. Les Ottomans régnèrent sur l'essentiel de la Hongrie à partir du début du XVIe siècle jusqu'au début du XVIIe. A la fin du XIXe siècle et au début du XXe, la Hongrie faisait partie du gigantesque Empire austro-hongrois. Un grand nombre des splendides édifices de la capitale hongroise, Budapest, datent de cette période.

Les Romanichels ou Tsiganes constituent la principale minorité ethnique hongroise : ils sont au nombre de 500 000 environ. Si le pays leur doit en grande partie son image de marque à l'étranger, où leurs costumes pittoresques et leur musique romantique sont renommés, ils n'ont pas de place reconnue dans la société hongroise. Leur mode de vie misérable n'a pas grand-chose à voir avec l'idéal romantique des Tsiganes et ils souffrent de discrimination.

Une nation divisée

Les Hongrois se considèrent comme une nation isolée mais aussi divisée. Aux termes du traité de Trianon (1920), qui fut imposé par les Alliés victorieux aux Hongrois vaincus après la Première Guerre mondiale, les deux tiers du territoire hongrois furent cédés à ses voisins, la Tchécoslovaquie, la Roumanie, l'Autriche et la Yougoslavie. Les frontières dessinées à cette époque demeurent essentiellement les mêmes aujourd'hui.

De nos jours, plus de trois millions de Hongrois vivent dans les pays voisins, principalement en Roumanie. Ceux qui ont opté pour ce pays, près de deux millions, se sont vu refuser les droits les plus fondamentaux sous le

redoutable régime de Ceaucescu. Un conflit politique constant oppose les deux pays. On trouve aussi des centaines de milliers de Hongrois en Tchécoslovaquie, en Yougoslavie et dans les régions soviétiques des Carpates et de l'Ukraine. Le fait que la nation hongroise soit encore dispersée dans plusieurs pays est profondément regretté, comme le révèlent les déclarations officielles. Un million et demi de Hongrois vivent par ailleurs aux États-Unis et au Canada, ainsi qu'en Europe occidentale, en Australie et même en Afrique. Chaque année, le nombre ahurissant de 200 000 touristes d'origine hongroise regagnent leur pays natal pour les vacances.

Quoiqu'ils vivent au cœur même de l'Europe de l'Est, les Hongrois se sont toujours tournés vers les traditions et la culture occidentales. Leur retrait progressif du bloc de l'Est vers la fin des années 1980 servit d'exemple aux autres pays communistes. Ils jouèrent en outre un rôle courageux dans l'élimination du Rideau de fer et l'on se souviendra longtemps de la décision, prise le 10 septembre 1989, d'autoriser des milliers de réfugiés d'Allemagne de l'Est à traverser leur pays pour se rendre à l'Ouest. Ce geste audacieux valut au ministre des Affaires étrangères de l'époque, Gyula Horn, une récompense prestigieuse décernée par la ville allemande d'Aachen, en reconnaissance de ce service rendu à l'humanité.

Un tourisme en plein essor

Même lorsqu'elle faisait partie du pacte de Varsovie, l'alliance militaire des pays communistes dominée par l'Union soviétique, la Hongrie a toujours constitué un cas particulier. Si les autres pays de l'Alliance paraissaient gris, monotones, sans joie aux yeux de l'Occident, la Hongrie développa un tourisme florissant, attirant plus de 10 millions de visiteurs chaque année, venus de l'Est comme de l'Ouest.

Les Hongrois ont toujours été un peuple plein d'esprit et de vitalité, remarquables linguistes de surcroît. Ils aiment incontestablement la vie et sont fiers de leurs bons vins et de leur nourriture épicée. Ils ont un goût prononcé pour la musique folklorique, et les costumes traditionnels colorés qu'ils portent dans les grandes occasions donnent à leur pays un attrait romantique supplémentaire.

Si la Hongrie compte peu de sites touristiques notables, en dehors du lac Balaton (le plus grand lac d'Europe centrale), le pays fut longtemps un lieu de rencontre pour les amis et les parents séparés par le Rideau de fer. Pour les visiteurs de l'Est, la Hongrie devint bientôt un véritable paradis pour ceux qui pouvaient se doter de devises fortes. Il était en effet possible de s'y procurer tout ce qui manquait dans leur pays. Quant aux Occidentaux, ils venaient simplement pour voir le pays et jouir de l'hospitalité et des traditions de ses habitants.

La Hongrie aujourd'hui

Lorsque les Occidentaux pensent à la Hongrie, ils se souviennent du bain de sang et de la répression qui ont suivi le soulèvement de 1956 et de l'exécution du président du Conseil, le réformateur Imre Nagy (1896-1958). Depuis la fin des années 1960, pourtant, les Hongrois ont bénéficié d'une liberté individuelle et d'une prospérité économique sans égal parmi les autres pays d'Europe de l'Est.

Le passage progressif de la Hongrie à la démocratie s'amorça avec les réformes économiques introduites par Janos Kadar en 1968. Cette politique fut surnommée le « communisme goulasch », reflétant ainsi la curieuse combinaison d'éléments disparates qui la compose, à l'instar de la fameuse potée hongroise. La réorganisation économique de Kadar, en particulier les encouragements offerts à l'entreprise privée, ne tarda pas à porter ses fruits. On vit le système d'approvisionnement, et le niveau de vie moyen des Hongrois s'améliorer considérablement. Les gouvernements qui se succédèrent tolérèrent aussi le « marché gris », qui permettait à de nombreux citoyens de s'assurer des revenus supplémentaires en cumulant deux, voire trois emplois ou en montant leur propre affaire.

Ces réformes économiques s'accompagnèrent d'un certain nombre de « petites libertés ». Les Hongrois furent autorisés à se rendre dans les pays occidentaux, dès lors qu'ils pouvaient se procurer les devises étrangères nécessaires.

La vie culturelle fut également affranchie en partie des restrictions gouvernementales. Par ailleurs, les Hongrois avaient plus aisément accès aux marchandises occidentales que leurs voisins communistes. Dans l'ensemble, ils étaient donc satisfaits de leur niveau de vie

> **La Hongrie** est l'une des nations situées au cœur de l'Europe. Des plaines sans relief couvrent presque tout le sud-est du pays, tandis que des collines et des montagnes dominent le Nord et l'Ouest. Le Danube coupe la Hongrie en deux.

> **Le Parlement de Budapest** se dresse sur la rive gauche du Danube. Siège de l'Assemblée nationale hongroise, cet édifice fut témoin de la défaite du régime communiste en 1990.

REPÈRES

LE PAYS
Nom officiel :
République de Hongrie
Capitale : Budapest
Régions :
Petite plaine au nord-ouest, Transdanubie à l'ouest du Danube, plateaux septentrionaux, grande plaine à l'est du Danube
Superficie : 93 032 km²
Climat :
Continental et humide avec des étés longs et chauds et des hivers froids. Précipitations concentrées pendant les mois d'été (mai-juillet)
Principaux fleuves :
Danube, Tisza, Raba, Körös
Alt. max. :
Mont Kékes (1 015 m)
Alt. min. :
Près de Szeged (79 m)

LE GOUVERNEMENT
Forme de gouvernement :
Démocratie parlementaire
Chef de l'État :
Le président
Chef du gouvernement :
Le Premier ministre
Régions administratives :
19 comtés, 6 villes
Pouvoir législatif :
Assemblée nationale (387 membres, élus pour 5 ans). Conseil présidentiel (21 membres) entre les sessions parlementaires
Pouvoir judiciaire :
Cour suprême, tribunaux de comtés et métropolitains, tribunaux municipaux et de districts. Tribunaux d'instance

Forces armées :
Env. 100 000
Service obligatoire de 18 mois à partir de l'âge de 18 ans

LE PEUPLE
Population (1988) :
10 596 000
Langues :
Magyar (hongrois), langues des minorités ethniques
Religions :
Catholiques (env. 75 %), minorités protestantes, orthodoxes et juives

L'ÉCONOMIE
Monnaie :
Forint
P.N.B./hab. (1897) :
2 240 $ US
Taux de croissance annuel (1980-1986) :
1,6 %

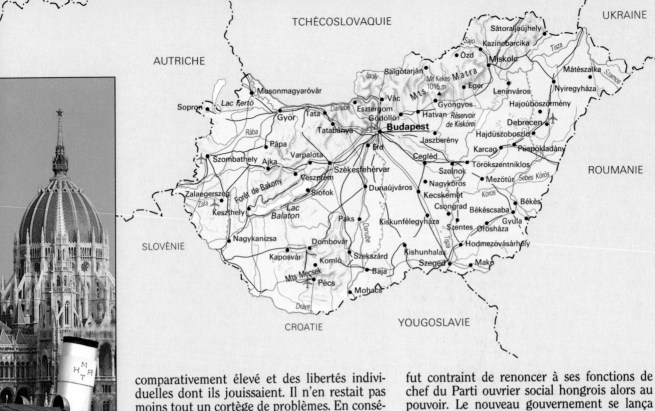

comparativement élevé et des libertés individuelles dont ils jouissaient. Il n'en restait pas moins tout un cortège de problèmes. En conséquence de la libéralisation des structures économiques, les inégalités sociales s'aggravèrent ; les prix d'un grand nombre de produits de consommation courante dépassaient largement les moyens des plus démunis. En outre, à partir des années 1980, la vague d'essor économique avait atteint son apogée.

Le nouveau régime

En mai 1988, de grandes manifestations suivirent le refus de Kadar d'introduire de nouvelles réformes, et le leadership politique de la Hongrie connut alors un changement radical. Kadar fut contraint de renoncer à ses fonctions de chef du Parti ouvrier social hongrois alors au pouvoir. Le nouveau gouvernement se lança dans un programme de réformes économiques beaucoup plus vaste et entreprit une restructuration complète du système politique. Les Hongrois furent officiellement autorisés à former d'autres partis politiques. Les nouvelles autorités en place promirent aussi d'organiser des élections libres avant 1990. Dès lors, le système, dans son ensemble se mit à changer radicalement.

Au registre symbolique, l'un des changements les plus importants a été la réhabilitation officielle d'Imre Nagy. En 1989, Nagy et quatre de ses compagnons d'infortune eurent droit à des funérailles nationales posthumes et les événements de 1956 furent finalement reconnus en tant que soulèvement populaire.

Le retour de la démocratie

Le 23 octobre 1989 (date anniversaire du soulèvement de 1956), une nouvelle république de Hongrie fut proclamée. La nouvelle Constitution hongroise, version largement modifiée de celle de 1949, stipule que la Hongrie est désormais une démocratie parlementaire, basée sur une économie de marché.

Les premières élections libres à l'Assemblée nationale eurent lieu au printemps 1990 et se soldèrent par un échec fracassant des communistes réformistes. Paradoxalement, ceux-là mêmes qui avaient forcé le Parti communiste à se dissoudre et qui contribuèrent tant à l'élimination du Rideau de fer n'obtinrent que 10 % des voix.

Le vainqueur inattendu de ces élections historiques fut le Forum démocratique – une coalition de groupes politiques conservateurs, ayant à sa tête le nouveau Premier ministre, Jozsef Antall (né en 1932).

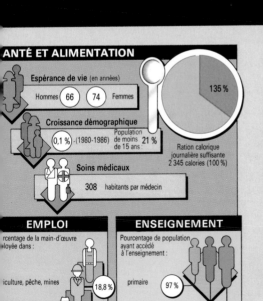

ANTÉ ET ALIMENTATION

Espérance de vie (en années)

Hommes 66 74 Femmes

Croissance démographique

(0,1 %) - (1980-1986)

Population de moins de 15 ans 21 %

Soins médicaux

308 habitants par médecin

135 %

Ration calorique journalière suffisante
2 345 calories (100 %)

EMPLOI

rcentage de la main-d'œuvre loyée dans :

iculture, pêche, mines 18,8 %

ustrie et bâtiment 39,7 %

que et services 41,5 %

ENSEIGNEMENT

Pourcentage de population ayant accédé à l'enseignement :

primaire 97 %

secondaire 70 %

supérieur 15,2 %

Balance commerciale en $ US (1988) :
606 millions
Importations :
Machines, charbon, coton, électricité, engrais, minerai de fer, fourrages
Exportations :
Machines, alumine, équipement de transport, fer, acier, agro-alimentaire, produits chimiques, bétail
Partenaires commerciaux :
ex-U.R.S.S. et pays du COMECON, Allemagne, Italie, Autriche
Transport :
Voies ferrées (1987) : 7 766 km
Km/voyageurs (1987) : 12 259 millions
Presse :
Quotidiens (1986) : 29
Tirage (1986) : 2 778 000

L'histoire

Vers la fin du IXe siècle, des cavaliers guerriers, les *Megyeri* (Magyars), envahirent le territoire aujourd'hui occupé par la Hongrie depuis leur patrie située entre la Volga et les monts Oural. Pendant cinquante ans, ils terrorisèrent la population locale et effectuèrent des raids et des pillages dans toute l'Europe centrale et méridionale jusqu'à Constantinople. Ils furent finalement vaincus, en 955, à Augsbourg, par le roi Othon Ier, qui deviendra par la suite empereur du Saint Empire romain germanique.

En l'an 1000, le chef magyar Étienne (v. 977-1038) convertit le pays au catholicisme et devint roi sous le nom d'Étienne Ier ; il fut reconnu par le pape qui en fit un saint. La Hongrie se retrouva ainsi au sein de la famille des peuples chrétiens d'Occident. A partir de ce moment-là, les traditions culturelles des Hongrois furent liées à l'Occident.

Au cours des trois siècles suivants, la Hongrie occupa une place majeure en Europe centrale, incorporant tour à tour, à des périodes distinctes, ce qui est aujourd'hui la Transylvanie roumaine et les territoires yougoslaves de Bosnie, de Croatie et de Dalmatie.

La Hongrie atteignit l'apogée de son pouvoir politique et de son influence culturelle sous Mathias Ier Corvin (qui régna de 1458 à 1490). Ses acquisitions territoriales furent consolidées pendant cette période et Vienne elle-même passa quelque temps sous contrôle hongrois.

Dans le même temps, la culture hongroise s'épanouit sous l'influence de la Renaissance italienne – l'immense vague de renouveau artistique et culturel qui balaya l'Europe au XVe et au XVIe siècle.

Après la mort de Mathias Ier Corvin, en 1490, l'Empire hongrois se désintégra. En 1526, le pays fut la proie des envahisseurs turcs. Ces derniers s'emparèrent de la Hongrie centrale et orientale tandis que l'ouest et le nord du pays passaient sous la domination des Habsbourg.

L'Autriche-Hongrie

Les Turcs furent chassés de Hongrie en 1686 par l'armée autrichienne, et la dynastie des Habsbourg s'attribua la couronne hongroise. Les Autrichiens encouragèrent l'établissement de colons étrangers – Souabes, Roumains, Slovaques et Slaves du Sud – au sein de ce territoire vaincu et dépeuplé. Pour la première fois, les Magyars devinrent une minorité sur leur propre territoire. Les germes des conflits futurs furent semés à cette époque.

L'année 1848 vit naître des révolutions dans toute l'Europe. Des soulèvements ne tardèrent pas à se produire à Vienne ; les Hongrois essayèrent alors de se séparer de l'Autriche. Sous la conduite de Louis Kossuth (1802-1894), ils proclamèrent l'indépendance de leur pays. Cette révolution fut finalement étouffée dans l'œuf par les Habsbourg.

∧ **Cette magnifique couronne,** aujourd'hui conservée au Musée national de Budapest, aurait appartenu au roi Étienne Ier, qui convertit la Hongrie au catholicisme vers l'an 1000.

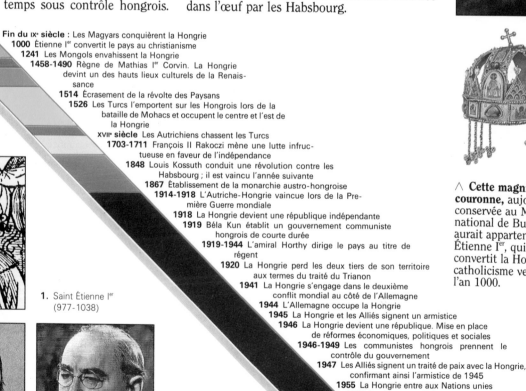

Fin du IXe siècle : Les Magyars conquièrent la Hongrie
1000 Étienne Ier convertit le pays au christianisme
1241 Les Mongols envahissent la Hongrie
1458-1490 Règne de Mathias Ier Corvin. La Hongrie devint un des hauts lieux culturels de la Renaissance
1514 Écrasement de la révolte des Paysans
1526 Les Turcs l'emportent sur les Hongrois lors de la bataille de Mohacs et occupent le centre et l'est de la Hongrie
XVIIe siècle Les Autrichiens chassent les Turcs
1703-1711 François II Rakoczi mène une lutte infructueuse en faveur de l'indépendance
1848 Louis Kossuth conduit une révolution contre les Habsbourg ; il est vaincu l'année suivante
1867 Établissement de la monarchie austro-hongroise
1914-1918 L'Autriche-Hongrie vaincue lors de la Première Guerre mondiale
1918 La Hongrie devient une république indépendante
1919 Béla Kun établit un gouvernement communiste hongrois de courte durée
1919-1944 L'amiral Horthy dirige le pays au titre de régent
1920 La Hongrie perd les deux tiers de son territoire aux termes du traité du Trianon
1941 La Hongrie s'engage dans le deuxième conflit mondial au côté de l'Allemagne
1944 L'Allemagne occupe la Hongrie
1945 La Hongrie et les Alliés signent un armistice
1946 La Hongrie devient une république. Mise en place de réformes économiques, politiques et sociales
1946-1949 Les communistes hongrois prennent le contrôle du gouvernement
1947 Les Alliés signent un traité de paix avec la Hongrie, confirmant ainsi l'armistice de 1945
1955 La Hongrie entre aux Nations unies
1956 Les forces soviétiques écrasent la révolution anti-communiste à Budapest
1988 Le Parti communiste hongrois admet la création d'autres partis politiques
1989 Les Hongrois obtiennent le droit de manifester librement
1990 Élections démocratiques

1. Saint Étienne Ier (977-1038)

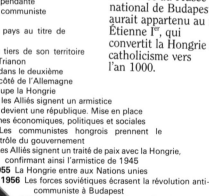

2. Franz Liszt (1811-1886)

3. Imre Nagy (1896-1958)

< **Des citoyens armés** patrouillent les rues de Budapest pendant la vague de soulèvement anticommuniste de 1956. La Hongrie essaya de se retirer du pacte de Varsovie, mais l'Armée rouge écrasa la révolution.

∧ **Un monument** au guerrier turc se dresse sur le site de la bataille de Mohacs, où les Turcs battirent les Hongrois en 1526.

∨ **La Hongrie** se situait jadis au cœur de l'Empire austro-hongrois. La monarchie austro-hongroise atteignit son apogée à la fin du XIXᵉ siècle et au début du XXᵉ. L'assassinat de l'héritier du trône austro-hongrois par un nationaliste bosnien, en 1914, déclencha la Première Guerre mondiale. En 1918, l'Autriche-Hongrie fut vaicue et la Hongrie devint une république.

Empire d'Autriche

Royaume de Hongrie

Hongrie actuelle

ALLEMAGNE
RUSSIE
BOHÊME
• Cracovie
MORAVIE
GALICIE
Danube
AUTRICHE
Vienne •
BUKOVINE
ARLBERG SALZBOURG STYRIE
TYROL CARINTHIE AUTRICHE-HONGRIE
• Budapest
HONGRIE
TRANSYLVANIE
CARNIOLE
ISTRIE CROATIE-SLOVÉNIE
ROUMANIE
BOSNIE HERZÉGOVINE
Danube
DALMATIE
SERBIE
ITALIE
MONTÉNÉGRO
BULGARIE
Mer Adriatique
ALBANIE

Au cours du XIXᵉ siècle, le pouvoir autrichien déclina. Après avoir été vaincue par la Prusse et l'Italie en 1866, l'Autriche fut contrainte de passer un accord avec la Hongrie. En 1867, la monarchie austro-hongroise vit le jour. L'empereur François-Joseph d'Autriche (1830-1916) fut couronné roi de Hongrie et ce pays se vit accorder un statut égal à celui de l'Autriche. Les décisions concernant la politique étrangère, la défense et les finances étaient prises conjointement, mais la Hongrie demeurait maîtresse de sa politique intérieure. Ses dirigeants, principalement des aristocrates magyars, entamèrent une politique de « magyarisation » délibérée. Aux termes de cette politique, le hongrois devint la langue de l'enseignement et de l'administration, et l'on réprima la culture des peuples roumain et slave ce qui provoqua un regain de tensions nationalistes.

La Première Guerre mondiale

L'Autriche-Hongrie était du côté des perdants dans la Première Guerre mondiale. Selon le traité du Trianon (1920), la Hongrie, séparée de l'Autriche par une révolution en novembre 1918, perdit les deux tiers de son territoire. Sur une population initiale de 18 millions d'habitants, il ne lui en restait plus que 7,6 millions. Après une courte période où elle fut une république calquée sur le modèle soviétique, la Hongrie devint en 1920 une « monarchie sans roi », sous la tutelle de l'amiral Miklos Horthy (1868-1957), qui fut élu régent par l'Assemblée. Horthy fut à l'origine d'une alliance entre la Hongrie et l'Allemagne de Hitler qui, en mars 1944, s'emparait de tout le pays. Fin 1944, les troupes soviétiques envahissaient la Hongrie. Au lendemain de la guerre, le pays se retrouva sous occupation soviétique. Dès le début de 1946, la Hongrie était devenue un État communiste à parti unique. Son nouveau leader Matyas Rakosi (1892-1971) entama une sombre période de persécution, de tortures, de procès exemplaires et d'exécutions.

La dictature de Rakosi s'acheva en 1953. Ce dernier n'en conserva pas moins un pouvoir considérable. Il s'opposa aux efforts déployés par son remplaçant, Imre Nagy (1896-1958) pour ouvrir la voie aux réformes démocratiques. Lorsque Nagy annonça que la Hongrie se retirait du pacte de Varsovie, en novembre 1956, l'Armée rouge soviétique envahit aussitôt le pays. Le soulèvement populaire qui s'ensuivit fut réprimé dans le sang. De nombreux Hongrois trouvèrent la mort à cette occasion et près de 200 000 d'entre eux furent contraints de s'exiler. Nagy et ses principaux partisans, accusés de trahison, furent exécutés en 1958.

Si la Hongrie devait évoluer progressivement vers la démocratie et la libéralisation à partir de la fin des années 1960, il fallut encore attendre vingt ans pour que le pays se dote d'un gouvernement et d'une Constitution démocratiques.

Panoramas

La Hongrie est enclavée entre les Alpes, à l'ouest, et les Carpates, au nord. Le Danube traverse le pays du nord au sud, le divisant pour ainsi dire en deux. A l'ouest du fleuve s'étend la Transdanubie et, plus à l'ouest encore, une région connue sous le nom de Petite Plaine. Sur l'autre rive, se trouve la Grande Plaine, une immense étendue de terre plate et basse limitée au nord par les massifs des Carpates. La Grande Plaine se compose principalement de basses collines, de larges vallées fluviales et de dunes de sable. La Transdanubie est séparée de la Petite Plaine par les plateaux centraux transdanubiens. Ces derniers comportent plusieurs chaînes de montagnes, y compris celles de Bakony et de Vértes ; de profonds ravins creusés entre des falaises de craie ou de dolomite et parcourus de ruisseaux sinueux et couverts de forêts de chênes constituent un véritable paradis pour les amateurs de nature. La Transdanubie est une région de collines vallonnées entrecoupées de ruisseaux et de fleuves, réputée pour ses élevages de cochons, d'oies et de poulets. Au sud s'élève le massif de Mecsek, des collines joliment boisées culminant vers 700 mètres.

Au sud des monts Bakony s'étend la grande « mer hongroise », le lac Balaton, serti au milieu des collines de la Transdanubie. Le lac Balaton couvre une superficie d'environ 596 km². C'est l'un des plus grands lacs européens et l'un des moins pollués. Parce qu'il ne fait que trois mètres de profondeur en moyenne, l'eau est rapidement chauffée par le soleil ; en été, elle peut atteindre des températures d'environ 30 ºC. C'est un lieu de villégiature réputé, agréablement situé parmi des vignes et des vergers verdoyants.

Les nombreuses sources thermales de Budapest et des alentours témoignent de l'origine volcanique des montagnes situées à l'est du Danube. A 1 015 m, le mont Kékes, dans la chaîne de Matra, est le point culminant de la Hongrie. La chaîne Bükk atteint presque cette altitude. Comme le suggèrent ces faibles élévations, la Hongrie n'est pas un pays montagneux. De fait, les deux tiers du pays se situent à moins de 198 mètres au-dessus du niveau de la mer.

La Grande Plaine

La Grande Plaine hongroise, limitée à l'ouest par le Danube, couvre près de la moitié de la superficie totale du pays. Sous le règne des Turcs, au XVIᵉ et au XVIIᵉ siècle, les terres agricoles fertiles et la forêt de la Grande Plaine devinrent une steppe désolée, la Puszta, déserte hormis quelques fermes au toit de chaume, quelques troupeaux et des chevaux sauvages. De nos jours, la Puszta est préservée telle quelle dans une réserve proche de Hortobagy mais, ailleurs, on s'efforce d'exploiter la terre. Les zones sablonneuses ont été irriguées afin d'y cultiver des fruits et de la vigne. Protégés du

> **Ces chevaux à demi sauvages** galopent toujours dans la Grande Plaine hongroise, même s'ils sont désormais confinés à la Puszta (steppe), une réserve proche de Hortobagy. De nos jours, la Grande Plaine est presque entièrement agricole.

△ **Ce marché** offre aux paysannes non seulement un endroit pour vendre leurs volailles mais aussi un lieu de rencontre.

△ **Ces ouvrières** désherbent à l'aide de houe à long manche. Environ 80 % des terres cultivables sont exploitées par des collectivités, mais un grand nombre de ces ouvriers agricoles cultivent aussi leur propre petit lopin.

> **Le lac Balaton,** si vaste qu'on l'appelle la « mer hongroise », attire chaque année un nombre croissant de touristes. Ses eaux peu profondes se réchauffent très rapidement, pour le bonheur des baigneurs et des plaisanciers.

> **La Hongrie** peut être divisée en quatre grandes régions. L'agriculture était jadis à la base de l'économie, mais l'industrie s'est beaucoup développée sous le régime communiste. La Hongrie exporte des denrées alimentaires et des machines.

∨ **Cette grille** ferme les aciéries de Ozd, grande ville industrielle située au nord de la Hongrie, près de la frontière avec la Tchécoslovaquie. Cette usine utilise du minerai de fer de provenance locale et du charbon hongrois.

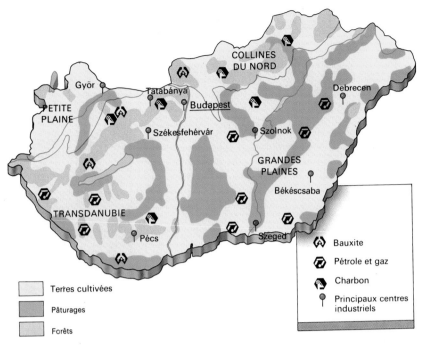

Terres cultivées

Pâturages

Forêts

Bauxite

Pétrole et gaz

Charbon

Principaux centres industriels

vent par de grandes haies, blé, betterave à sucre, tournesol et melons poussent désormais en abondance sur ses vastes plaines. De nombreux marécages qui offraient jadis un habitat propice aux oiseaux aquatiques ont été asséchés et remplacés par des champs de maïs.

Parce que la Hongrie est un petit pays sans littoral et pour ainsi dire sans relief, il connaît des variations climatiques restreintes. Les hivers sont froids : – 2 °C en moyenne en janvier. En juillet, le thermomètre oscille autour de 21 °C. Les précipitations, concentrées entre mai et juillet, atteignent 600 mm par an.

Agriculture et industrialisation
Depuis la fin de la Deuxième Guerre mondiale, la Hongrie a connu une industrialisation rapide. Pourtant l'agriculture reste le pilier de l'économie. Les fermes occupent environ 75 % de la superficie du pays, dont 15 % environ sont

couverts de forêts. La Hongrie exporte principalement de la viande, ainsi que des fruits, des légumes, de la betterave à sucre et du raisin. Elle produit par ailleurs de l'aluminium, de la bauxite, de l'acier, du matériel électronique ainsi que des équipements de transport, des bus notamment. La Hongrie importe principalement de l'équipement technologique, des véhicules, du charbon, du minerai de fer, de l'électricité et du pétrole.

Ces dernières années, la Hongrie a tenté d'étendre la gamme de ses exportations. Des efforts ont été faits pour améliorer la productivité et la compétitivité de l'industrie manufacturière par le biais d'une coopération accrue avec l'Occident. Mais ces mesures doivent être appliquées d'urgence dans tous les domaines car les chiffres de la production baissent continuellement, tant dans l'industrie lourde que dans les domaines clés de l'industrie de fabrication, l'électromécanique, l'ingénierie, les roulements à billes et les véhicules. Les réformes économiques mises en place en 1968 n'ont pas eu les résultats escomptés.

Développements économiques récents
Depuis 1988, la Hongrie s'est efforcée de se doter d'une économie de marché de style occidental. Le secteur privé industriel a été considérablement encouragé. De plus, dans la mesure où le pays a besoin de faire venir des devises étrangères, les investisseurs occidentaux se sont vu offrir de nombreux avantages.

A Budapest, premier centre de commerce et d'industrie du pays, on espère beaucoup une adhésion prochaine de la Hongrie au Marché commun. Mais le nouveau gouvernement est confronté à de sérieux problèmes. La Hongrie doit trouver une solution à son grave endettement vis-à-vis de l'étranger, à l'obsolescence de ses usines, au déclin de sa productivité et à la montée du chômage et de l'inflation.

Budapest

Peu de capitales dominent leur pays comme Budapest. A bien des égards, Budapest *est* la Hongrie. Aucune autre ville hongroise ne peut rivaliser avec cette splendide métropole et aucun Hongrois n'oserait prétendre le contraire. Un Hongrois sur cinq vit à Budapest, qui regroupe une population d'environ deux millions d'habitants. C'est non seulement le centre politique, économique, industriel du pays, mais aussi la patrie spirituelle des quinze millions de Hongrois éparpillés dans le monde.

La Budapest moderne fut créée en 1873 de l'union de trois villes distinctes : Buda, Obuda et Pest. Buda, résidence des rois de Hongrie depuis le XIVe siècle, se dresse sur une hauteur de la rive occidentale du Danube, au milieu de collines boisées. C'est là que vivaient jadis la noblesse, l'armée et les fonctionnaires. Pest, située sur une grande plaine à l'est du fleuve, regroupait autrefois artisans et marchands. Obuda (qui signifie Vieux Buda) était une ville marchande sur le site d'une colonie romaine. Budapest connut son apogée du temps de la monarchie austro-hongroise, à partir du XIXe siècle. A cette époque, la ville connut un développement industriel rapide, une véritable explosion démographique à mesure que paysans et ouvriers étrangers y affluaient pour y trouver un emploi dans les minoteries ou les aciéries. Entre 1850 et 1900, la population de Budapest passa de 178 000 à plus de 700 000.

△ **Un restaurant de Budapest,** datant de la fin du XIXe siècle, rappelle l'époque où la ville était l'une des principales métropoles de l'Empire austro-hongrois. Un grand nombre d'édifices magnifiques ont des proportions similaires.

▽ **Les eaux thermales** relaxantes des bains de Gellert sont l'une des principales attractions touristiques de Budapest. Ces bains furent construits en 1918, dans le style Art Nouveau, très populaire en Europe au début du XXe siècle.

L'âge d'or

Les cinquante années que dura la monarchie austro-hongroise (1867-1914) ont coïncidé avec l'âge d'or architectural de la ville. Ce fut durant cette période que Budapest acquit le caractère qu'elle a encore aujourd'hui, enjolivée par des ponts magnifiques, et sillonnée de larges boulevards. Les Hongrois tenaient à ce que leur ville soit absolument aussi belle que Vienne, capitale de l'empire des Habsbourg. Les visiteurs font souvent remarquer que Budapest a beaucoup de traits qu'ils s'attendaient à trouver à Vienne, sa ville sœur.

L'ancien cœur de la ville, sur la rive du Danube du côté de Pest, avec ses édifices baroques et néo-classiques datant du XVIe et du XVIIIe siècle, fut démoli parce qu'on le considérait comme trop étriqué et trop désuet. Des édifices monumentaux furent élevés un peu partout, imitant souvent les styles grandioses d'époques révolues. Le Parlement de Budapest (le plus grand d'Europe, il symbolise aujourd'hui la ville) fut bâti dans le style néo-gothique, basé sur des plans médiévaux ; son grand dôme central est particulièrement connu. Le Palais royal occupait le site d'un ancien fort, tandis que d'autres bâtiments publics copiaient les édifices de la Renaissance italienne du XVe et du XVIe siècle. Budapest possède aussi quelques splendides maisons et hôtels construits à la fin du XIXe siècle et au début du XXe siècle, très

admirés pour leur élégance et leurs couleurs éclatantes.

En 1887, les premiers tramways électriques circulèrent dans Budapest, suivis neuf ans plus tard par un chemin de fer souterrain passant sous le principal boulevard de la ville. Les habitants de Budapest furent en effet les premiers Européens de l'Est à circuler dans leur ville sous terre, le long d'une voie de quatre kilomètres. De nos jours, les wagons dans leur ancienne livrée jaune parcourent toujours cette ligne en brimbalant. Mais le métro qui passe sous le Danube entre Buda et Pest est très moderne. Copié sur celui de Moscou, c'est l'un des principaux modes de transport de la ville.

En 1918, Budapest comptait déjà un million d'habitants. Après la chute de la monarchie, à la fin de la Première Guerre mondiale, la Hongrie perdit les deux tiers de son territoire, et Budapest, comme Vienne, se retrouva capitale immense d'un petit État.

A l'instar d'un grand nombre d'autres villes européennes, Budapest subit de graves dommages pendant la Deuxième Guerre mondiale, du fait des bombardements et de l'occupation des nazis. La plupart de ses édifices magnifiques furent cependant reconstruits dans leur style original. Par la suite, les urbanistes communistes regroupèrent sept villes satellites et seize villages autour de la ville. Ce n'est que des

< **Le Danube** traverse Budapest de part en part. A l'ouest, Buda, la portion ancienne de la ville sur une colline, regroupe palais, édifices gothiques et baroques et l'ancienne citadelle. Pest est traversée de larges boulevards et de l'imposant édifice du Parlement surmonté d'un dôme.

∨ **Budapest,** la capitale hongroise, est l'un des trésors de l'Europe. La plupart de ses édifices magnifiquement décorés ont été construits à l'apogée de l'Empire austro-hongrois au XIXᵉ siècle. Bien que la ville ait beaucoup souffert des bombardements pendant la Deuxième Guerre mondiale, un grand nombre de bâtiments ont été restaurés : palais, musées, galeries, ainsi que les fameux cafés et bains thermaux.

années plus tard que des mesures furent finalement prises pour en contrôler l'expansion.

Regard vers l'avenir

Budapest vibre du charme désuet de la Belle Époque. Le baisemain y est encore de mise, et les attraits du passé sont encore tangibles dans les cafés de la ville, avec leurs plafonds décorés, leurs colonnes dorées et leurs tables de marbre. Les Hongrois adorent s'y réunir, y lire ou bavarder entre amis en buvant un café, du vin ou une bière. Avec ses 123 sources chaudes qui alimentent 12 bains thermaux, Budapest est une station thermale célèbre depuis longtemps. Les imposants bains Szechenyi et Gellert ressemblent plus à des palais qu'à des établissements médicaux.

Maintenant que la Hongrie revient à la démocratie et que l'économie de marché commence à fonctionner, Budapest a une chance inespérée de retrouver sa place en tant que centre commercial et financier de l'Europe. Les capitaux d'investisseurs étrangers affluent déjà dans la ville et l'on parle avec optimisme de « joint-ventures » avec des partenaires occidentaux. A Budapest aujourd'hui, les avis sont pourtant partagés : certains, attirés par les nouvelles chances qui s'offrent à eux, sont en proie à la fièvre de « la ruée vers l'or », tandis que d'autres sont tourmentés par la peur de l'avenir.

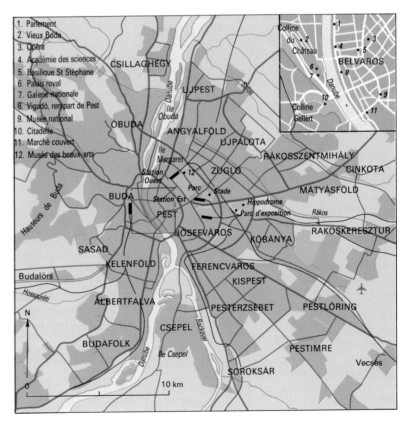

1. Parlement
2. Vieux Buda
3. Opéra
4. Académie des sciences
5. Basilique St Stéphane
6. Palais royal
7. Galerie nationale
8. Vigadó, rempart de Pest
9. Musée national
10. Citadelle
11. Marché couvert
12. Musée des beaux-arts

Les Tsiganes

De nombreux historiens pensent que les Tsiganes, arrivés en Europe au début du XVe siècle, venaient à l'origine de l'Inde. La plupart d'entre eux se retrouvèrent finalement en Hongrie, en Roumanie ou en Espagne ; dans chacun de ces pays, ils ont apporté une contribution essentielle à la culture populaire nationale. Pourtant les Tsiganes d'Europe de l'Est ont probablement souffert beaucoup plus à travers les siècles que les autres membres de leur race opprimée.

Le travail du fer, leur activité traditionnelle dans les pays de l'Est, au même titre que l'élevage de chevaux, était associé jadis au travail du diable, ce qui n'arrangea guère la réputation déjà peu favorable des Tsiganes. On les identifiait même aux descendants maudits de Caïn, condamnés à errer à jamais parce qu'ils avaient forgé les clous ayant servi à la crucifixion du Christ. Cependant l'aristocratie européenne n'eut guère de scrupule à exploiter leur habileté en la matière. En Espagne ou en Hongrie, on eut recours aux Bohémiens pour la fabrication d'armes mais aussi d'instruments de torture. Les gitans espagnols bénéficiaient tout de même d'un certain degré de liberté ; en Hongrie, en revanche, leurs cousins étaient de véritables esclaves au service des souverains.

En Roumanie, où les ravages provoqués par les envahisseurs successifs, originaires de l'Est, avaient suscité une profonde méfiance vis-à-vis de tout nouvel arrivant, le sort des Tsiganes était encore moins enviable. La noblesse roumaine, qui avait besoin de main-d'œuvre pour exploiter ses vastes domaines, s'empressa d'assujettir les Tsiganes, de même que le clergé qui justifia ce comportement en alléguant que le Christ avait « maudit » ce peuple. Vendus aux enchères sur des marchés aux esclaves, ils étaient contraints de travailler dans les pires conditions.

Persécution

On accusait les Tsiganes de tous les crimes, des viols aux enlèvements, et ils faisaient souvent l'objet de persécutions racistes. Une attitude un peu plus éclairée vis-à-vis des Tsiganes commença finalement à se développer, quoique cette évolution de comportement ne leur fût pas toujours bénéfique en soi. En 1761, l'impératrice Marie-Thérèse d'Autriche décréta qu'il convenait de les intégrer davantage au sein de la société hongroise, précisant qu'il ne fallait plus les appeler Tsiganes mais « nouveaux colons ». Sa décision de mettre un terme à leur existence nomade traditionnelle, en envoyant leurs enfants à l'école et en enrôlant les hommes dans l'armée, manquait pour le moins de réalisme et de sensibilité et fut très mal accueillie. Cette politique d'intégration allait à l'encontre de la détermination des Tsiganes à vivre à l'écart de la société. Pendant ce temps-là, en Roumanie, leur esclavage continuait, et son

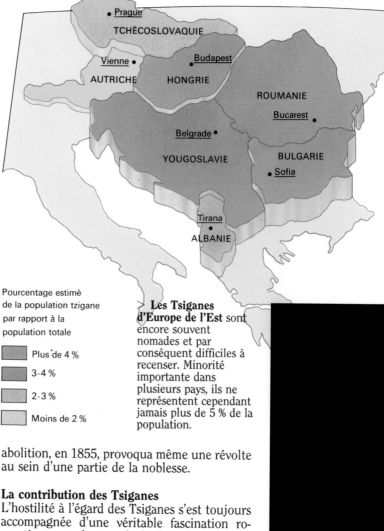

> **Les Tsiganes d'Europe de l'Est** sont encore souvent nomades et par conséquent difficiles à recenser. Minorité importante dans plusieurs pays, ils ne représentent cependant jamais plus de 5 % de la population.

Pourcentage estimé de la population tzigane par rapport à la population totale

- Plus de 4 %
- 3-4 %
- 2-3 %
- Moins de 2 %

abolition, en 1855, provoqua même une révolte au sein d'une partie de la noblesse.

La contribution des Tsiganes

L'hostilité à l'égard des Tsiganes s'est toujours accompagnée d'une véritable fascination romantique pour leur mode de vie, sans parler des spectacles fabuleux qu'ils ont toujours su offrir. Jusqu'à tout récemment, les dresseurs d'ours tsiganes ambulants étaient l'une des principales distractions dans les villages reculés de Roumanie. En Hongrie, leurs talents musicaux étaient reconnus dès la fin du XVe siècle, lorsque des Tsiganes étaient employés à la cour de Mathias Corvin. Ils ne se contentaient pas de jouer dans les banquets et aux grandes occasions : on faisait aussi appel à eux pour conduire les troupes à la bataille et inciter ainsi les jeunes recrues à s'enrôler dans l'armée. Ainsi, le *verbunkos,* l'une des danses hongroises les plus populaires, était à l'origine une danse tsigane destinée à recruter de jeunes soldats.

La musique tsigane hongroise a joué un rôle aussi important dans la vie culturelle hongroise que le *flamenco,* la musique des gitans en Espagne. Parmi les nombreux musiciens hongrois inspirés par cette musique, Franz Liszt (1811-1886) proclamait que les Tsiganes avaient sauvegardé les traditions musicales, vieilles de plusieurs siècles, des Magyars, les ancêtres des Hongrois.

∧ **Les ours** étaient jadis d'habituels compagnons des Tsiganes qui les apprivoisaient et leur apprenaient à « danser » ou à « lutter » pour les exhiber ensuite dans les foires et sur les places de marchés.

< **Le lien séculaire** entre les Tsiganes et le travail du fer se traduit aujourd'hui par la place qu'ils tiennent dans le secteur de la ferraille. Ils ont souvent subi une discrimination de la part de la paysannerie superstitieuse.

∨ **Une Tsigane roumaine** porte le foulard à fleurs typique de la région. Les femmes mendient ou lisent les lignes de la main. Il est rare que leurs enfants fréquentent régulièrement l'école.

Le violon tient une place essentielle dans la musique tsigane hongroise et a une signification presque magique aux yeux des Tsiganes, qui pensent que le bois ayant servi à fabriquer le premier violon tsigane venait des profondes forêts de Transylvanie. De nos jours, les violonistes tsiganes, au physique ténébreux et au costume pittoresque, sont l'une des composantes indispensables de tout restaurant hongrois chic et sont indissociables de l'image touristique de la Hongrie.

Si les Tsiganes nous font encore rêver, ils ont connu d'affreuses souffrances. La « solution finale » de Hitler sous-entendait l'extermination des juifs mais aussi de quelque 400 000 Tsiganes. Condamnés par les nazis qui les déclarèrent « racialement impurs », ils furent aussi persécutés par les régimes communistes de l'Europe de l'Est sous prétexte qu'ils restaient à l'écart de la société et qu'ils ne contribuaient en rien à l'enrichissement de l'économie socialiste. Dans les années 1950, le régime tchécoslovaque ne se montra guère plus sensible que Marie-Thérèse au XVIIIe siècle, en s'efforçant de les intégrer à tout prix. Une fois encore, ce sont les Tsiganes roumains qui ont le plus souffert. En 1990, l'un des rares dénominateurs communs de ce pays composé d'ethnies si diverses n'était autre qu'une véritable phobie des Tsiganes.

> **Des musiciens tsiganes** jouent au profit d'une foule de Hongrois dans une foire de campagne. La musique est depuis toujours l'un des emblèmes de la culture tsigane et s'est fait une place partout où ils ont élu domicile.

La Roumanie aujourd'hui

La Roumanie se situe au sud-ouest de l'Union soviétique et au nord de la péninsule des Balkans. Son nom signifie « Terre des Romains » : il provient en effet de l'ancien Empire romain, dont ce territoire faisait jadis partie.

L'histoire politique

La Roumanie passa sous le contrôle de l'U.R.S.S. à la fin de la Deuxième Guerre mondiale. Sous la pression exercée par l'Armée rouge, le pays changea rapidement de statut, renonçant au système monarchique pour devenir un État communiste. Le nouveau régime stalinien ne se préoccupa guère des réformes en cours dans d'autres pays d'Europe de l'Est, imposant sa volonté à la Roumanie par le biais de la *Securitate*, la police secrète tant détestée.

En 1965, Nicolae Ceausescu (1918-1989) fut élu président. Le *Conducator* (leader), comme il tenait à se faire appeler, vécut comme un roi, allant jusqu'à arborer un sceptre en or et un orbe impérial à certaines occasions. Son mode de vie extravagant et celui de sa famille – dont plusieurs membres se virent octroyer un poste gouvernemental – contrastaient scandaleusement avec la pauvreté et la désolation de la population roumaine.

Si la Roumanie appartenait au COMECON et au pacte de Varsovie, elle n'en montra pas moins, dès 1955, un esprit farouchement indépendant. Elle refusa de limiter son rôle à celui de producteur de matières premières et de denrées agricoles au bénéfice de l'Union soviétique et mena une politique étrangère relativement indépendante qui mettait souvent en cause les actions soviétiques à l'étranger. Sous le règne de Ceausescu, l'industrie roumaine entra dans une phase d'expansion forcée, financée par des crédits occidentaux et l'exploitation de la main-d'œuvre nationale. Au début des années 1980, un grave déséquilibre de la balance des paiements incita le gouvernement à déclarer qu'il allait rembourser toutes ses dettes extérieures. Cette initiative fut à l'origine de rationnements et de terribles épreuves infligés aux citoyens roumains.

Les rigueurs économiques et le dur traitement des Allemands et des Hongrois contribuèrent à la chute de ce gouvernement totalitaire et oppresseur. En 1987, un mouvement de protestation se déclencha à Brasov, suivi par le soulèvement populaire de décembre 1989. A partir de Timisoara, il ne tarda pas à se propager à l'ensemble du pays et à provoquer des bains de sang. Un Front de salut national prit finalement le contrôle, sous l'égide d'Ion Iliescu (né en 1930). Ceausescu et son épouse furent jugés et exécutés.

Les élections de mai 1990 débouchèrent sur une victoire massive d'Ion Iliescu et du F.S.N. Pourtant certains experts ont suggéré que toute cette révolution avait peut-être été manigancée dans le but de remplacer une dictature socialiste par une autre.

L'économie

L'économie roumaine, qui fut pendant des années la moins développée d'Europe, dépend fortement de l'agriculture. Dans les années 1960, toutefois, des efforts ont été déployés pour développer le secteur industriel qui occupe aujourd'hui la majeure partie de la main-d'œuvre nationale. L'industrie de transformation produit des machines agricoles ainsi que de l'équipement pour les usines et les mines. Les matériaux de construction et de

REPÈRES

LE PAYS :
Nom officiel :
République de Roumanie
Capitale : Bucarest
Régions :
Transylvanie au centre, Bucovine, Moldavie à l'est, Valachie au sud, Dobroudja sur la mer Noire
Superficie : 237 500 km²
Climat :
Continental avec des étés chauds et ensoleillés et des hivers froids ; plus clément en plaine
Principaux fleuves :
Danube, Jiu, Olt, Arges, Ialomita, Siret, Prut
Alt. max. :
Mont Moldoveanu
(2 543 m)

LE GOUVERNEMENT
Forme de gouvernement :
République socialiste
Chef de l'État :
Le président
Chef du gouvernement :
Le Premier ministre
Régions administratives :
40 comtés, divisés en cités, villes et communes, outre Bucarest
Pouvoir législatif :
Parlement : Assemblée des députés
(369 membres) et Sénat
(119 membres)
Pouvoir judiciaire :
Cour suprême, tribunaux de comtés, tribunaux régionaux, tribunaux militaires
Forces armées :
Env. 180 000
Service militaire obligatoire entre 16 et 24 ans

LE PEUPLE
Population (1988) :
23 050 000
Langues :
Roumain, minorités allemande et hongroise
Religions :
Orthodoxes roumains (env. 75 %), catholiques (env. 7 %), musulmans, juifs, protestants

L'ÉCONOMIE
Monnaie : Leu
P.N.B./hab. (1984) :
1 666 $ US
Taux de croissance annuel (1982) :
2,6 %
Balance commerciale en $ US (1986) :
1 953 millions
Importations :
Combustible, matières premières, métaux, minerai de fer, charbon,

∨ **La Roumanie** est formée de plaines encerclant l'arc des Carpates au centre séparant la Transylvanie des plaines de la Dobroudja et du littoral de la mer Noire.

∧ **Une marchande de fleurs** sert un client dans un coin tranquille d'une place de Bucarest. Aménagée au XIXe siècle et au début du XXe siècle, la ville fut conçue sur le modèle de Paris avec de nombreux boulevards ombragés.

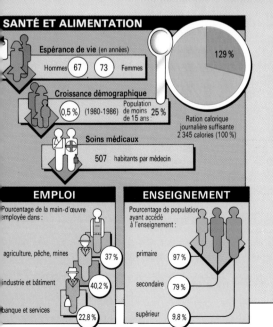

SANTÉ ET ALIMENTATION

Espérance de vie (en années)

Hommes 67 | 73 Femmes

Croissance démographique

0,5 % (1980-1986) | Population de moins de 15 ans : 25 %

129 %

Ration calorique journalière suffisante 2 345 calories (100 %)

Soins médicaux

507 habitants par médecin

EMPLOI

Pourcentage de la main-d'œuvre employée dans :

agriculture, pêche, mines 37 %

industrie et bâtiment 40,2 %

banque et services 22,8 %

ENSEIGNEMENT

Pourcentage de population ayant accédé à l'enseignement :

primaire 97 %

secondaire 79 %

supérieur 9,8 %

coton, machinerie, produits chimiques
Exportations :
Matières premières, combustibles, machinerie, produits chimiques, équipement de transports, ciment, vêtements, chaussures, bois
Partenaires commerciaux :
Pays du COMECON, Allemagne, Italie, Grande-Bretagne, Autriche, États-Unis
Transport :
Voies ferrées (1986) : 11 221 km
Km/voyageurs (1986) : 33 506 millions
Presse :
Nombre de quotidiens (1986) : 36
Tirage (1986) : 3 637 000

ciment, le fer et l'acier jouent également un rôle important. Des gisements de gaz naturel et de pétrole sont en exploitation. On extrait également de la bauxite, du charbon, du cuivre, de l'or et du minerai de fer.

L'agriculture continue à tenir une place prépondérante dans la vie économique du pays. Champs et pâturages couvrent environ 60 % de la superficie du pays, les forêts en représentant 25 %. L'État contrôle l'ensemble des activités agricoles. Les exploitations sont divisées en deux catégories : les fermes collectives appartiennent officiellement aux gens qui y travaillent, mais le gouvernement prend l'essentiel des décisions en ce qui concerne leur gestion. Les fermes d'État sont sous le contrôle direct du gouvernement, et les employés qui les exploitent perçoivent un salaire.

Les céréales, notamment le maïs et le blé, figurent parmi les principales récoltes, suivies par le raisin, les fruits, les pommes de terre et la betterave à sucre. Sur les vastes étendues de pâturages, on élève des moutons, des vaches, des chevaux, des cochons et de la volaille.

Panoramas

La Roumanie se situe au cœur de l'Europe de l'Est, entre l'Union soviétique, la Hongrie, la Yougoslavie et la Bulgarie. Son littoral ensoleillé sur la mer Noire, au sud-est du pays, et ses magnifiques paysages attirent chaque année des milliers de visiteurs.

Les Carpates dominent le paysage roumain qu'elles traversent de part en part, du nord au sud-ouest, séparant ainsi le plateau transylvanien des plaines de la Moldavie, de la Valachie et de Banat, à l'est et au sud. Le Danube, qui coule pendant 1 400 km à l'intérieur du pays, forme au sud une frontière naturelle avec la Yougoslavie et la Bulgarie puis traverse la plaine de la Dobroudja pour constituer, au nord-est, une partie de la frontière avec la Moldavie avant de se jeter dans la mer Noire.

Les Carpates et la Transylvanie

Le grand arc formé par le système des Carpates encercle le plateau transylvanien. La région de la Bucovine se situe à l'intérieur des Carpates moldaviennes, près de la frontière avec la Moldavie et l'Ukraine. On y trouve de belles pistes de ski et des paysages splendides. Si les Carpates orientales sont relativement basses dans l'ensemble, les Carpates méridionales, quelquefois appelées les Alpes transylvaniennes, sont véritablement alpines, tant par leur nature que par leur altitude. A certains endroits, elles dépassent 2 500 m. Le sommet le plus élevé de la Roumanie, le mont Moldoveanu, domine les Alpes transylvaniennes à une altitude de 2 543 m. Ces montagnes aux flancs escarpés, aux crêtes déchiquetées, qui se dressent au-dessus de hautes plaines, offrent un habitat idéal pour les fleurs alpines, la gentiane, l'edelweiss ou le *dianthus craioli* auquel on attribue des pouvoirs magiques et qui ne pousse nulle part ailleurs.

Les touristes affluent dans les Carpates pour faire de la randonnée ou de la varappe, et apprécier la richesse de la faune locale : renards, lynx, blaireaux, loups et ours vivent encore ici en toute liberté. Les marcheurs ont la possibilité d'emprunter divers itinéraires balisés passant au-dessus de falaises à pic, à travers des gorges, des forêts de conifères ou d'arbres à feuilles caduques, et de vastes alpages verdoyants. En fait, la Roumanie est un véritable paradis pour tous les amoureux de la pêche, car ses fleuves et ses lacs abondent en truites, carpes, ombres, brochets, barbeaux, perches, silures et esturgeons. Quant aux Carpates méridionales, elles attirent surtout les amateurs de sports d'hiver.

La Transylvanie est probablement connue avant tout comme le lieu d'origine du légendaire comte Dracula. Ces histoires d'horreur cadrent pourtant assez mal avec les sites pittoresques et les paisibles paysages de cette région. De jolies bourgades autour de leur église, des petits villages et des fermes tranquilles

∨ **L'imposant château de Dracula,** bastion du légendaire comte vampire, est perché sur une hauteur au cœur des Alpes transylvaniennes, dans le centre de la Roumanie. L'histoire de Dracula, rendue populaire par le célèbre roman de l'écrivain anglais, Bram Stoker, en 1897, fut inspirée par le règne, en Valachie, au XVe siècle, du fameux « Vlad l'Empaleur » (le prince Vlad Tepes), qui exécuta ses ennemis turcs ainsi que ses sujets paysans rebelles.

éparpillés sur les hauts plateaux et au creux des vallées confèrent à cette partie du pays une atmosphère rurale typique d'Europe de l'Est. Le sol, fertile, est cultivé de manière intensive : on y fait pousser du maïs et du blé, ainsi que des fruits et de la vigne, sur les versants ensoleillés.

La Moldavie et la Valachie

Dans l'est du pays, au pied des Carpates, s'étend la Moldavie, qui s'apparente aux steppes russes. La végétation originelle, caractéristique de ces steppes, a disparu maintenant que ces terres sont exploitées. Parmi les collines boisées, on trouve de nombreux monastères et églises, citadelles fortifiées de la chrétienté orthodoxe, bâtis au XIVe et au XVIe siècle. La Roumanie fut pendant des siècles en première ligne de la confrontation entre l'Europe chrétienne et l'Empire ottoman musulman.

La Valachie, au sud du pays, est vallonnée et arrosée par de nombreuses rivières. Elle s'abaisse progressivement jusqu'aux riches plaines du Danube, couvertes de champs de blé.

Le puissant Danube

A l'ouest, le Danube se fraye un passage à travers les monts Banat, par la célèbre gorge des Portes de Fer. Sa puissance est telle qu'une centrale hydro-électrique située à cet endroit fournit de l'énergie à la Roumanie et à la Yougoslavie. A l'est, le plateau de Dobroudja,

où l'on produit d'excellents vins, l'empêche d'atteindre la mer Noire. Le Danube fait donc un détour vers le nord, où des effluents industriels teintent ses eaux. De là, il s'oriente vers l'est en direction de la mer, à travers la Danubie. Près de Galati, le fleuve forme un delta aux multiples bras, une région de marais, d'îles, de roseaux. Ici, des centaines d'espèces d'oiseaux viennent se nourrir et se reproduire, notamment des cormorans, des pélicans, des oies sauvages, des cygnes et des hérons. Malheureusement, ce sanctuaire naturel est gravement menacé par la pollution.

Le littoral roumain, qui s'étend sur 209 km le long de la mer Noire, est un site de vacances idéal. Le soleil brille de mai à octobre, et ses belles plages de sable fin couvrent quelque 80 km. Des villes balnéaires modernes y côtoient d'anciennes stations thermales, telles que Mamaia, Eforia et Mangalia.

∧ **Des pêcheurs** à l'embouchure du Danube. L'abondante faune de la région du delta est aujourd'hui menacée par la pollution industrielle.

≪ **Un troupeau** se désaltère dans une mare en Valachie. Des femmes mettent le foin séché en meules en Moldavie. Cette région, peu peuplée, est une des meilleures terres agricoles du pays.

Les hommes

Les Roumains sont très différents des autres peuples d'Europe de l'Est ne serait-ce que parce qu'ils parlent une langue romane, dérivée du latin. En l'an 106 apr. J.-C., les Romains conquirent une partie de ce territoire qu'ils appelèrent la Dacie. Et, au milieu des peuples slaves et magyar, les Roumains ont réussi à conserver leur langue et leurs coutumes qui les rapprochent des Français, des Espagnols ou des Italiens.

Premières migrations
85 % environ de la population actuelle du pays sont d'origine roumaine. Ils descendent des Daciens, tribus venues des steppes de la Caspienne avant l'arrivée des Romains, et d'un certain nombre d'autres tribus qui s'y installèrent après le départ de ces derniers, au IIIᵉ siècle, notamment les Goths, les Huns, les Slaves, les Magyars, les Tartares et les Bulgares. Le roumain contient des éléments empruntés à ces différentes langues.

Au XIVᵉ siècle, les deux principautés de Moldavie et de Valachie virent le jour mais elles furent ensuite incorporées à l'Empire ottoman. Les Turcs régnèrent sur la région pendant près de trois cents ans, jusqu'en 1821. En 1859, la Moldavie et la Valachie s'unirent et, en 1881, elles se déclarèrent indépendantes et formèrent le royaume de Roumanie. Par la suite, la Moldavie fut séparée en deux et sa moitié orientale fut intégrée à l'Union soviétique.

Les minorités
Les Hongrois, la principale minorité, représentent 8 % de la population. En plus des Allemands (2 %), on compte aussi un nombre substantiel de Tsiganes, de juifs, de Turcs et d'Ukrainiens au sein de la population roumaine.

Les Hongrois, les Ukrainiens et les Turcs vivent dans les régions frontalières, à proximité de leurs pays d'origine respectifs. Les Allemands peuplent plusieurs vastes zones de la Transylvanie. Les Tsiganes vivent disséminés dans les zones rurales ; un grand nombre d'entre eux sont encore persécutés par la population locale. Les Moldaves qui vivent en U.R.S.S. parlent une langue qui s'apparente beaucoup au roumain bien qu'elle s'écrive avec l'alphabet cyrillique.

Les Hongrois peuplent l'ouest de la Roumanie depuis le IXᵉ siècle, date à laquelle les tribus magyars conquirent la Transylvanie. Parce qu'ils vivent à proximité de leur pays d'origine, les Hongrois n'ont jamais été isolés de leur culture. Ils souffrent malgré tout du fait que le gouvernement roumain refuse de reconnaître les minorités qu'il administre. Officiellement, il n'y a ni Hongrois ni Allemands en Roumanie – seulement des Roumains de culture hongroise ou allemande ! Les autorités roumaines sont déterminées à forcer les minorités à s'assimiler au peuple roumain.

En 1919, les colons allemands de Transylvanie et de Banat choisirent d'appartenir au nouvel État roumain, qui leur promit de nombreux droits et libertés. Si l'on inclut les Allemands de Bessarabie, de Bucovine et de Dobroudja, la minorité allemande en Roumanie comptait alors environ 780 000 individus.

Après la Deuxième Guerre mondiale, un grand nombre d'Allemands furent expulsés de Roumanie ou s'enfuirent du pays. Leur départ, ainsi que la situation économique catastrophique de la Roumanie, a laissé un grand nombre de villes de la pittoresque Transylvanie dans un terrible état de délabrement. Leurs anciens habitants ont regagné l'Allemagne, dans l'espoir d'y connaître des jours meilleurs. Les grands domaines ruraux sont tombés en ruine, les fermes ont été abandonnées et les églises fermées. A Alba Iulia, Brasov, Cluj-Napoca et Timisoara, les façades jadis splendides des anciennes demeures de marchands sont toutes lézardées. De nouveaux immeubles mornes encerclent les vieux centres villes, ajoutant

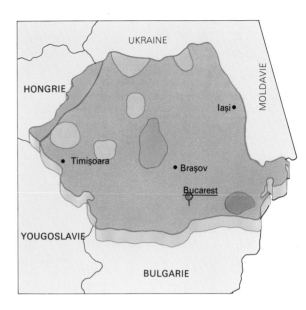

<< **Le culte religieux** fut interdit sous le régime communiste en Roumanie. Pourtant un grand nombre de gens continuèrent à célébrer les rites de l'Église orthodoxe.

<< **Les ressortissants d'origine allemande** représentent environ 2 % de la population roumaine. Dans les écoles, on enseigne aussi bien le hongrois et l'allemand que le roumain.

< **La vie quotidienne** en Roumanie contraste nettement avec le mode d'existence en Europe occidentale. Moins de 1 % de la population possède une voiture, seulement 15 % ont une télévision et la pénurie de logements est catastrophique.

∨ **La plupart des paysans roumains** vivent dans de modestes maisons en bois. Ils fêtent mariages, baptêmes et cérémonies religieuses en se parant de costumes traditionnels colorés et en dansant au rythme d'une musique folklorique, souvent jouée par des Tsiganes.

< **Un pêcheur roumain** à bord de son bateau dans la région du delta. On y pêche, entre autres, l'esturgeon dont les œufs donnent le fameux caviar, un produit de luxe très prisé dans les pays plus fortunés du monde.

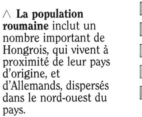

∧ **La population roumaine** inclut un nombre important de Hongrois, qui vivent à proximité de leur pays d'origine, et d'Allemands, dispersés dans le nord-ouest du pays.

Roumains
Hongrois
Allemands
Ukrainiens
Turcs

encore à cette atmosphère de désolation. La quasi-totalité des 200 000 Allemands qui vivent encore dans le pays ont posé leur candidature pour aller vivre en Allemagne.

Si les enfants hongrois et allemands sont autorisés à recevoir un enseignement dans leur propre langue, ils ne s'en sentent pas moins coupés de leur culture. Le roumain est la langue officielle dans tout le pays, celle à laquelle on a recours dans la vie de tous les jours. De sorte que de nombreux Allemands sont désormais très isolés et ont dû renoncer à s'exprimer dans leur propre langue.

« La loi de systématisation » de Ceausescu

L'exemple le plus choquant de privation des droits humains les plus élémentaires exercée au détriment des minorités fut indéniablement la loi dite de « systématisation ». En 1988, Nicolae Ceausescu annonçait son intention de raser plus de la moitié des 13 000 villages roumains, afin de libérer l'espace pour de gigantesques complexes agro-industriels. Cette politique frappa les minorités de plein fouet – en particulier les Hongrois – et de farouches protestations s'élevèrent à l'étranger, en particulier en Allemagne et en Hongrie. Cette politique dévastatrice toucha finalement à sa fin lorsque Ceausescu lui-même fut éliminé du pouvoir et exécuté en 1989.

La Bulgarie aujourd'hui

La République populaire de Bulgarie occupe environ un tiers du flanc oriental de la péninsule des Balkans, qui sépare la mer Noire de la mer Adriatique et de la mer Égée en Méditerranée. Au sud-est du pays, on trouve la Turquie, au sud-ouest, la Grèce, à l'ouest, la Yougoslavie, au nord, la Roumanie et, à l'est, la mer Noire, sur laquelle s'ouvre un littoral de 282 km. Le pays est principalement occupé par des montagnes, mais des plaines et des vallées fertiles séparent les chaînes et les massifs.

Entre 1946 – date à laquelle les communistes prirent le pouvoir en Bulgarie, après l'occupation soviétique du pays lors de la Deuxième Guerre mondiale – et 1990, la proportion de la population citadine est passée de 20 à 60 %. Dans le même temps, la capitale, Sofia, a connu un essor démographique ahurissant : 600 %. Cette formidable urbanisation s'explique surtout par la politique du gouvernement communiste visant à une industrialisation massive et nationalisée. Une politique qui a valu au pays une certaine richesse et une bonne image de marque au niveau international, quoique les conditions de vie des ouvriers agricoles et industriels restent peu enviables, leurs salaires étant bas et rares les logements, la nourriture et les biens de consommation.

Soulèvements récents

La révolution de la fin de 1989 a remis en cause la suprématie politique du Parti communiste. Elle a suscité le renversement de Todor Zhibkov, chef de l'État bulgare depuis 27 ans. Pourtant un grand nombre d'anciens représentants du Parti communiste, aujourd'hui regroupés sous la bannière du Parti socialiste bulgare, furent à nouveau portés au pouvoir

> **Magnifiquement illuminée** la nuit, la cathédrale Alexandre Nevski trône au-dessus des édifices du centre de Sofia, la capitale bulgare. La cathédrale fut construite à la fin du XIXe siècle, après que l'on eut finalement chassé du pays les envahisseurs turcs.

>> **La Bulgarie** se situe dans le sud-est de l'Europe. Baignée par la mer Noire, elle regroupe plusieurs chaînes de montagnes, orientées d'ouest en est. Le Danube forme presque toute sa frontière avec la Roumanie.

REPÈRES

LE PAYS :
Nom officiel :
République de Bulgarie
Capitale : Sofia
Régions :
Plateau danubien, massifs des Balkans, monts Rhodopes
Superficie :
110 912 km²
Climat :
Méditerranéen au sud, avec des hivers doux et humides, et des étés chauds et secs. Plus continental au nord, avec des variations de températures plus grandes et davantage de précipitations en été
Principaux fleuves :
Danube, Iskar, Tundzha, Maritsa, Ogosta
Alt. max. :
Pic Musala (2 925 m)

LE GOUVERNEMENT :
Forme de gouvernement :
République socialiste
Chef de l'État :
Le président
Chef du gouvernement :
Le Premier ministre
Régions administratives :
8 régions plus la ville de Sofia
Pouvoir législatif :
Assemblée nationale de 400 membres, élus pour 5 ans
Pouvoir judiciaire :
Cour suprême, tribunaux régionaux et de district
Forces armées :
Env. 148 000, plus forces paramilitaires et milice populaire
Service militaire obligatoire de 2 à 3 ans

LE PEUPLE
Population (1988) :
8 990 000
Langues :
Bulgare, et langues des minorités (turc, macédonien)
Religions :
Bulgare orthodoxe (env. 90 %), minorités musulmane, protestante et catholique

L'ÉCONOMIE
Monnaie :
Lev
P.N.B./hab. (1984) :
5 898 $ US
Taux de croissance annuel (1982) :
4 %
Balance commerciale en $ US (1988) :
640 millions

lors des élections de juin 1990 et, dans l'immédiat, la situation ne devait guère s'améliorer. Le principal soutien du nouveau gouvernement provenait des ouvriers agricoles. Ce fut pourtant le candidat de l'Union des forces démocratiques, une coalition de seize partis et factions d'opposition, qui fut élu à la présidence de la nouvelle Bulgarie : Zhelyu Zhelev. L'essentiel du pouvoir politique du pays reste entre les mains des anciens communistes, qui affirment avoir révisé et réformé leurs attitudes.

Environ 85 % de la population du pays sont d'origine bulgare. Leurs ancêtres étaient des Slaves venus du sud de la Pologne ou de ce qui est aujourd'hui l'Union soviétique aux environs de l'an 500, ou des Bulgares, un peuple nomade issu des ethnies turques ou tartares d'Asie centrale. Ces derniers furent assimilés au sein de la société locale une centaine d'années après les Slaves. Ces peuples parlent le bulgare et appartiennent en grande majorité à l'Église orthodoxe. Jusqu'en 1990, le culte religieux était officiellement découragé par le gouvernement communiste. La langue bulgare s'écrit avec l'alphabet cyrillique (conçu par les frères saint Méthode, missionnaire en Bulgarie, et saint Cyrille). Le taux d'alphabétisme est extrêmement élevé en Bulgarie : 95 % des plus de 15 ans savent lire et écrire. La grande majorité des élèves du secondaire continuent leurs études, après l'âge obligatoire de 15 ans.

Les minorités

La minorité turque compose à l'heure actuelle environ 10 % de la population. Entre 1396 et 1878, la Bulgarie a en effet appartenu à l'Empire ottoman. Certaines portions du pays restèrent d'ailleurs entre les mains des Turcs jusqu'en 1908, et leur oppression a laissé une forte rancœur au sein de la population bulgare. En 1985, le gouvernement communiste bulgare commença à œuvrer en faveur d'une assimilation forcée des Turcs et des autres minorités ethniques (notamment des Arméniens, des Macédoniens, des Russes et des Tsiganes). Les Turcs furent contraints de prendre des noms bulgares et on leur interdit de parler leur langue dans des lieux publics, et même de lire en turc en privé. Leur foi islamique fut également bannie. En 1989, plus de 310 000 Bulgares de langue turque partirent chercher refuge dans la Turquie voisine, mais près de 10 % d'entre eux regagnèrent la Bulgarie dans les mois qui suivirent.

Pour la minorité turque comme pour la majorité bulgare, le niveau de vie en Bulgarie reste l'un des plus bas d'Europe.

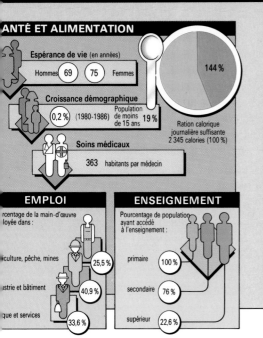

SANTÉ ET ALIMENTATION

Espérance de vie (en années)

Hommes 69 75 Femmes

Croissance démographique

0,2 % (1980-1986) Population de moins de 15 ans 19 %

144 %

Ration calorique journalière suffisante 2 345 calories (100 %)

Soins médicaux

363 habitants par médecin

EMPLOI

Pourcentage de la main-d'œuvre employée dans :

...iculture, pêche, mines 25,5 %

...ustrie et bâtiment 40,9 %

...que et services 33,6 %

ENSEIGNEMENT

Pourcentage de population ayant accédé à l'enseignement :

primaire 100 %

secondaire 76 %

supérieur 22,6 %

Importations : Combustibles, équipement industriel, métaux, pétrole, fer et acier, matériel agricole
Exportations : Cigarettes et tabac, raisins, machine, huile de rose, vin, produits miniers et dérivés du pétrole
Partenaires commerciaux : ex-U.R.S.S. et pays du COMECON, Allemagne, Italie, France, Autriche, Grande-Bretagne, Japon
Transport : Voies ferrées (1984) : 4 279 km
Km/voyageurs (1984) : 7 538 millions
Presse : Nombre de quotidiens (1989) : 14
Tirage (1989) : 2 534 000

L'économie

A la suite de la mainmise des communistes en 1946, la Bulgarie passa d'une économie agricole, fondée sur la propriété privée, à un système basé sur une industrie étatisée, même si l'agriculture, étatisée elle aussi, restait un secteur important. Pendant cette période, le gouvernement bulgare copia la politique soviétique. L'industrie lourde connut un essor rapide et forcé. Vers le milieu des années 1980, l'industrie représentait près des deux tiers des revenus nationaux. Pourtant les autorités furent bien obligées de reconnaître que, à partir du moment où l'on consentait au secteur industriel un degré d'autonomie ou une mesure de profits individuels, son efficacité et sa productivité augmentaient nettement. Seulement il n'était guère facile d'accorder ce genre de libertés tant que la Bulgarie demeurait étroitement liée sur le plan commercial au Conseil d'assistance économique mutuelle (COMECON).

Aux termes de ses étroites relations avec l'Union soviétique, la Bulgarie se vit octroyer la responsabilité de la recherche, du développement et de la production dans le domaine de la micro-électronique. Jusqu'à cette époque, le pays n'avait guère de connaissance ni d'expertise dans ce domaine technologique de pointe. La vieille ville de Plovdiv fut choisie pour être le centre « high-tech » de la nation et devint ainsi, dans les années 1980, le principal lieu de rencontre européen de la coopération technologique moderne. La Bulgarie acquit parallèlement une place de choix dans d'autres secteurs industriels, notamment la sidérurgie, l'ingénierie, les produits chimiques et les textiles.

La Bulgarie importe surtout des combustibles et des matières premières industrielles. On y exploite quelques petits gisements de charbon, de cuivre, de kaolin, de plomb, de soufre et de zinc. La centrale nucléaire de Kozloduy couvre environ un quart des besoins du pays en électricité.

A partir de 1985, les liens commerciaux de la Bulgarie avec les pays du bloc de l'Est commencèrent à se desserrer. Le pays s'efforça alors de consolider ses relations de coopération avec les nations occidentales. Toutefois, l'économie bulgare rigidement contrôlée et lourdement subventionnée pouvait difficilement rivaliser avec ses nouveaux partenaires des marchés libres occidentaux. En définitive, l'importation de biens de consommation produits en Occident ne fit qu'accroître le poids de la dette extérieure bulgare – par 400 % en cinq ans seulement. Dès 1990, l'endettement de la Bulgarie vis-à-vis de l'étranger se chiffrait à 10 milliards de dollars environ.

L'agriculture

Le secteur agricole représente encore 20 % du P.N.B. roumain. Les terres cultivables couvrent plus de la moitié de la superficie du pays, le secteur primaire employant environ un quart

▽ **Des camions-citernes** attendent leur réapprovisionnement au dépôt pétrolier de Varna, sur le littoral de la mer Noire. Les réserves des deux gisements de pétrole, sont très réduites ; le pays doit importer du pétrole, du fer et de l'acier.

▽ **Le littoral de la mer Noire** est une destination en vogue chez les vacanciers d'Europe de l'Est comme de l'Ouest. Environ huit millions de touristes se rendent chaque année en Bulgarie pour visiter ses sites historiques ou bronzer sur ses plages.

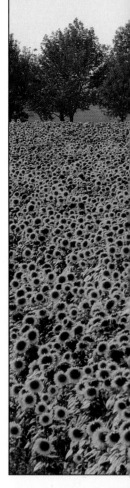

△ **Un champ de tournesols** presque prêts à la cueillette, à proximité de la ville de Lom, dans le nord-ouest du pays. Des graines de ces fleurs, on extrait une huile végétale de qualité.

△ **La Bulgarie** a la particularité de produire des roses. On récolte ces pétales très odorants, puis on les comprime pour en extraire de l'essence de roses, base précieuse de nombreux parfums.

△▷ **Un tonnelier** fabrique des barriques en bois destinées à une coopérative locale. La Bulgarie produit des vins blancs et des vins rouges, ainsi que des eaux-de-vie, toute une gamme de liqueurs de fruits et même un alcool à base de pétales de roses.

de la main-d'œuvre nationale. Sous le régime communiste, 90 % des terres appartenaient à l'État. Les terres nationalisées, ainsi que les industries liées à ce secteur, étaient organisées en vastes complexes agro-industriels. Environ 10 % des terres furent allouées à des exploitations privées. Leur succès dans la production de viande, de produits laitiers, d'œufs, de fruits et de légumes, a conduit les autorités à accepter le rôle important qu'elles devaient jouer dans la planification et les approvisionnements agricoles. A la suite des changements politiques à la fin des années 1980, les exploitations agricoles privées et subventionnées par l'État devraient être largement étendues au détriment des ressources que l'on s'était promis d'attribuer à l'industrie lourde. Les fermes subventionnées par l'État produisent surtout du blé et du maïs, les vastes complexes agro-industriels fournissant pour leur part une importante portion des

approvisionnements en avoine, seigle, orge et riz.

La Bulgarie devrait également être en mesure d'accroître l'exploitation d'une autre denrée agricole exportable, l'essence de roses, fabriquée à partir de la distillation de pétales de roses cueillies en bourgeons, à la base d'un grand nombre de parfums. Il faut récolter manuellement des milliers et des milliers de bourgeons pour produire un litre de cette huile essentielle. La production de cette essence est centrée dans la « vallée des Roses », une zone de 120 km située entre Klisura et Kazanlak, dans le centre du pays.

Le vin est un autre produit agricole traditionnel. Une grande partie de la production annuelle est désormais exportée dans les pays occidentaux, bien qu'en général celui qui est consommé sur place soit de meilleure qualité. Le tabac bulgare est moins connu en dehors de l'Europe de l'Est. La Bulgarie est pourtant le dixième producteur mondial de tabac : l'usine de cigarettes de Khaskovo est l'une des plus modernes d'Europe.

Le tourisme
A partir des années 1970, l'économie bulgare a également bénéficié des revenus du tourisme. En fait, la Bulgarie fut l'un des premiers pays du COMECON à proposer des vacances bon marché afin d'attirer les touristes occidentaux et leurs devises. L'essentiel des activités touristiques du pays se concentre le long du littoral de la mer Noire. Mais, vers la fin des années 1980, les vacanciers venus de l'Ouest ont commencé à se désintéresser des stations balnéaires de la mer Noire en faveur de sites mieux équipés ; alors les visiteurs en provenance des pays d'Europe de l'Est les ont peu à peu remplacés.

Panoramas

La Bulgarie fait en quelque sorte la transition entre l'Asie, à l'est et au sud-est, et l'Europe, au nord, à l'ouest et au sud-ouest. Elle se compose d'un réseau de chaînes de montagnes et de vallées, de sorte qu'entre les plaines du Danube, au nord, et les monts Rhodopes, très boisés au sud, le terrain et le climat changent du tout au tout.

Le paysage est façonné avant tout par le mont Balkan, qui atteignent 2 376 m au pic Botev, presque au centre du pays. Cette chaîne de quelque 600 km de long divise le pays en deux moitiés aux caractéristiques très distinctes. La portion septentrionale, le plateau danubien, a un climat continental avec des hivers froids mais des étés chauds et humides. La portion sud, les plaines et montagnes intermédiaires, bénéficie d'un climat beaucoup plus varié marqué par des hivers froids et des étés chauds et secs. Dans les montagnes, les conditions changent à nouveau selon l'altitude et la distance par rapport au littoral. Sur l'ensemble du pays, la température de juillet est de 24 °C en moyenne. Les précipitations oscillent dans toute la Bulgarie autour de 630 mm ; seules les montagnes reçoivent de la neige. Quant à la mer Noire, elle bénéficie d'un microclimat, en général plus doux en hiver et plus chaud en été.

Le nord de la Bulgarie

Le plateau danubien est une vaste couche de calcaire recouverte d'alluvions, qui le rendent très fertile. Le Danube forme l'essentiel de la frontière entre la Bulgarie et la Roumanie au nord et reçoit plusieurs affluents importants, notamment l'Iskar et le Yantra. Sa rive méridionale s'élève par endroits en d'impressionnantes falaises calcaires atteignant parfois 150 m. Le plateau est en partie plat, notamment dans le Nord ; il devient plus ondulé à l'approche des contreforts du Balkan. Dans les régions plus plates, entrecoupées de vallées humides et peuplées, on cultive en abondance fruits, légumes et vigne. Les hauts plateaux plus secs sont consacrés à la culture du blé et du maïs. Au nord-est s'étendent de vastes zones d'herbages et d'épineux propices à l'élevage des moutons.

Les plateaux qui composent l'essentiel du mont Balkan ne sont pas particulièrement élevés, hormis vers l'ouest où certains pics, atteignant 2 000 m, forment la frontière avec la Yougoslavie. Le Balkan est constitué de longues chaînes et de petits plateaux où paissent des moutons, là où les forêts d'arbres à feuilles caduques n'ont pas tout envahi. Même si, sur une carte, le Balkan semble former une barrière en travers du pays, une trentaine de passes permettent une circulation aisée entre le plateau danubien et le sud du pays.

Juste au sud du mont Balkan s'étendent des chaînes de montagnes parallèles plus basses, connues sous le nom de Sredna Gora. Entre le Balkan et cette région s'intercale une zone de petits bassins. En raison de la douceur de leur climat et de leur situation abritée, ces cuvettes fertiles furent colonisées très tôt. C'est là que l'on cultive des roses et de la vigne, et que se situe la capitale bulgare, Sofia, à une altitude de 550 m. A Sofia même et aux alentours, on trouve diverses sources auxquelles d'aucuns prêtent des propriétés curatives.

La plaine de Thrace est arrosée par la Maritza qui prend sa source dans le massif de Rila et se jette dans la mer Égée. Elle arrose Pazardzik puis Plovdiv, toutes deux situées dans une riche région agricole et viticole où de vastes projets d'irrigation ont permis le développement d'une agriculture intensive. Les champs de tournesols et de maïs y alternent avec le tabac, les légumes, et le coton. Plovdiv, la deuxième ville du pays après Sofia, a une histoire mouvementée. Au Moyen Age, elle fut l'enjeu de batailles entre Bulgares et Byzantins, elle devint turque au XIVᵉ siècle et fut définitivement bulgare en 1885.

Plusieurs villes industrielles et commerciales sont concentrées dans la plaine de Thrace ; c'est le bastion de l'industrie lourde et de la manufacture bulgare.

Le Sud montagneux

Les monts Rhodopes occupent le sud et le sud-ouest de la Bulgarie, formant une barrière

∨ **Des températures agréables,** des plages de sable et des sites historiques, comme les ruines de Nesebar, attirent des touristes de l'Europe entière sur le littoral bulgare de la mer Noire. Toutefois, la pollution menace aujourd'hui la faune côtière.

> **Cette petite ville** se blottit au creux d'une vallée abritée. La fertilité de ces bassins favorise la culture des fruits et des légumes, notamment des pommes, des raisins, des tomates et des melons.

∨ **Des pics couronnés de neige** dominent le monastère de Rila dans les monts Rhodopes, au sud de la Bulgarie. Cette chaîne inclut le point culminant du pays et forme une barrière naturelle entre la Bulgarie et la Grèce.

∨ **Près de Pleven,** ces champs témoignent de la fertilité du plateau danubien notamment grâce à la forte humidité ambiante en été. La plupart des céréales bulgares proviennent de cette région.

formidable entre la Bulgarie et la Grèce. Forêts de conifères et pâturages alpins donnent au paysage un caractère particulier que le poète Homère décrivit jadis avec élan. A l'extrémité septentrionale se trouve le mont Musala, point culminant du pays à 2 925 m. Dans les monts Riga, au nord, se trouve le monastère de Rila, sanctuaire historique vénéré par tous les Bulgares, aujourd'hui le site du Musée national. Ours, loups et chats sauvages errent encore dans les hauteurs des monts Pirin, à l'ouest, qui tiennent peut-être leur nom de l'ancien dieu slave du Tonnerre et des Récoltes, *Peroun.*

Sur le littoral de la mer Noire, des plages de sable alternent avec des dunes, des falaises rocheuses et des collines couvertes de forêts. De vastes étendues de roseaux et de nénuphars marquent l'emplacement des deltas de la Kamchiya et du Ropotano. Les vignes descendent des contreforts des Balkans jusqu'au littoral. Plus au nord, des phoques moines paressent sur les rochers le long de la rive. C'est l'une des dix espèces les plus rares du monde, mais ils sont gravement menacés par la pollution croissante des eaux de la mer Noire. Les stations balnéaires de Varna et de Burgas disposent de plages et de parcs magnifiques qui souffrent malheureusement aussi de la pollution.

Index

Crédits Photographiques

Abréviations : h haut ; b bas ; g gauche ; d droite ; c centre

10-11 Mecky Fögeling ; 14 Jürgens Ost und Europa Photo, 14-15h Steenmans/Z, 14-15b Honkanen/Z, 15hg und hd Jürgens Ost und Europa Photo, 15b John Bryson/TIB ; 16 Leslie Woodhead/HL ; 16-17h Jürgens Ost und Europa Photo, 16-17b Nik Wheeler/SG, 17 Victoria Juleva/HL ; 18, 18-19h und b Z, 19 Robert Francis/HL ; 20-21h TASS/dpa, 20-21b Weihs/dpa, 21h Jürgens Ost und Europa Photo, 21bg Sunak/Z, 21bd Havlicek/Z ; 22 Afi/IFA, 22-23 Jürgens Ost und Europa Photo, 23bg Malanca/Sipa, 23bd Jürgens Ost und Europa Photo ; 24 Nowosti, 24-25 und 25 TASS/dpa ; 26-27h und b Steenmans/Z, 27h Pinkhassov-Magnum/Focus, 27b TASS/dpa ; 28-29h Koene/Transglobe, 28-29b Armineh/Sipa, 29h Backhaus/dpa, 29b dpa ; 30-31h AGE, 30-31b Yildirium/Sipa, 31h Johannes/Transglobe, 31b Abbas-Magnum/Focus ; 32 und 32-33 Jürgens Ost und Europa Photo, 33h Nowosti/Sipa, 33b Karen Sherlock-Dupe Picture Group/Focus ; 34-35h Koene/Transglobe, 34-35b und 35bg Jürgens Ost und Europa Photo, 35bd Nowosti/Sipa ; 36-37h Sunak/Z, 36-37b Ivleva-Impact Photos/Focus, 37h Jürgens Ost und Europa Photo, 37b Kramarz/Z ; 38 TASS/dpa, 38-39 Werner/Transglobe, 39h TASS/dpa, 39b Ivleva/Focus ; 40 Koene/Transglobe, 40-41 Jürgens Ost und Europa Photo, 41h Igor/Sipa, 41b Werner/Transglobe ; 42hg, bg, bd und 42-43h Mansell Collection, 42-43b Dave Brinicombe/HL ; 44hg Robert Hunt Library, 44bg Jürgens Ost und Europa Photo, 44bd B. Markel/Liaison/GFS, 44-45, 45h Jürgens Ost und Europa Photo, 45c und b Robert Hunt Library ; 48-49 Joel Bennett/Survival Anglia ; 50-51, 51h Mary Evans Picture Library, 51cg Popperfoto, 51cd HL ; 52 Geoscience Features, 52-53 W. Higgs/Geoscience Features, 53hg Jürgens Ost und Europa Photo, 53hd Z, 53b K. Scholz/Z ; 54-55 W. Higgs/Geoscience Features, 55h Paul C. Pet, 55b Joel Bennett/Survival Anglia ; 56-57h Paul C. Pet, 56-57b Emil Schulthess/Black Star/Colorific ; 58, 58-59h Ferchland/Z, 58-59b, 59 W. Higgs/Geoscience Features ; 60 Jack Lentfer/Survival Anglia, 60-61h B & U International Pictures, 60-61b Herta Gröndal/Z ; 62-63 B & U International Pictures ; 64 Prof. Dr. Franz-Dieter Miotke, 64-65h J. Behnke/Z, 64-65b Sam Hall/GFS, 65g Robert Francis/HL, 65d Horst Munzig/SG ; 66h Robert Francis/HL, 66b Paul C. Pet, 66-67 Horst Munzig/SG ; 68h und b Adam Woolfitt/SG, 68-69h Zeidl/Z, 68-69b Alastair Scott/SG ; 70-71 Paul C. Pet ; 72, 73 Paul C. Pet ; 74 John Kegan/SG, 74-75, 75g und d Paul C. Pet ; 76, 76-77h Paul C. Pet, 76-77b Tor Eigeland/SG, 77h Guido Alberto Rossi/TIB, 77b B & U International Pictures ; 78 Das Photo, 78-79h und b Paul C. Pet, 79 Tor Eigeland/SG ; 80-81 Paul C. Pet ; 83 Paul C. Pet ; 84h Paul C. Pet, 84b Mohn/Z, 84-85, 85h Paul C. Pet, 85b Mosler/Z ; 86hg Toni Sica/GFS, 86hd Popperfoto, 86cg United Nations, NY, 86cd Popperfoto, 86b E.W.W. Fowler, 87h und ch Robert Hunt Library, 87cb J. Claude Francolon/GFS, 87b Christian Vioujard/GFS ; 88 Paul C. Pet, 88-89h D.H. Teuffen/Z, 88-89b Colin Molyneux/TIB ; 90, 90-91h Paul C. Pet, 90-91b Haro Schumacher/Z, 91 Paul C. Pet ; 92-93 Kotoh/Z ; 95 G. Sirena/Z ; 96 Michael St. Maur Sheil/SG, 96-97h Kotoh/Z, 96-97b Mosler/Z, 97h Bernard Gerard/SG, 97b Michael St. Maur Sheil/SG ; 98-99h Andy Caulfield/TIB, 98-99b Bernard Gerard/HL, 99h Lr. Villota/Stockmarket/Z, 99b Das Photo ; 100 Bernard Regent/HL, 100-101, 101h HL, 101b Bernard Regent/HL ; 103 W. Saller/Z ; 104-105h und b, 105h, c und b Paul C. Pet ; 106h Paul C. Pet, 106b T. Brettmann/Z, 106-107h Z, 106-107b Paul C. Pet ; 108 Jürgens Ost und Europa Photo, 109g Lars Einarsson/Kalmar County Museum, 109d Jürgens Ost und Europa Photo ; 110, 110-111h und b, 111 Jürgens Ost und Europa Photo ; 112 Alvis Upitis/TIB, 112-113h Jürgens Ost und Europa Photo, 112-113b Steven Burr Williams/TIB, 113 Jürgens Ost und Europa Photo ; 114-115h Vladimir Birgus/HL, 114-115b Z, 115h British Museum (Natural History) Geological Museum, 115c Vladimir Birgus/HL, 115b Chip Hires/GFS ; 116-117 Wolfgang Meier/Z ; 119 Jürgens Ost und Europa Photo, 120hg und bg Mansell Collection, 120bd Chip Hires/GFS, 120-121h und b und 121 Jürgens Ost und Europa Photo ; 122-123h und b Jürgens Ost und Europa Photo, 123h und b J. Morek/Jürgens Ost und Europa Photo ; 124 Julian Nieman/SG, 125h und c Jürgens Ost und Europa Photo, 125b B & U International Pictures ; 126h und b Jürgens Ost und Europa Photo, 126-127h CAF Warschau/Z, 126-127b Jürgens Ost und Europa Photo, 127 Marc Deville/GFS ; 128-129 HL ; 130-131 Jürgens Ost und Europa Photo ; 132h, cg und bg Mansell Collection, 132bd Jürgens Ost und Europa Photo, 132-133 Robert Hunt Library, 133 Nathan Benn/SG ; 134 Liba Taylor/HL, 134-135h Jürgens Ost und Europa Photo, 134-135b Z, 135 Liba Taylor/HL ; 136, 136-137h und b Jürgens Ost und Europa Photo, 137 Liba Taylor/HL ; 138h Mary Evans Picture Library, 138b Jürgens Ost und Europa Photo, 138-139h British Film Institute, 138-139b Jürgens Ost und Europa Photo, 139h B & U International Pictures, 139c Kobal Collection, 139b Bouvet-Merillon/GFS ; 140, 141 Adam Woolfitt/SG ; 142-143 TOM/Z ; 144-145 Dr. H. Kramarz/Z ; 146h und bg Mansell Collection, 146bd Popperfoto, 146-147 Robert Hunt Library, 147 Adam Woolfitt/SG ; 148h Horst Munzig/SG, 148b HL, 148-149h und b Jürgens Ost und Europa Photo, 149 HL ; 150h und b Jürgens Ost und Europa Photo, 150-151 John Bryson/TIB ; 152-153 Art Zamur/GFS, 153h Adam Woolfitt/SG, 153c Jürgens Ost und Europa Photo, 153b Horst Munzig/SG ; 155 Adam Woolfitt/SG, 156, 156-157h Jürgens Ost und Europa Photo, 156-157b, 157h Adam Woolfitt/SG, 157b Charles W. Friend/SG ; 158h Adam Woolfitt/SG, 158b Jürgens Ost und Europa Photo, 158-159h Charles Weckler/TIB, 158-159b, 159 Adam Woolfitt/SG ; 160-161 Jürgens Ost und Europa Photo ; 162h und b Jürgens Ost und Europa Photo, 162-163, 163h Adam Woolfitt/SG, 163b Jean Michel Nossant/GFS ; 164, 164-165h Jürgens Ost und Europa Photo, 164-165b Adam Woolfitt/SG, 165 Jürgens Ost und Europa Photo.

Collaborateurs
Thomas Baden
Dr. Ian Duncan
Antonia Hansmeier
Irena Hendrichs
Dr. Michael Jacobs
Dr. Jan Kaestner
Professor Dr. Adolf Karger
Professor Dr. Hans Lemberg
Professor Dr. Franz-Dieter Miotke
Amanda O'Neill
Richard O'Neill
Jens Reuter
Karl Römer
Bette Spektorov
Peter Schröder
Lena Young

Maquette
Malcolm Smythe
Hans Roßdeutscher

Diagrammes
Eugene Fleury, Jean Jottrand, Ted Mc Causland

Illustrations
John Davies, Bill Donahoe, John Francis, Michael Gillah, R. Lewis, Tom McArthur, Michael Saunders, Leslie D. Smith, Ed Stuart

Achevé d'imprimer
sur les presses de Mohndruck
à Gütersloh, R.F.A.
Dépôt légal mars 1993